KB117827

차라리
이기적으로
살걸
그랬습니다

김영훈
지음

연세대학교
심리학과
교수

차라리
이기적으로
살걸
그랬습니다

진심, 긍정, 노력이 내 삶을 배신한다

21세기북스

좋은 사람이 될 필요는 없다

결혼하고 아내가 처음으로 준비해준 저녁 식사 앞에서 어떤 말을 해야 할지 깊이 고민하던 그 순간부터 나는 사람들이 지닌 일반적인 통념과 상식에 의문을 품기 시작했다. 아내가 정성스럽게 끓인 김치찌개는 꽤나 맛깔스럽게 보였다. 찌개를 한술 떠 입에 넣자마자 나는 난처해졌다. 안타깝게도 김치찌개는 맛이 없었다. 아내가 처음으로 만든 음식이니 당연했다.

물론 나는 맛있다고 말하고 밥을 두 그릇이나 먹었다. 하지만 밥을 먹는 내내 머릿속을 맴도는 생각이 있었다. 그것은 많은 사람들이 믿고 있는 것처럼 아내가 과연 나의 말과 행동에 힘을 얻어 요리에 대한 동기를 높이게 될지, 아니면 본인의 솜씨(?)에 만족하는 것으로 그칠지에 관한 것이었다.

사회심리학을 전공한 나는 '칭찬과 긍정적 사고가 우리의 삶을 얼마나 배신하는가'라는 주제의 논문으로 일리노이대학교에서 박사 학위를 받았으며, 이후 펜실베이니아대학교의 긍정심리센터(Positive Psychology Center)에서 박사 연구원으로 다수의 연구를 진행했다.

사회심리학과 긍정심리학 분야에는 셀 수 없이 많은 이론과 연구 결과들이 존재한다. 지금도 한 해에 수천 편의 논문이 쏟아지고 있다. 하지만 지난 25년간 내가 공부하고 연구하며 깨달은 한 가지 사실은 이 수많은 이론과 연구 결과들이 공통적으로 인간이 갖고 있는 몇 가지 기본적인 동기로부터 도출되었다는 것이다.

첫 번째 동기는, 사람들은 좋은 사람이 되고 싶어 한다는 것이다. 대부분의 사람들은 좋은 사람이 되기 위해 돈과 시간 그리고 노력을 아끼지 않는다. 좋은 사람이라는 평판을 유지하기 위해서라면 귀찮고 싫은 일도 마다하지 않고 열심히 한다.

두 번째 동기는, 사람들은 생각하는 것을 너무나도 귀찮아하고 싫어한다는 것이다. 서 있으면 앉고 싶고, 앉으면 눕고 싶다는 말이 있다. 하지만 몸을 움직이는 것보다 훨씬 더 귀찮아하는 것이 생각하고 판단하고 결정하는 일이다. 심지어 인생에서 가장 중요한 일이라고 여겨지는 결혼 상대자를 선택할 때도 사람들은 그렇게 깊이 생각하거나 고민하지 않는다. 대개 보이는 대로 판단하고 믿고 싶은 대로 믿어버린다. 어떤 경우에는 너무 생각하기 싫은 나머지 다른 사람들의 선택과 결정을 무작정 따라 하기도 한다.

사실 이 두 가지 동기는 인간의 생존에 중요한 역할을 한다. 다른 사람들에게 좋은 사람으로 평판이 나면 여러 가지 이득이 있기 때문에 생존과 성공에 훨씬 수월할 수 있다. 또한 열심히 생각하고 고민해서 결정하기보다 보이는 대로 보고 믿고 싶은 대로 믿는 것이 훨씬 덜 귀찮을 뿐만 아니라 더 효율적일 수도 있다. 대다수의 사람들이 하는 행동을 따라 하는 것 역시 생존에 도움이 될 수 있다. 이런 행동들은 많은 사람들에 의해 이미 검증되었으므로 더욱더 안정적인 선택일 수 있기 때문이다.

하지만 안타깝게도 인간의 이 두 가지 동기가 우리 삶에 반드시 유익한 것만은 아니다. 나는 이 책에서 이 두 가지 동기가 한 개인의 삶뿐만 아니라 우리 사회 전체를 얼마나 병들게 하는지에 대해 이야기하려고 한다. 사랑, 결혼, 믿음, 예의, 노력, 좋은 관계, 긍정, 칭찬, 보상, 자유의지, 진심, 공유된 문화. 이 책의 열두 개 장에서 각각 이야기하고 있는 주제들이다. 듣기만 해도 가슴 따뜻해지고 우리의 삶에 귀한 의미를 던져주는 단어들이 아닐 수 없다.

하지만 이 단어들이 좋은 사람이 되고 싶은 동기, 보이는 대로 보고 믿고 싶은 대로 믿고 싶은 동기 그리고 다른 사람들의 행동을 따라 하고 싶은 동기와 만나면 더 이상 우리를 설레게 하지 않는다. 오히려 우리의 삶을 철저히 배신하고 망가뜨릴 것이다.

이 책에서는 이런 동기들이 가정, 직장, 학교 등의 생활공간에서 우리의 삶을 어떻게 배신하는지 살펴보고, 좀 더 합리적이고 건강하며 행복한 삶으로 가는 길을 제시하려 한다. 남들이 가는 대로 이리저리 휘둘리다가 정작 중요한 가치를 놓치고 사는 것은 아닌지 살펴보려 한다. 차라리 이기적으로 살걸 그랬다고, 좋은 사람이 되지 않겠다고 되뇌이는 착한 사람들이 자기 자신과 가족, 주위 사람들을 진정으로 위할 수 있게 되기를 바란다.

끝으로 이 책을 쓸 수 있도록 많은 도움을 준 사람들에게 감사의 마음을 전하고 싶다. 먼저 학자의 소명과 연구의 의미가 무엇인지 알려주신 일리노이대학교의 도브 코헨(Dov Cohen) 교수님과 홍콩 중문대학교의 치우 츄(Chi Yue Chiu) 교수님께 감사드린다. 또한 이 책이 출판될 수 있도록 도움을 준 21세기북스 출판사와 특히 인문기획팀의 윤홍 님께 감사의 마음을 전한다. 마지막으로 인생의 동반자로서 내가 누구인지를 알게 해주는 사랑하는 아내와 사랑이 무엇인지를 깨닫게 해주는 두 아이들 그리고 여전히 조건 없는 사랑을 내어주시는 부모님께 감사의 마음을 보낸다.

2019년 3월

김영훈

Contents

Part 3 > 더 이상 세상에 호구 잡히지 않겠습니다

Part 4 > 좋은 사람이 되지 않겠습니다

Part 1

이제 아무도 믿지 않기로 했습니다

01

당신은 그에게 반한 적이 없다

세상에서 가장 처절한 갑을관계

유난히 이성 친구를 잘 만드는 사람이 있는가 하면, 모태솔로에서 벗어나지 못해 투덜거리는 사람도 있다. 특별한 매력이 없는 것 같은데 항상 이성 친구가 끊이지 않는 사람들은 도대체 어떤 비법을 갖고 있을까? 반대로 겉모습은 멀쩡한데 이성 친구가 없는 사람들은 도대체 어떤 문제가 있는 것일까? 이성 친구가 생길 확률은 여러 가지 변수에 의해 결정된다. 결혼 상대 혹은 연애 상대를 고를 때 사람들은 어떤 사람을 선호할까?

심리학에서는 대표적으로 세 가지 조건을 고려해 상대를 선택한다고 알려져 있다. 매력적인 외모를 가진 사람, 경제적 능력을 갖췄거나 비전이 있는 사람, 따뜻하고 좋은 성격을 가진 사람이다. 정도와 순서의 차이는 있을 수 있지만 슬프게도 사람들은 예쁘고(잘생기고), 돈 많고, 인성이 좋은 사람을 좋아한다. 누가 이 사실을 부인할 수 있겠는가. 하지만 나는 더 신기하고 이해할 수 없는 현상 하나를 발견했는데, 그것은 보통사람들은 대개 예쁘지도 않고, 부자도 아니고, 인성도 그리 훌륭하지 않은 사람과 결혼한다는 것이다.

왜 이런 현상이 나타날까? 결혼하고 싶은 사람과 실제로 결혼하는 사람이 다른 이유는 무엇일까? 그런 조건을 가진 사람과 결혼할 능력이 안 되기 때문일까? 외모, 능력, 성격보다 더 중요한 요인이 존재하는 것은 아닐까?

당신이 한 이성을 좋아한다고 해보자. 상대방에게 언제 고백하겠는가? 당신이 사랑을 해본 경험이 있다면 그 표현이 쉽지 않다는 것을 아주 잘 알고 있을 것이다. 어쩌면 표현하지 못할 뿐만 아니라 좋아하는 마음을 들키지 않기 위해 최선의 노력을 다할지도 모른다. 왜 그럴까? 여기에는 두 가지 이유가 있다.

첫째 이유는 고백했다가 거절당했을 때의 좌절감을 두려워하기 때문이다. 일어나지 않은 일이지만 거절당할지도 모른다는 생각은 우리를 무척이나 불안하게 한다. 드라마에 가장 많이 등장하는 스토리 중 하나는 사랑하면서도 고백하지 못하는 주인공의 이야기다. 좋아하는 마음을 들키지 않기 위해 더 차갑고 못되게 행동하는 주인공도 있다. 왜 속 시원하게 고백하지 못하느냐고 답답해할 수도 있지만, 설정된 주인공의 사정과 상황을 알고 나면 이해가 된다.

당신도 마찬가지다. 당신이 고백했다가 거절당할지도 모른다고 생각하는 데는 셀 수 없이 많은 이유가 존재한다. 누구에게나 그렇다. 어찌된 영문인지 내가 좋아하는 사람은 항상 나보다 더 좋고 괜찮은 사람처럼 느껴진다. 나보다 부족해 보여서 고백하면 바로 사귈 수 있을 것 같다는 생각이 드는 경우는 사실상 거의 없다. 대개는 외모, 경제적 능력, 성격, 학력, 가정적 배경 등 어느 것 하나 좋아하는 이성 앞에서는 자신이 없을 것이다.

이런 상황에도 불구하고 좋아하는 이성에게 사랑을 고백한다는 것은 엄청난 용기가 필요하다. 거절당하더라도 꼭 해야 할 이유가 있지 않다면 사실 사랑 고백은 쉽지 않다. "싫다고 하면 그만이지 뭐!" 남에게는 이렇게 쉽게 말할 수 있지만 본인에게 이 말을 적용하기는 어렵다. 좋아한다고 고백했는데 상대방이 거절한다면 그 거절 방법이 아무리 부드럽고 친절해도 핵심은 상대방이 나를 좋아하지 않는다는 것이기 때문이다. 이보다 더 큰 상처가 또 어디 있겠는가. 가능하다면 무슨 방법을 써서라도 이런 상황을 막고 싶을 것이다.

그래서 사람들은 그 유명한 '썸'이라는 것을 만들어냈다. 인간은 영민하다 못해 교활할 정도로 지혜롭다. '썸'은 영어 단어 'something'에서 나온 신조어로, 남녀가 본격적으로 연애를 시작하기 전에 서로 탐색하는 기간을 의미한다. 깔끔하고 명료하게 좋아하는 마음을 고백하면 엄청난 뒷감당이 따르지만 '썸'은 상대적으로 덜 부담스럽다. 고백하지 않은 상태로 그냥 친구처럼 자연스럽게 지내면서 상대방의 마음을 탐색할 수 있다. 상대방에게 마음을 조금씩 흘리다가 상대방도 나에게 호감이 있다는 확신이 들면 좋아한다는 고백을 하면 된다. 다시 말해 긴장감과 부담감이 거의 없는 예측된 고백을 하는 것이다. 마음을 조금씩 흘리면서 상대방의 반응을 탐색하다가 상대방이 나에게 전혀 관심이 없는 것 같다 싶으면 그냥 없었던 일로 하면 된다.

둘째 이유는 자존감과 깊은 관련이 있다. 내가 한 이성을 좋아하게 되는 순간부터 나는 완벽한 '을'이 되고 상대방은 완벽한 '갑'이 된다. 세상에 이보다 더 처절한 갑을관계는 없을 것이다. 좋아한다고 고백하는 순간 을은 갑의 결정을 기다려야 한다. 갑의 결정은 일방적이며 최종적이고 타협의 여지가 없다. 고백하는 순간 상대방은 내 운명의 결정권자가 되고, 이 결정 과정에 내가 할 수 있는 것은 거의 없다.

고백하기 전에는 동등한 위치에서 편하게 지낼 수도 있고, 여러 가지 말과 행동으로 나의 매력을 어필할 수도 있다. 하지만 고백하는 순간 모든 것은 상대방에게로 넘어간다. 거절당한 뒤에도 내가 할 수 있는 것은 거의 없다. 용기 있게 매달려볼 수도 있겠지만 그 행위 자체가 이미 내가 완전한 을이라는 사실을 인정하는

격이니 웬만큼 자존심을 버리지 않고는 더욱 어려운 일이다.

　세상을 살면서 이보다 더 완벽한 을의 위치를 경험하기는 어려울 것이다. 한 사람을 사랑한다는 것은 '나는 당신의 을이고 당신은 나의 갑이다'라는 사실을 인정하고 표현하는 일이다. 그러기에 높이 쌓아올린 자존심을 모두 내려놓아야 한다. 어쩌면 그만큼 어려운 일이기에 사랑의 고백이 아름답고 존귀한 것이리라.

집단적 편견에 간힌 출구 없는 고백

소개팅이 유행하는 이유도 바로 여기에 있다. 물론 이성을 만날 수 있다는 데 그 목적이 있지만, 소개팅에서는 갑을관계도 없고 자존심을 바닥까지 내려놓아야 할 상황도 없기 때문이다. 소개팅은 이미 두 명의 당사자들이 연애에 관심이 있다는 것을 전제로 성사되는 만남인 만큼 서로 대등한 입장이다. 처음부터 한 사람이 다른 사람을 마음에 두고 만남이 성사된 것이 아니니 자존감이 떨어질 우려도 없고, 소개팅이 끝나고 상대방이 거절한다 하더라도 크게 상처받을 이유도 없다. 먼저 좋아한다고 고백하고 처분을 기다리는 상황이 아니기 때문이다. 서로가 동등한 위치에서 거절할 수 있다 보니 부담감이 적을 수밖에 없다.

　이렇게 거절을 당하는 것에 대한 부담감과 자존심 때문에 사랑을 고백하기란 어려운 일이다. '꼬리를 친다'는 것은 어떤 측면에서 이 두 가지 부담감을 한 번에 해결할 수 있는 생존 전략일 수 있다. 물론 좋아하지도 않는 이성의 마음을 홀릴 때 주로 이 표현을 써서 부정적인 의미로 사용되고 있지만, 좋아하는 이성에게 '꼬리를 치는 것'이 상처받지 않고 자존심도 지키면서 호감을 살 수 있는 전략인 것은 분명하다. 정도의 차이는 있지만 '꼬리를 치는 것'이 많은 사람들에게 애용되는 이유는 탈출구를 준비하지 않은 채 고백하는 것이 상당히 위험하고 부담스럽기 때문이다.

많은 사람들이 이성 친구를 쉽게 만들지 못하는 이유가 바로 여기에 있다. 사람들은 좋아하는 이성이 있어도 좋아한다는 표현을 잘 하지 않는다. 당신 역시 누군가를 좋아할 때 그 이성이 당신에게 호감이 있는지 없는지 세밀하게 살필 것이다. 그 사람은 당신에게 호감이 있을 수도 있고, 없을 수도 있다. 하지만 안타깝게도 당신은 알 수 없다. 직접적으로 물어보지 않는 한 상대방은 이와 관련해서는 당신에게 아무 말도 안 할 테니 말이다.

그러면 당신은 직접적으로 물어보는 대신 상대방의 행동을 면밀하게 살피며 추론을 시작할 것이다. 상대방이 당신에게 호감이 없는 것처럼 보이면 아쉽기는 해도 당신은 마음을 비울 것이다. 이길 확률도 없어 보이는 게임에 엄청난 용기를 낼 이유는 없기 때문이다. 미친 척하고 고백했다가 거절당하고, 좌절하고, 자존감 무너지고, 게다가 소문이라도 나면 그 뒷감당을 어쩌겠는가.

상대방의 행동을 보고 추론하며 판단하는 순간 당신은 이미 어리석은 결정을 했을 확률이 높다. 상대방은 당신에게 호감이 있을 수도 있고, 없을 수도 있다. 하지만 상대방의 표면적 행동은 그가 당신에게 얼마나 호감이 있는지를 보여주는 척도가 아니다. 당신을 포함한 다른 모든 사람처럼 상대방도 이성에게 좋아하는 마음을 표현하는 것에 엄청난 부담감을 갖고 있다. 좋아하면 할수록 당신을 삐딱하게 대할 수도 있고, 아무런 관심이 없는 것처럼 대할 수도 있다.

물론 반대의 경우도 많을 수 있다. 당신에게 이성으로서의 관심은 없지만 호감이 있는 것처럼 잘해주며 친구 이상의 태도를 보일 수도 있다. 그냥 모든 사람에게 호의와 친절을 베푸는 사람일 수도 있다. 어쨌든 상대방이 당신에게 호감이 없는 것처럼 보이면 당신은 마음을 비울 것이고, 상대방에게 호감 가는 행동도 더 이상 하지 않을 것이다. 하지만 상대방은 당신에게 호감이 있었을지도 모른다. 더 흥미롭고 슬픈 사실은 당신에게 호감이 있었던 상대방도 당신의 그런 행동을 보며 한 가지 추론을 하게 되는데, 그것은 바로 당신이 자기에게 관심이 없다고 생각하는 것이다. 그러면서 상대방은 당신에 대한 호감을 접는다. 이보다 더 억울한 상황이 어디 있는가. 사실은 서로에게 호감이 있으면서도 서로 눈치만 보다가 시도조차 하지 못한 채 끝나고 마는 것이다.

이런 상황이 발생하는 이유는 어느 누구도 먼저 호감을 고백하지 않았기 때문이다. 거절당할지 모른다는 생각과 자존심이 큰 걸 림돌이었지만 가장 핵심적인 문제는 상대 이성의 행동을 보고 혼 자 추론하고 판단하고 결정하는 데 있다. 말로 표현하지 않으면 누구도 나의 마음을 알 길이 없다. 상황은 점점 악화되어 그 어떤 관계도 이루지 못하게 된다. 서로가 서로에게 섣부른 추측과 판단 으로 고백하지 못한 것이 비극의 시작이요 끝인 셈이다.

용기 있는 자가 미인을 얻는다?

위의 경우처럼 두 사람이 서로에게 동시에 호감이 있는 경우는 사 실 드물다. 하지만 한 사람이 호감 있는 이성에게 고백했을 때의 성공 확률은 상상 이상으로 높다. 내가 아주 오랫동안 알고 지낸 형과 형수로부터 직접 들은 이야기다. 형수는 결혼하기 전에 일곱 가지 행동 중 하나라도 하는 사람과는 절대 결혼하지 않겠다고 결 심했다. 하지만 형수는 일곱 가지를 모두 하는 형과 결혼했다. 앞 에서도 이야기했듯이 대부분의 사람들은 자신이 원하는 사람과 결혼하지 않는다. 이상형은 말 그대로 희망사항일 뿐이다. 그러면 우리는 도대체 누구와 결혼할까?

당신이 일하는 부서나 활동하는 모임에 연애가 가능한 열 명의 이성이 있다고 하자. 그중 당신 마음에 드는 이성이 과연 몇이나 될까? 특별한 경우를 제외하고는 당신 마음에 드는 이성은 한 명일 것이다. 스무 명이 있어도 당신 마음에 드는 이성은 한 명이다. 백 명이 있어도, 다섯 명이 있어도 당신 마음에 드는 이성은 한 명이다. 이유는 간단하다. 사람은 자기가 속한 모임에서 가장 마음에 드는 이성을 고르기 때문이다. 한 명 이상일 수도 있지만 당신은 그중에서도 더 마음에 드는 한 명을 선택한다.

열 명 중에 내가 좋아하는 이성이 한 명 있다면, 싫어하는 이성은 몇이나 될까? 흥미롭게도 특별한 경우가 아니라면 싫어하는 사람도 꼭 한 명이다. 싫어하는 사람이 아예 없는 경우는 거의 없다. 특별한 이유가 있어서 싫기도 하고, 그 사람이 당신을 싫어해서 싫기도 하고, 경쟁 등의 이해관계로 싫기도 하고, 특별한 이유 없이 나와 잘 맞지 않아서 싫을 수도 있다. 열 명 중 싫어하는 사람이 한 명 이상 일 수도 있지만 당신은 역시 그중 가장 싫은 한 사람을 특별히 싫다고 느낄 것이다.

중요한 질문은 이제부터다. 열 명 중 나머지 여덟 명에 대한 당신의 마음은 어떨까? 당신은 그들에게 이렇다 할 관심이 없다. 그냥 동료고, 회원이고, 직원이고, 아는 사람이다. 그 이상도 이하도 아니다. 호감이 있는 것도 아니고, 그렇다고 싫어하는 것도 아니다. 이런 경향은 연인관계뿐만 아니라 일반적인 인간관계에도 적용된다. 회사에 가면 내가 좋아하는 사람도 한 명이고, 특별히 싫어하는 사람도 한 명이다. 그 외의 사람들은 그냥 동료다.

그럼 열 명 중에서 당신에게 호감이 있는 사람은 몇 명일까? 혹시 당신을 싫어하는 사람도 있을까? 당신이 외모가 출중하거나 돈이 엄청 많거나 인품이 아주 훌륭한 사람이 아닌 그냥 보통사람이라고 하자. 그렇다고 당신의 외모가 엄청 못생긴 것도 아니고, 하루하루 사는 것을 걱정해야 하는 처지도 아니고, 성격이 아주 못된 것도 아니다. 당신은 자신을 보통사람이라고 생각할 것이고, 다른 사람들 역시 당신을 보통사람이라고 생각할 것이다.

이것이 사실인 이유는 당신이 속해 있는 모임이나 단체에는 당신과 비슷한 부류의 사람들이 많기 때문이다. 이런 상황에서는 당신이 다른 사람들을 생각하는 것처럼 열 명 가운데 한 명은 당신에게 호감이 있을 것이다. 또한 어떤 이유에서건 또 다른 한 명은 당신을 싫어할 것이다. 그리고 나머지 여덟 명은 당신에게 특별한 관심이 없을 것이다. 그냥 동료일 뿐이다.

이런 경우 당신이 좋아하는 이성과 당신을 좋아하는 이성이 딱 맞을 확률은 몇 퍼센트나 될까? 통계적으로 1퍼센트다(10퍼센트 곱하기 10퍼센트는 1퍼센트다). 당신이 출중한 외모와 뛰어난 경제력 그리고 훌륭한 인품을 겸비하지 않은 보통사람이라면 당신이 좋아하는 사람과 당신을 좋아하는 사람이 일치할 확률은 아주 낮다. 그럼에도 불구하고 대다수를 차지하는 보통사람들은 결혼을 잘한다. 이 비밀은 바로 당신에게 별로 관심이 없는 나머지 여덟 명에게 있다. 당신의 고백을 받을 가능성이 있는 사람은 이 여덟 명 중 한 명일 확률이 80퍼센트다. 이 말은 당신이 어떤 이성에게 호감을 고백했을 때 그 상대방은 당신을 이성으로 생각해보지 않았을 확률이 엄청 높다는 뜻이다.

결론부터 말하면, 그 사람이 당신과 결혼하기 때문에 보통사람들이 다 결혼하는 것이다. 이 여덟 명은 당신을 그냥 동료로, 회원으로, 직원으로 생각했을 것이다. 당신에 대해 이성으로는 관심이 없지만 인간적으로는 괜찮은 사람이라고 생각했을 수도 있고 혹은 별로라고 생각했을 수도 있다. 우리 주위에 있는 사람들은 거의 이런 범주에 속한다.

그렇다면 당신의 고백을 받은 여덟 명 중 한 명은 당신의 고백을 받아들일까, 아니면 단칼에 거절할까? 아니면 한번 생각해볼까? 만약에 상대방의 친구가 이런 경우 어떻게 하겠느냐고 그에게 묻는다면, 그는 거절할 수밖에 없는 이유를 수십 가지 생각해낸 뒤 단호하게 거절할 거라고 말할 것이다. 하지만 현실에서 상대방은 당신의 고백을 신중하게 생각해볼 확률이 높다. 이상형이 아니어도 상관없다. 당신을 한 번도 이성으로 생각해본 적이 없어도 상관없다. 당신의 몇 가지 특성을 싫어했고, 동료와 같이 욕을 한 적이 있더라도 그렇다.

그 이유는 당신이 좋아한다고 말했기 때문이다. 매력적인 외모면 좋겠고, 돈이 많으면 더 좋겠고, 훌륭한 인품까지 갖추면 더욱 좋겠지만 이런 조건들을 다 갖추지 못했더라도 상대방은 당신에게 호감이 생길 수 있다. 당신이 그 이성을 좋아한다고 고백한 순간 이런 일들은 예고된 것이다. 여기에 연애와 결혼의 비밀이 숨어 있다. 대개의 사람들은 이런 과정을 통해 연애도 하고 결혼도 한다.

용기 있는 자가 미인을 얻는다는 말은 사실이다. 매력적인 외모, 뛰어난 재력, 훌륭한 인성을 능가하는 가장 강력한 요인이 있다면 그것은 바로 용기 있는 고백이다. 모든 것을 갖춰도 용기 있는 고백이 없으면 역사는 이루어지지 않을 것이다.

마음을 여는 한마디 "너를 좋아해!"

심리학의 천기누설 중 하나는 '사람은 자기를 좋아하는 사람을 가장 좋아하고 자기를 싫어하는 사람을 가장 싫어한다'는 것이다. 당연한 이치와 상식처럼 느껴질지 모르지만 이 사실이 의미하는 바는 매우 크다. 세상에서 내가 가장 좋아하는 사람은 그 어떤 훌륭하고 멋진 사람이 아니라 바로 나를 좋아하는 사람이며, 내가 가장 싫어하는 사람은 그 어떤 나쁘고 악한 사람이 아니라 바로 나를 싫어하는 사람이다. 당신이 좋아하는 사람과 싫어하는 사람을 떠올려보면 쉽게 이해할 수 있다.

가까운 친구가 특정한 사람에 대해 열을 올리며 욕을 하는 경우가 있는데, 신기하게도 알고 보면 그 특정한 사람도 내 친구를 싫어한다. 나도 마찬가지다. 가족을 제외하고 내가 가장 좋아하고 친한 사람들은 알고 보면 나를 좋게 생각하는 사람들이고, 내가 가장 싫어하고 피하고 싶고 꼴도 보기 싫은 사람은 나를 좋지 않게 생각하는 사람들이다.

왜일까? 여기에는 몇 가지 이유가 있는데, 첫째 이유는 생존과 관련이 있다. 나를 좋아하는 사람이 있다는 것은 내가 이 세상에서 성공적으로 생존하고 번성할 확률이 높다는 말과 같고, 나를 싫어하는 사람이 있다는 것은 나의 생존과 번성에 문제가 생길 확률이 높다는 말과 같기 때문이다. 나를 좋아하는 사람은 나의 생존과 번성을 적극적으로 도우며 나와 함께하겠지만, 나를 싫어하는 사람은 어떻게든 나의 생존과 번성을 막으려 할 것이다. 그래서 나는 나를 좋아하는 사람을 좋아하고, 나를 싫어하는 사람을 싫어한다.

이기적인 것처럼 보이지만 생존을 위해서는 어쩔 수 없는 인간의 본성이다. 많은 분쟁과 갈등 그리고 다툼의 쟁점이 옳고 그른 것, 정의롭고 정의롭지 못한 것, 진실과 거짓, 해야 할 것과 하지 말아야 할 것에 있는 것처럼 보이지만 한발 더 깊이 들어가 보면 실상은 관계의 원초적인 문제다. 앞에 나열한 분쟁의 이유들은 모두 싫어하는 사람을 쳐내기 위한 수단과 방법에 지나지 않는 경우가 많다.

둘째 이유는 모든 사람은 좋은 사람이고 싶은 동기가 있기 때문이다. 누군가가 나를 좋아한다는 것은 내가 좋은 사람이라는 간접적인 표현이고, 누군가가 나를 싫어한다는 것은 내가 좋은 사람이 아니라는 간접적인 표현이다. 그래서 누군가가 나를 싫어한다는 이야기를 들으면 그 사람이 그토록 미워지는 것이다. 누군가 나를 싫어하는 것과 실제 나의 인격과는 아무런 상관이 없을 수 있지만 당사자의 입장에서는 절대 그렇게 느껴지지 않는다. 누군가 나를 싫어한다는 말은 내가 곧 나쁜 사람이라는 말과 같은 것으로 여긴다.

셋째 이유는 내가 사람들이 좋아할 만한 사람이 아니기 때문이다. 세상에서 가장 감동적이고 아름다운 말이 '널 사랑해!'와 '널 좋아해!'인 이유도 그래서다. 만약 내가 누가 보아도 좋아하고 사랑받을 만한 조건을 갖췄다면 누군가에게 사랑의 고백을 받았을 때 그렇게 크게 감동하지 않을 수 있다.

하지만 실제로 가족을 제외하고 나를 무조건적으로 좋아해주고 사랑해줄 사람이 이 세상에 몇이나 되겠는가. 단언컨대 손가락을 꼽을 정도도 안 될 수 있다. 어쩌면 한 명도 없을지도 모른다. 부모의 사랑조차도 제한적이고 조건적인 경우가 있지 않은가. 이렇게 모든 것이 조건적일 수밖에 없는 세상에서 무조건적인 사랑을 받는다는 것은 그야말로 최고의 감동이다.

사랑도 완전히 무조건적인 것은 아니다. 좋아하고 사랑하는 이유가 엄연히 존재하기 때문이다. 하지만 적어도 사랑을 고백하는 순간 당사자들은 무조건적인 사랑을 느낄 수밖에 없다. 좋아하고 사랑하는 이유도 알 수 없고, 서로가 어떤 사람인지도 잘 알지 못하기 때문이다. 어쩌면 서로에 대해 잘 몰라서 무조건적인 사랑이 가능한 것이고, 알면 알수록 무조건적인 사랑은 힘들어질 것이다. 무조건적인 사랑에는 상대방에 대한 환상이 어느 정도 필요하기 때문이다.

사람들은 자기가 사랑하는 사람과 연애하고 결혼했다고 생각할지도 모른다. 아니, 그렇게 믿고 싶은지도 모른다. 물론 그런 사람들도 있다. 하지만 대부분의 사람들은 나에게 먼저 고백한 사람과 연애하고 결혼한다. 그 사람은 당신의 이상형도 아니었고, 당신이 먼저 선택하고 싶은 사람도 아니었다. 엄밀히 말하면 당신이 그를 사랑한 것이 아니고, 당신을 사랑하는 그를 선택한 것뿐이다.

상대의 마음을 얻는
가장 좋은 방법

당신이 누군가에게 고백을 하는 순간, 그 사람의 마음은 바삐 움직일 것이다. 비록 그 이성이 평소 당신에게 호감이 없었더라도 말이다. 상대방은 고백을 받는 순간부터 당신을 이성으로 생각하기 시작할 것이다. 평소 당신을 인간적으로 좋게 생각했다면 이 과정은 좀 더 순탄하게 진행될 수 있다.

혹시 그렇게 생각하지 않았더라도 바뀔 가능성은 얼마든지 있다. '말이 좀 많다'던 지적은 유쾌하고 적극적인 사람으로, '눈치 없는 사람'이라던 비난은 진중하고 자기 소신이 강한 책임감 넘치는 사람으로 재해석될 수 있다. 아주 많은 경우에 연애는 한 사람이 자신에게 별로 관심을 두지 않던 사람에게 호감을 고백하는 그 순간 시작된다. 결혼의 시작도 이와 같다. 그렇기 때문에 사람들이 연애도 하고, 결혼도 하는 것이다.

다시 말해 행동하고 표현하면 사랑이 이루어질 확률이 높다. 당신이 특별한 사람이 아니라면 아무리 기다려도 백마 탄 왕자와 공주는 당신에게 절대 오지 않을 것이다. 당신이 좋아하는 사람이 당신에게 먼저 고백할 확률은 거의 없다. 이 낮은 확률에 인생을 건다면 당신은 배신당할 가능성이 크다.

하지만 당신에게 특별한 관심이 없던 이성일지라도 당신이 고백하는 순간 그 사람의 마음은 얼마든지 열릴 수 있다. '누군가가 나를 좋아하고 사랑한다는 것'은 세상의 많은 조건과 상황을 역전시킬 수 있는 마지막 병기이기 때문이다.

당신은 당신이 좋아하는 사람 또는 당신을 좋아하는 사람과 연애하고 결혼할 수도 있다. 그런데 후자는 몇 가지 문제점을 안고 있다. 첫째, 당신은 연애와 결혼을 늦게 하거나 못 할 수도 있다. 당신이 특출난 사람이 아닌 보통사람이라면 당신에게 고백하는 사람은 드물 것이기 때문이다. 둘째, 당신이 좋아하는 유형의 사람은 이상형으로만 남게 될 것이다. 당신에게 고백하는 사람 중 한 명을 선택함으로써 이상형을 못 만나는 운명을 스스로 창조하는 것이다. 마지막으로 당신의 고백을 기다리는 사람의 꿈을 꿈으로 그치게 할 것이다. 이렇게 후자는 서로가 서로를 힘들게 하는 족쇄가 될 수 있다. 역시 마음은 표현해야 역사가 이루어지는 법이다.

02

결혼의 배신
그가 이혼을 결심한 진짜 이유

밥, 섹스 그리고 호텔

"이혼을 심각하게 생각하는 남편들이 아내에게 갖는 공통적인 불만이 세 가지 있습니다. 혹시 아시는 분 있을까요?" 10여 년 전 나와 아내가 함께 참석한 '부부 세미나'에서 상담 전문가 C씨가 강연을 시작하면서 청중에게 던졌던 질문이다. C씨는 이혼 위기에 처해 있는 부부들을 대상으로 십 수 년 동안 상담 활동을 해온 사람이다. 그는 수많은 상담을 진행하면서 이혼 직전에 처한 남편들이 공통적으로 아내에게 갖고 있는 불만이 무엇인지 알게 되었다고 했다.

남편들이 실토한 아내에 대한 불만은 큰 예외 없이 세 가지로 정리되었고, 순서 역시 동일했다고 한다. 세미나 내용은 거의 기억나지 않지만 남편들의 세 가지 불만과 그것에 대해 C씨가 했던 농담은 뇌리에 남아 있다. 나는 이 장에서 C씨가 말한 남편들의 세 가지 불만을 심리학적인 눈으로 들여다보려 한다.

C씨가 밝힌 남편들의 세 가지 불만은 세미나에 참석한 아내들을 혼돈과 의문의 구렁텅이로 몰아넣었다. 나 역시 강연 때마다 같은 질문을 하곤 하는데, 이 세 가지 불만을 통해 남자들이 세상을 살아가는 방식과 태도를 심리학적으로 엿볼 수 있기 때문이다.

나의 질문에 여성들은 혹시나 하며 이런 답들을 쏟아낸다. "아내의 잔소리 아닌가요?" "남편을 무시하는 거 아닌가요?" "성격 차이 아닌가요?" "돈 적게 벌어온다고 타박하는 거 아닌가요?" "아내가 돈을 함부로 쓰는 거 아닌가요?" "살림을 못하는 거 아닌가요?" "시댁에 잘 못하는 거 아닌가요?" "자녀 교육을 제대로 못한다는 거 아닌가요?" "혹시, 아내가 외모에 신경 안 쓰고 뚱뚱한 거 아닌가요? 설마 그건 아니죠?"

결혼생활을 하면서 별별 일들을 다 겪어낸 여성들인지라 웬만하면 세 가지 불만을 쉽게 맞출 수 있을 것 같지만, 실제로는 몇몇 경우를 제외하고는 두 가지도 맞춘 적이 없다. 오랜 세월 한집에서 자식 낳고 부부로 살아왔어도 아내들은 남편의 불만을 잘 모르는 것 같았다. 이때 아내들이 답변 대신 반드시 하는 말이 있다. "아내가 남편에게 가장 불만인 것 세 가지도 알려주세요." 부부는 피 한 방울 섞이지 않은 남남이라서일까. 타인의 마음을 헤아리기보다 본인의 심정을 더 이해받고 싶어 하는 것은 부부 사이에도 예외는 아닌 모양이다.

상담 전문가 C씨가 내놓은 아내에 대한 남편의 세 가지 불만 중 1위는 다름 아닌 '밥'이었다. 강연 때 이 첫 번째 답을 공개하면, 여성들은 놀라움과 함께 이해할 수 없다는 표정을 짓는다. 그러고는 이내 주변 사람들과 조롱 섞인 어투로 수군거린다. "그 놈의 밥 밥 밥! 지겹다 지겨워." 남편들이 밥 때문에 가장 힘들어할 수 있다는 사실이 충격적이다 못해 어처구니없고, 심지어 치사하게까지 느껴지기 때문이다.

남편들의 불만은 아내가 식사 준비에 별 관심이 없고, 식사 준비 자체를 매우 귀찮아한다는 것이다. 설령 식사를 준비하더라도 남아 있는 음식들을 대충 모아 한 끼 때우는 수준이며, 기회를 만들어서라도 웬만하면 밖에서 끼니를 해결하려고 한다는 것이다.

특별한 사람이 아니고서야 식사를 준비하는 일이 어디 즐겁고 행복하기만 하겠는가? 요즘처럼 맞벌이 부부가 많고 바쁘게 돌아가는 세상에서 누군가를 위해 정성껏 식사 준비를 한다는 것은 결코 쉬운 일이 아니다. 더군다나 집 밖으로 몇 걸음만 나가면 값싸고 맛있는 음식점이 줄을 서 있는데, 꼭 그렇게 집에서 밥을 먹어야 할 이유가 있는지도 모를 노릇이다. 게다가 남편들은 야근에 회식에 그리고 수많은 약속들로 집에서 식사할 일이 거의 없다 보니 매번 해놓고 안 먹은 음식들을 처리하기도 곤란하고, 그런 일들이 오랜 시간 반복되면 식사 준비에 소홀해질 수 있다.

그럼에도 왜 '밥'이 남편들의 불만 1위일까? 사실 결혼한 남자들에게 아내가 준비해주는 밥은 그저 먹고살기 위한 끼니 해결의 의미만은 아니다. 심하게 다투거나 이혼 이야기가 오갈 때마다 남편들의 입에서 심심치 않게 나오는 말이 "당신이 결혼해서 나한테 아침밥 몇 번이나 차려줘봤어?"인 것을 보면 밥은 남편들에게 특별한 의미 그 이상으로 보인다. 평상시에는 아무 말 없다가 왜 이혼 이야기가 오가는 절체절명의 순간에 생뚱맞게 아침밥 안 차려준 불만이 터져 나온단 말인가?

남편들의 첫 번째 불만에 적잖이 당황한 아내들에게 내가 "그럼 두 번째와 세 번째 불만을 한 번 맞춰볼 수 있을까요?"라고 물으면, 신기하게도 두 번째 불만은 단번에 맞추는 경우가 많다. 더 놀라운 것은 첫 번째 불만을 물었을 때 터져 나왔던 수많은 답변 중에 두 번째 답에 대한 언급이 일체 없었다는 점이다. 그럼에도 아내들은 곧바로 "혹시 섹스 아닌가요?"라며 정확하게 남편들의 두 번째 불만을 맞춘다. 상담 전문가 C씨에 의하면 남편들이 아내에게 갖는 두 번째 가장 큰 불만은 다름 아닌 섹스다.

두 번째 불만을 확인한 후 대부분의 아내들은 '역시 그거였군!' 하는 씁쓸한 표정을 짓는다. 이 불만을 다른 것보다 쉽게 맞추는 것을 보면, 적어도 섹스에 관한 불만만큼은 부부 사이에서 공유되고 있는 갈등인 듯하다. 남편들의 두 번째 불만의 핵심은 낮은 성관계 횟수에 있다. 아내들이 여러 가지 이유로 성관계를 회피하기 때문에, 하고 싶은 만큼 섹스를 할 수 없다는 것이다.

남편들의 섹스에 대한 불만은 두 가지 사실에서 약간의 설득력이 있다. 첫 번째 사실은, 2018년에 발표한 보고서에 따르면 경제협력개발기구(OECD) 회원국과 비교했을 때 우리나라는 성관계 만족도가 낮은 편에 속하며, 특히 성관계 횟수가 가장 낮은 나라 중 하나로 분류된다는 점이다.

두 번째 사실은, 성관계 횟수가 행복에 지대한 영향을 끼친다는 점이다. 2016년에 토론토 요크대학교 심리학과 교수 에이미 뮤즈(Amy Muise)와 그의 연구팀이 부부(연인 포함)를 대상으로 한 연구에 의하면, 일주일에 한 번 이상 성관계를 하는 부부가 한 달에 한 번 이하로 성관계를 하는 부부에 비해 행복하다는 결과가 나왔다. 이 행복의 차이는 연봉이 7500만 원인 사람과 2500만 원인 사람 사이에서 발생하는 행복의 차이보다 두 배 이상 크다고 한다. 성관계의 횟수가 돈의 많고 적음보다 인생의 행복에 더 큰 영향을 끼칠 수 있다는 것을 명확하게 보여주는 연구 결과다.

"그럼 마지막 세 번째 불만은 무엇일까요?" 강연 때마다 질문을 던지지만 세 번째 불만을 정확하게 맞춘 아내들은 그리 많지 않다. 상담 전문가 C씨가 밝힌 세 번째 불만은 집안 청소와 정리다. 처음 이 이야기를 들었을 때 머리에 스치는 TV 광고 하나가 있었다. '대한민국에서 아줌마로 산다는 것'을 주제로 한 박카스 광고였다. 소파에 누워 있는 아내를 보며 남편이 불만 섞인 어투로 "아줌마, 자냐? 매일 자냐?"라고 말하고는 출근을 한다. 남편이 출근하자마자 아내는 슈퍼우먼으로 변신해 두 아이를 깨워 씻기고, 밥을 먹여 유치원에 보내고, 장을 봐온 뒤 집안 청소와 빨래를 한다. 일이 끝날 때쯤 유치원에서 돌아온 두 아이에게 요리를 해서 밥을 먹이고, 고단해 소파에 다시 쓰러진다. 그때 퇴근한 남편이 소파에 누워 있는 아내를 보고 한숨 섞인 어투로 "아줌마… 또 자?"라고 한다. 물론 이 광고는 "들여다보면 서로의 피로가 보입니다. 대한민국 피로회복제 박카스!"라는 카피로 광고를 마무리한다.

그런데 이 광고에서 흥미로운 점은 아내의 피곤함을 극대화시키기 위해 남편이 등장하는데, 남편은 아내의 힘든 가사 노동을 전혀 모를 뿐 아니라 매일 잠만 자며 집안일을 열심히 하지 않는 것처럼 보이는 아내를 타박한다는 것이다. 이 광고가 히트를 친 이유도 바로 아내의 가사 노동을 이해하지 못하는 남편을 부각시켰기 때문이다. 아내들 입장에서는 매일 반복해야 하는 힘든 가사 노동을 이해해주지 못하고 타박만 하는 남편이 서운할 수밖에 없을 것이다.

이 광고가 아내들에게 큰 공감을 얻었다는 것은 남편들이 가정주부로 사는 아내들을 이런 사고로 의식한다는 것을 뜻한다. "당신이 아침 한번 차려준 적 있어?"라는 말만큼이나 남편들이 불만스런 어투로 아내에게 자주 하는 말이 있다. 바로 "당신은 도대체 하루 종일 집에서 뭐 하는 거야? 이게 집이야? 매일 드라마 보고 동네 아줌마들이랑 커피 마시며 놀 시간은 있고, 집 청소할 시간은 없어?"라는 말이다.

아내들의 표현처럼 집은 치워도 치워도 표가 나지 않고, 밥은 먹고 치우고 돌아서면 또다시 식사 준비를 해야 하는 현실 속에서, 아내들은 할 말이 아주 많다. 하지만 분명한 사실 하나는, 남편들은 집안이 항상 정리되어 있지 않고 지저분하다고 느낀다는 것이다. 그렇지 않고서는 집안 청소와 정리가 세 가지 불만 중 3위가 될 수는 없다.

이 불만의 핵심은 하루 종일 힘들게 일하고 집에 오면 깔끔하고 쾌적한 환경에서 편히 쉬고 싶은데 아내가 그런 환경을 만들어주지 않는다는 것이다. 남녀노소를 불문하고 깨끗하고 잘 정리된 쾌적한 곳에서 생활하고 싶지 않은 사람은 없을 것이다.

대부분의 사람들은 고급 호텔을 좋아한다. 꼭 잠을 자기 위해서라기보다 휴식을 위해서 호텔을 찾기도 한다. 호텔이 제공하는 좋은 서비스와 혜택을 누리기 위해서이기도 하지만 고급 호텔의 가장 큰 장점은 깨끗함과 정리정돈 그리고 쾌적함에 있다. 호텔뿐만 아니라 집을 구할 때, 식당을 찾을 때, 중고차를 살 때, 다른 사람의 직장이나 사무실을 방문할 때 우리의 가장 큰 관심사는 '그곳이 얼마나 깔끔하고 깨끗한가?'이다. 이런 점만 보아도 우리나라 사람들이 얼마나 깔끔하고 정리된 것을 좋아하는지 알 수 있다.

사실 주위를 살펴보면 병적일 정도로 깔끔함과 깨끗함을 추구하는 사람들이 생각보다 많고, 거의 모든 사람들이 깔끔하고 청결한 것을 선호한다는 것은 충분히 이해할 수 있다. 그런데 문제는 왜 그 수많은 불만 중에서 '집안의 깨끗함과 정리정돈'이 남편들이 아내에게 갖는 가장 큰 불만 중 하나로 등극했느냐는 것이다.

생물학적 욕구에 집착하는 남자들

왜 남편들은 밥, 섹스 그리고 깨끗하게 정리된 집에 목을 맬까? 아내들과 다르게 남편들에게만 적용되는 어떤 심리가 있는 것일까? 아내들 역시 누군가 해주는 맛있는 밥을 먹고 싶고, 사랑이 넘치는 섹스를 하고 싶고, 깨끗하고 청결한 집에서 살고 싶기는 매한가지다. 하지만 아내들은 이 세 가지가 부부 생활에서 가장 중요하다고 말하지는 않을 것이다. 아내들에게는 이보다 더 중요한 것이 있기 때문이다.

먼저 남편들의 마음을 이해하기 위해서는 혹시 이 세 가지 불만에 흐르는 하나의 공통점이 있는지 살펴볼 필요가 있다. 왜냐하면 진짜 원하는 것은 따로 있을 수 있고, 이런 불만 사항들은 진짜 원하는 것이 채워지지 않았을 때 부가적으로 나타나는 현상일 수 있기 때문이다. 밥과 섹스 그리고 깨끗하게 정리된 집에는 어떤 공통점이 있을까?

신기하게도 이 세 가지 불만 사항은 모두 '생물학적인 욕구'와 깊은 관계가 깊다. 이 세 가지 불만을 통해 남편들이 아내들에게 말하고 싶었던 것은 "밥 좀 잘 해주고, 섹스도 자주 같이하고, 편하게 쉴 수 있도록 해줘"인지도 모른다. 아내들 입장에서는 기도 안 차는 이야기처럼 들릴지 모르나, 다르게 생각해보면 이런 욕구들은 인간의 기본적인 생물학적 동기를 다루는 것이어서 그렇게 이해 못 할 일만은 아니다.

상담전문가 C씨는 남편들이 아내에게 갖고 있는 이 세 가지 불만을 공개한 후 의미심장한 농담 한마디를 했다. 부부 싸움으로 남편과 아내 사이에 냉기류가 흐르고 대화조차 하지 않는 상황에서도 아내가 이 냉기류를 한 번에 날려버릴 방법이 있다는 것이다. 퇴근해 돌아온 남편이 현관문을 열고 거실로 들어오면서, 첫 번째로 집안이 깨끗하게 청소되고 정리된 것을 보고, 두 번째로 자신이 좋아하는 음식들로 준비된 저녁 식사를 함께하고, 세 번째로 잠자리에 들어 만족스러운 섹스를 하면 된다는 것이다. 농담이라고는 해도 남편들을 너무 띄엄띄엄 보는 것이 아닌가 하는 생각도 잠깐 들었지만 실제로 남편들의 불만이 밥과 섹스 그리고 깨끗하게 정리된 집이라고 하니 웃어넘길 수밖에 없었다.

왜 남편들은 이렇게 생물학적인 욕구에 집착할까? 이 질문에 대한 답을 찾기 위해서는 남자들과 여자들의 세상을 살아가는 방식을 이해할 필요가 있다. 과거에도 그랬고 현재도 그러하며 미래에도 그럴 수밖에 없는 남자들의 인생 최대 목적은 치열한 경쟁 사회에서 '생존하고, 이기고, 번영해' 멋진 왕국을 만들어 그곳의 왕으로 살아가는 것이다.

그러므로 어떤 수를 써서라도 일단 전투에서 살아남아야 한다. 조금 비겁하고 자존심에 상처가 생기더라도 일단은 생존해야 한다. 더 궁극적인 목표는 전투에서 승리해 삶의 지경을 넓히며 번영을 이루는 것이다. 방식과 모양만 달라졌을 뿐 사냥을 하던 시대나 조선 시대나 지금 시대나 남자들이 좇는 이상은 똑같으며, 앞으로도 그럴 것이다.

그래서 경쟁이나 성공, 권력, 직급과 같은 단어들은 남자들의 삶과 떼려야 뗄 수 없는 관계에 있다. 어떤 분야에서든 최고의 자리에 올라서는 것이 목표고, 여의치 않으면 상대적으로 높은 위치에라도 올라서야 한다. 어설픈 위치에 있기보다 힘들더라도 자영업을 하면서 주인이 되어 갑의 위치에 서기를 원한다. 소꼬리보다 닭대가리가 낫고, 용꼬리보다 뱀머리가 낫다고 생각한다.

그렇다 보니 남자들에게 협력과 평등이라는 단어는 사실 어색하다. 함께보다 독립을 적극적으로 선호하고, 평등보다 위계를 선호한다. 어디를 가나 남자들의 분쟁은 자리다툼으로 시작해서 자리다툼으로 끝난다. 누가 싸움에서 이겨 왕좌를 차지하느냐가 핵심이자 최고의 관심사다.

"아내가 저를 사랑하지 않아서 이혼해야 할 것 같습니다." "아내가 저를 사랑하지 않는데 더 이상 부부관계를 유지하는 게 무슨 의미가 있는지 모르겠습니다." 남편들이 이런 말을 하는 것을 들어본 적이 있는가? 남편들은 이런 이야기를 하지 않는다.

반면에 아내들이 이런 불만을 드러내는 경우는 자주 있다. 아내들의 최대 목표와 관심은 관계 속에서 안정과 사랑 그리고 행복을 추구하는 것이기 때문이다. 많은 아내들이 육아에 불성실하고 가사 노동에 적극적이지 않은 남편에게 큰 불만을 갖는다. 하지만 이런 불만들은 표면적인 현상일 수 있다. 아내들은 남편의 이런 태도를 보면서 남편이 더 이상 자기를 사랑하지 않는다고 생각한다. "내가 가정부야, 파출부야?" "나 혼자 아이 낳았어?"라고 말하는 불만 속에는 집안일과 육아를 함께 책임져야 한다는 의미도 담겨 있지만, 더 깊은 의미는 "나는 당신이 사랑해야 할 당신의 아내라고! 당신, 나 안 사랑해?"라는 마음을 돌려서 표현하는 것이다. 아내들에게는 육아와 집안일도 중요하지만 그보다 남편과의 관계에서 사랑과 행복을 느끼는 것이 더 중요하다.

남자의 생존과 여자의 사랑

남자와 여자가 어떤 태도로 인생을 살아가는지, 다음의 두 가지

예를 통해 한번 살펴보자.

첫 번째 예는 '여성은 어떤 남성과 결혼할까?'에 관한 것이다. 남성 A씨는 의무감과 책임감으로 집안일도 열심히 하고 육아도 열심히 하지만 아내를 사랑하지는 않는다고 하자. 반면 남성 B씨는 집안일도 잘 안 하고 육아에도 별로 도움이 안 되지만 아내를 무척이나 사랑한다고 하자. 둘 다 썩 마음에 들지 않아 어려운 선택이겠지만, 이 두 남자 중에 한 명을 선택해야 한다면 여성들은 누구를 택할까?

대부분의 여성들은 남성 B씨를 선택할 것이다. 남성 A씨와 결혼한 여성은 아마 심각하게 이혼을 고민할지도 모른다. 육아와 집안일을 열심히 하는 것은 아주 모범적이고 칭찬할 일이지만 여기에 사랑이 없다면 이런 멋진 일들은 의미를 잃고 만다. "아내를 사랑하진 않지만 의무감과 책임감으로 육아와 집안일을 열심히 했다"는 남편의 말에 아내들은 고마움이 아닌 비참함을 느낄 수 있다. 내용이 없는 화려한 껍데기는 허울뿐인 관계를 더욱 처절하게 드러내 보이기 때문이다.

하지만 대개의 남자들은 여성들이 A씨에게서 느끼는 비참함을 이해하지 못한다. 처절한 경쟁 사회에서 살아남아 성공과 번영을 이루기 위해서는 '하고 싶지 않아도' 최선을 다하는 것이 남자들의 가장 기초적인 생존 전략이다. 고로 이것은 칭찬받아 마땅한 자세이자 태도다. 그래서 아내들의 불만에 "내가 돈을 안 벌어다

줘?" "내가 폭행을 해?" "내가 누구처럼 바람을 피우냐?" 같은 대꾸를 하는 것은 생존과 성공과 번영이 인생의 목적인 남편들의 입장에서는 당연할지도 모른다. 남편도 아내처럼 관계를 중요시 여길 수 있지만 관계의 목적은 어디까지나 생존과 번영을 위한 수단에 지나지 않는다. 관계를 통한 안정과 행복이 목적 자체일 수는 없는 것이다.

두 번째 예는 '배우자에게 언제 더 실망할까?'에 관한 것이다. 예를 들어 1번과 2번, 두 가지 경우가 있다고 하자. 먼저 1번은 당신의 배우자가 다른 이성을 만나 사랑하지는 않지만 하룻밤 성관계를 가진 경우고, 2번은 당신의 배우자가 우연찮게 다른 이성을 만나 성관계는 갖지 않았지만 서로 사랑하는 사이가 된 경우다.

1번과 2번의 경우 모두 배우자가 당신에게 진심으로 용서를 구한다면 당신은 어느 쪽에 조금이라도 더 용서할 마음이 생기겠는가? 물론 둘 다 용서할 수 없는 일이지만 그래도 진심으로 뉘우치며 용서를 구한다면 당신에게 조금이라도 덜 상처가 되는 경우는 어느 쪽일까?

심리학적 연구 결과에 의하면 보통 여성들은 1번 경우를 선택하고, 남성들은 2번 경우를 선택한다. 여성의 입장에서는 배우자가 다른 이성과 성관계를 갖는 것만으로도 용서하기 어려운 일이지만 더 용서하기 힘든 것은 배우자가 다른 이성을 사랑하는 경우다.

이는 관계적인 측면에서 생각해볼 수 있는데, 남편이 다른 이성을 사랑한다는 것은 배우자와의 관계가 완전히 끝날 수 있다는 것을 암시하기 때문이다. 남편과의 관계 속에서 추구하던 안정과 사랑 그리고 행복이 순식간에 그리고 영원히 사라질 수도 있는 것이다. 이런 상황에 민감할 수밖에 없는 아내들은 '질투'라는 선제적 방어 기제를 발전시켜 남편을 사전에 적극 감시하고 통제하려고 한다.

거꾸로 이야기하면 다른 여성, 즉 그 여성이 연예인이든 친구든 길거리에 지나가는 사람이든, 동료든 간에 어떤 형태로도 전혀 관심이 없다는 것을 직간접적으로 표현하는 남성은 여성에게 무한한 신뢰와 관계적 안정감을 줄 수 있다. 매우 잘생긴 남성을 부담스러워하는 것도 깨질지 모르는 미래의 관계에 민감하기 때문이며, 남편이 바람이 났을 때 아내들이 남편에게도 화가 나지만 상대 여성에게 더 화가 나는 이유는 남편과의 관계를 지키려는 동기 때문이다.

남성의 입장에서도 배우자가 다른 이성을 사랑하는 것은 용서하기 어려운 일이다. 하지만 그보다 더 용서하기 어려운 것은 아내가 다른 이성과 성관계를 한 경우다. 아내가 바람피운 사실을 알게 되었을 때 남편이 아내에게 가장 먼저 물어보고 싶은 것은 "그래서 섹스를 했어, 안 했어? 다른 거 다 필요 없고 그것부터 솔직히 말해!"이다. 치사해 보이지만 사실이다.

충성스런 신하를 찾는 아내,
왕을 꿈꾸는 남편

아내가 다른 남자와 사랑을 했든 안 했든 성관계를 가졌다는 것은 몇 가지 측면에서 남편의 생존과 번영에 치명적인 위협을 가한다. 생존과 번영이 부나 권력, 사회적 지위, 성공 등 다양한 것을 의미할 수 있지만 인류학적인 측면에서 볼 때 가장 중요한 것은 본인의 아이를 낳아서 본인의 씨가 자자손손 대를 이어가는 것이다.

아내가 다른 남자와 성관계를 갖는다는 것은 아내의 뱃속에 있는 아이 혹은 이미 태어난 아이들이 자신의 씨가 아닐 수 있다는 치명적인 의심을 자아내게 하고, 나아가 자신의 씨가 아닌 다른 남자의 씨가 본인의 대를 이을 수도 있다는 것을 의미한다. 본인의 생존과 번영을 최고의 목적으로 삼는 남자에게는 치명적인 위협일 수 있다.

또한 아내가 다른 남자와 성관계를 가졌다는 것은 이미 치열한 경쟁에서 아내를 빼앗긴 패배자가 되었다는 것을 의미한다. 아내를 포함한 가정이라는 것은 남자가 세상이라는 전쟁터에서 힘겹게 이룩한 생존과 번영의 결과물이다. 그래서 아내가 다른 남자와 성관계를 가졌다는 것은 경쟁자에게 나의 것을 빼앗긴 능력 없는 실패자이자 패배자라는 것을 공표하는 것과 같다.

그렇다면 남편은 아내가 다른 남자와 성관계를 한 것에 대한 책임을 누구에게 물을까? 아내일까, 아니면 상대 남성일까? 아내다. 아내에게 책임을 전가하는 것이 패배감을 조금이라도 줄일 수 있기 때문이다. 적어도 상대 남성의 승리를 인정하는 꼴은 만들고 싶지 않은 것이다.

아내들은 궁극적으로 남편과의 관계를 통해 안정과 사랑을 추구하며 행복을 꿈꾼다. 그래서 아내들은 기회를 만들어서라도 남편이 자기를 얼마나 사랑하고 신경 쓰는지 확인하려고 한다. 기념일을 기억해주는 것, 나의 이야기에 공감해주는 것, 조그만 일에도 배려해주는 것, 집안일을 도와주는 것, 육아를 함께하는 것, 친정에 잘하는 것, 선물을 사주는 것, 예쁘다고 말해주는 것 등이 모두 아내에게는 남편이 자신을 얼마나 사랑하는지 그 정도를 가늠하는 척도다.

아내들은 남편이 평생 한눈팔지 않고 자신을 지켜주고 사랑해줄 믿음직스럽고 충성스러운 신하이기를 바란다. 그것이 아내들의 최고의 이상형이다. 하지만 그럴 수 있는 신하가 이 세상에 얼마나 있겠는가. 그래서 남편들에게 '말만 예쁘게 해도 사랑받는다'는 진심어린 조언을 해주고 싶다. 아내가 원하는 많은 것들을 다 실행하지 못할지라도 적어도 사랑을 표현하는 말을 자주하면 아내는 힘들어도 남편과 함께 행복을 찾을 수 있다. 하지만 아내가 바라는 많은 것들을 해주면서도 사랑의 표현이 없다거나 혹은 사랑받는다는 느낌을 주지 못한다면 아내는 남편과 함께 행복을 찾을 수 없다. 사랑과 관계에 의심이 생기기 때문이다.

남편들에게도 사랑과 관계는 중요하다. 하지만 더 중요한 것은 치열하게 전투가 벌어지는 전쟁터에서 살아남는 것이다. 적군을 물리치고 자기만의 왕국을 탄탄하게 만들어 그곳에서 왕으로 사는 것이다. 보란 듯이 성공해 아랫사람들을 통치하고 그들로부터 섬김과 존경을 받는 위치의 사람이 되고 싶은 것이다. 하지만 전투가 일어나는 현장은 그리 녹록치 않다. 매번 전투에서 승승장구하면 좋겠지만 실력과 권력을 겸비한 자들이 즐비해서 살아남기도 힘겹다. 목숨을 부지하고 승리자에게 머리를 조아리며 목에 풀칠하기도 바쁘다.

특별한 자가 아니라면 자기의 분야에서 멋진 왕국을 만들어 존경받는 왕으로 살아가기란 쉽지 않다. 하지만 모든 남편들에게 주어지는 조그마한 왕국이 있으니 바로 가정이다. 그곳에서나마 그들은 소심하게라도 왕 노릇을 하고 싶다. 뼛속까지 멋진 왕을 꿈꾸는 남편들은 가정에서라도 왕이 되고 싶은 것이다. 경쟁자를 물리치고 멋지게 승리를 거머쥐지 못한 자일수록 이런 욕구는 클 수밖에 없다. 가정에서라도 왕으로 군림하며 가족들을 통치하고 가족 구성원들로부터 왕으로서의 인정과 존경을 받고 싶은 것이다. 구시대에는 이런 욕구들이 자연스럽게 가부장제로 승화되기도 했다.

하지만 시대의 압력과 근대화의 문명으로 가부장제는 급속도로 힘을 잃어가고 있다. 가정에서 아내들이 남편보다 더 많은 힘과 권한을 가지고 남편을 포함한 가족 구성원들을 통치하기도 한다. 그럼에도 불구하고 남편들은 왕에 대한 열망을 완전히 버리지는 못했다. 적어도 가정에서만큼은 그렇다. 남자가 세상을 살아가는 근본적인 방식이기 때문이다. 그래서 가정에서 여전히 왕으로서 건재하다고 느끼면 즐겁고 행복하지만, 더 이상 왕 대접을 받지 못한다고 느끼면 슬퍼한다.

가정에서 남편이 왕으로 군림하는지를 느낄 수 있는 상황은 많다. 아내가 일일이 남편의 허락을 맡아야 한다거나 남편이 경제권을 완전히 장악한 경우다. 하지만 이보다 더 원초적이고 본능에 충실한 상황은 아랫사람이 윗사람의 생물학적 욕구를 채워주는 것이다. 현재도 그렇지만 역사적으로도 타인의 생물학적 욕구를 채워주는 것은 엄마가 자녀들의 생물학적 욕구를 채워주는 상황을 제외하고 대부분이 낮음을 대표하는 상징이었다. 잘 차려진 식사와 만족스러운 섹스 그리고 편히 쉴 수 있는 공간을 통해 남편들은 소극적으로나마 그리고 상징적으로라도 자신이 왕이라고 느끼고 싶은 것이다.

나와 맞지
않는 사람과
함께 사는 법

'이혼을 생각하는 남편들의 아내에 대한 세 가지 불만'에 대해 강연할 때마다 두드러지는 두 가지 현상이 있다. 첫 번째는 여성 청중들이 남편의 세 가지 불만을 듣고 (남편에게 속았다는 듯이) 깜짝 놀란다는 것이고, 두 번째는 남성 청중들이 남편의 세 가지 불만을 듣고 (세상이 줄 수 없는) 큰 위로를 받는다는 것이다. 이 두 가지 현상은 남편이 자신의 불만을 아내에게 직접은커녕 간접적으로라도 이야기하지 않는다는 데서 비롯한다. 그래서 여성들은 뒤통수를 맞은 듯 배신감을 느껴 놀라는 것이고, 남성들은 이제껏 숨겨온 자신만의 불만을 다른 남편들도 공감한다는 사실에 열광하며 환호하는 것이다.

아내들에 비해 남편들은 답답하리만큼 속내를 드러내지 않는다. 좋은 일도 그렇지만 나쁜 일이나 불만은 더더욱 이야기하지 않는다. 가족들을 위해서라고 하지만 사실은 하지 않는 것이 아니고 할 수 없는 것이다. 남자가 얼마나 지질하고 못났으면 밥, 섹스, 휴식 같은 생물학적인 욕구와 충동에 목숨 걸고 불만을 제기한단 말인가. 물론 아내들도 마찬가지다. 남편에게 사랑을 표현해달라고 대놓고 이야기하고 싶지 않다. 사랑을 구걸하는 것만큼 치사하고 자존심 상하는 일이 없기 때문이다.

심리학에서 관심 갖는 주요 주제 중 하나는 '남녀의 차이'다. 남녀는 사랑을 표현하는 방식도 다르고, 사랑을 느끼는 방식도 다르다. 남편은 왕이 되고 싶고, 아내는 충성스러운 신하를 찾는다. 하지만 자존심과 체면을 지키느라 대부분의 부부가 성차를 인정하지도, 불만을 이야기하지도 않는다. 안타깝게도 불만을 표현하지 않으면 각자 본인의 관점에서 배우자를 판단하고 이해할 수밖에 없다. 상대방의 마음을 모르니 당연히 이해도 못 하는 것이다.

남편과 아내는 각자 자신이 참고 또 참으며 결혼생활을 하고 있다고 생각할지도 모른다. 하지만 시간이 흘러 당신이 배우자에게 진심을 이야기하게 되는 그 순간, 당신의 배우자는 더없이 당황할 테고 당신의 이야기에 귀 기울여주기에는 너무 늦었다고 말할 것이다. 당신 자신뿐만 아니라 배우자를 진실로 위한다면 지금이 바로 속내를 털어놓을 때다.

03

믿음의 배신

처음부터 나쁜 사람은 없다

외모지상주의는 허상일까?

세계에서 성형수술을 가장 많이 하는 나라는 어디일까? 2011년, 국제성형의학회에서 발표한 보고서에 의하면 미국이 1위, 브라질이 2위, 중국이 3위 그리고 일본이 4위를 차지했다. 한국은 7위다. 하지만 국가 별 인구수를 고려해 1000명당 성형수술 횟수를 계산하면 한국이 독보적인 1위다. 외모에 대한 관심만큼은 우리나라 사람들이 세계 최고인 듯하다.

미국에서 오랜 유학생활을 마치고 한국에 돌아왔을 때 가장 놀란 것 중 하나가 여대생들의 옷차림이었다. 여름이었는데 대부분의 여대생들이 화사한 블라우스에 짧은 치마 그리고 하이힐을 신고 있었다. 믿기 어려울 정도로 예쁘게 잘 차려입어서 머리끝부터 발끝까지 엄청나게 신경 썼다는 것을 바로 알 수 있었다. 옷차림의 수준이 편안함을 넘어 "저렇게 입어도 괜찮나?" 싶을 정도로 자유로운(?) 미국 여대생들을 오랫동안 보아온 나로서는 큰 충격이 아닐 수 없었다. 타인의 시선으로부터 자유로운 듯한 미국 여대생들은 거의 청바지에 티셔츠를 입거나 트레이닝복 차림에 슬리퍼를 신고 다녔다. 아침 수업에는 파자마를 입고 오는 경우도 많았다. 교수들 역시 반바지에 운동화를 신고 수업하는 경우가 많다 보니 이상할 것도 없는 일이다.

당신은 출근이나 외출 준비를 하는 데 몇 분 정도의 시간이 걸리는가? 샤워하고, 머리 감고, 화장하고, 옷 입는 데까지 걸리는 시간이 얼마나 소요되는지 여대생들에게 물어보니 평균 1시간 정도라고 답했다. 일하는 시간, 밥 먹는 시간, 잠자는 시간, 출퇴근 시간을 제외하면 우리가 하루에 1시간씩 규칙적으로 소비하는 일은 거의 없을 것이다. 대부분의 사람들이 운동의 중요성을 잘 알고 있지만 큰 병에 걸리거나 몸에 이상이 생기지 않으면 운동을 잘 하지 않는다는 사실을 고려한다면, 우리가 외모에 얼마나 많은 시간을 투자하는지 실감할 수 있다. 더군다나 대부분의 사람들은 누구의 강요 없이 자발적으로 시간을 투자해 외모를 가꾼다. 아마 우리는 태어나서 죽을 때까지 천문학적인 돈과 시간을 외모 가꾸는 데 쓸 것이다.

의대생 사이에서 피부과와 성형외과가 그 어느 때보다 인기가 높고, TV 홈쇼핑만 틀면 다이어트 관련한 상품이 날개 돋친 듯 판매된다. '다이어트는 평생의 숙제다'라는 말이 이제는 공공연하게 나온다. 다이어트를 위해 굶기를 밥 먹듯이 하는 사람들도 많다.

우리는 도대체 누구를 위해, 그리고 무엇을 위해 이렇게 외모에 목숨을 거는 것일까? 합리적인 이유가 있을까? 아니면 그냥 허상을 좇는 빈껍데기에 불과할까? 부인할 수 없는 이유 중 하나는 남들에게 매력적인 외모를 보여주고 싶다는 것이다. 무인도에 혼자 산다면 어느 누구도 다이어트를 하며 외모를 매력적으로 가꾸기 위해 노력하지 않을 것이다.

그러면 매력적인 외모를 가진 사람은 그렇지 않은 사람에 비해 실질적인 이득이 있을까? 단지 심리적 만족감을 채울 뿐일까? 이득이 있다면 타인의 칭찬 정도에 지나지 않을까?

'외모지상주의'가 사람들 사이에 만연해 있다. 국어사전에서는 '외모를 인생을 살아가거나 성공하는 데 제일 중요한 것으로 보는 사고방식'이라고 외모지상주의를 정의한다. 많은 사람들이 매력적인 외모가 인생을 살아가는 데 현실적인 도움을 준다고 믿는다. 과연 이 믿음은 사실일까? 사실이라면 외모에 많은 시간과 노력을 투자하는 것이 의미를 가질 수 있지만, 거짓이라면 우리는 심리적 만족감이라는 허상에 배신을 당하고 있는 것이다. 안타깝게도 외모지상주의에 대한 믿음은 수많은 심리학 연구에서 사실로 밝혀졌다. 매력적인 외모의 실질적 이득은 매우 강력해서 나열하기 민망할 정도다.

매력적인 외모를 가진 사람들은 그렇지 않은 사람들에 비해 더 높은 성과를 이루고, 직장을 더 쉽게 구하며, 더 높은 연봉을 받고, 더 빠른 승진을 하고, 더 많은 이성 친구를 사귀고, 더 매력적인 배우자와 결혼하며, 더 행복하다. 선거에 당선될 확률도 더 높고, 범죄로 처벌받더라도 형량이 낮을 확률이 더 높다. 매력적인 외모를 가진 사람들은 사회적으로 더 성공하고, 돈도 더 많이 벌며, 더 행복하게 산다는 말이다.

돈과 성과에 대한 연구를 소개하면 다음과 같다. 28년 전인 1991년에 아이린 프리즈(Irene H. Frieze)와 그의 동료들이 737명의 MBA 졸업생을 대상으로 진행한 연구에 따르면, 외모의 매력도 점수가 5점 만점에서 1점 더 높을 때 남자는 300만 원, 그리고 여자는 240만 원의 연봉을 더 받았다. 지금(2019년)의 가치로 환산하면 약 500만 원의 돈을 더 번 셈이다. 외모의 매력도가 높은 사람(5점)이 낮은 사람(1점)에 비해 매년 2000만 원을 더 번 것이다.

1974년에 심리학자 데이비드 랜디(David Landy)와 그의 동료들은 남자 대학생들에게 한 여자 대학생이 쓴 글이 얼마나 창의적이고 깊이 있는지에 대해 평가하도록 했다. 첫 번째 조건에서는 매력적인 외모를 가진 여자의 사진을, 그리고 두 번째 조건에서는 매력적이지 않은 외모를 가진 여자의 사진을 제공하며 글을 쓴 여대생의 사진이라고 믿게 했다. 남자 대학생들은 어떤 평가를 했을까? 한 가지 중요한 사실은 두 조건에 배정된 남자 대학생들은 같은 글을 읽고 평가했다는 것이다. 두 조건 간에 유일한 차이는 글을 썼다고 믿는 여자 대학생의 외모가 한 조건에서는 매력적이고, 다른 조건에서는 매력적이지 않다는 것뿐이었다.

예상했겠지만 글을 쓴 여대생이 예쁘다고 믿은 남자 대학생들은 예쁘지 않다고 믿은 남자 대학생들보다 여대생이 쓴 글이 더 창의적이고 깊이 있다고 평가했다. 같은 글이더라도 그것을 쓴 사람의 외모 매력도에 따라 글에 대한 평가가 달라진다는 것이다.

예쁜 여자가 더 따뜻하고 친절하다?

1977년, 심리학자 마크 스나이더(Mark Snyder)와 그의 동료들은 서로 모르는 한 명의 남자 대학생과 한 명의 여자 대학생을 실험실로 초청해 '전화 통화' 과제를 시켰다. 서로 얼굴을 확인할 수 없도록 두 학생은 각각 다른 실험실로 안내받았다. 과제를 시작하기 전에 두 학생은 각각 배정받은 실험실에서 자기소개서를 작성했고, 실험자는 남학생이 쓴 자기소개서를 여학생에게, 여학생이 쓴 자기소개서를 남학생에게 건네주었다. 이때 남학생에게 실험적 조작이 이루어졌는데, 첫 번째 조건에서는 예쁜 여자의 사진을 그리고 두 번째 조건에서는 못생긴 여자의 사진을 제공하며 상대 여학생의 사진이라고 믿게 했다. 그런 뒤 남학생에게는 여학생의 자기소개서를 참고해 그녀에 대한 첫인상을 평가하도록 했다. 그다음 남학생과 여학생은 10분간 헤드폰을 통해 자유롭게 '전화 통화' 과제를 했다.

이 실험을 통해 몇 가지 흥미로운 결과를 발견했는데, 첫 번째 결과는 '전화 통화' 과제를 하기 전에 남학생이 여학생에 대해 작성한 첫인상에서 발견됐다. 자기소개서 내용과 상관없이 상대 여학생이 예쁘다고 생각한 남학생은 상대 여학생의 자기소개서를 읽으면서 그녀가 사회성도 좋고 유머도 있으며 차분할 것이라고 판단한 반면, 상대 여학생이 못생겼다고 생각한 남학생은 상대 여학생의 자기소개서를 읽으면서 그녀가 사회성도 떨어지고 너무 진지하며 불편한 성격일 것이라고 판단했다. 1972년에 심리학자 카렌 디온(Karen Dion)과 그의 동료들이 주장한 "사람들은 매력적인 외모를 가진 사람들이 좋은 성격적 특성을 소유하고 있다고 믿는다"는 이론을 다시 한번 확인시켜준 셈이다. 사람들은 외모를 기초로 한 사람의 성격에 대해 판단한다.

두 번째 결과는 10분간의 통화에서 나타난 남학생의 태도에 관한 것이었다. 상대 여학생이 예쁘다고 생각했던 남학생은 상대 여학생을 아주 친절하게 대했지만, 상대 여학생이 못생겼다고 생각했던 남학생은 상대 여학생을 아주 불친절하게 대했다.

세 번째 결과는 10분간의 통화에서 나타난 여학생의 태도였다.

상대 여학생이 예쁘다고 생각한 남학생과 통화를 한 여학생은 따뜻했고 자신감이 있었으며 활발했다. 하지만 상대 여학생이 못생겼다고 생각한 남학생과 통화를 한 여학생은 차갑고 자신감이 없었으며 수동적이었다.

이 연구 결과의 핵심은 다음과 같다. 남학생이 상대 여학생과 전화 통화를 하기 전에 상대 여학생이 예쁘다고 생각하면 상대 여학생은 현실에서 따뜻하고 자신감 있고 활발한 사람이 되고, 상대 여학생이 못생겼다고 생각하면 상대 여학생은 현실에서 차갑고 자신감 없고 수동적인 사람이 된다는 것이다. 어떻게 이런 일이 실제로 벌어질 수 있을까? 어떻게 한 남학생의 상대 여학생에 대한 작은 믿음이 상대 여학생의 현실을 바꾼 것일까?

이유는 남학생이 여학생에게 자신의 생각에 부합하는 행동을 했기 때문이다. 여학생이 예쁘다고 생각했을 때는 여학생이 좋은 성격의 소유자라고 생각했고(첫 번째 결과), 이 생각은 남학생으로 하여금 여학생에게 친절하게 대하게 했으며(두 번째 결과), 호의를 받은 여학생은 당연히 친절하고 따뜻한 태도로 남학생을 대했던 것이다(세 번째 결과). 여학생의 현실을 바꾼 주범은 바로 남학생이 여학생에게 가졌던 작은 믿음과 믿음에 부합하는 행동이었다.

왜 예쁜 여자가 더 친절하고 따뜻할까? 매력적인 외모를 가진 여성이 그렇지 못한 여성에 비해 유전적으로 더 좋은 성격적 특질을 갖고 태어나는 것은 아니다. 주위 사람들이 매력적인 외모를 가진 여성들을 호의적인 태도로 대하기 때문에 그 사람들도 호의적인 태도로 사람과 삶을 대하는 것이다. 매력적인 외모를 가진 사람들이 그렇지 않은 사람들에 비해 사회적으로 더 성공하고 돈도 더 많이 벌며 더 행복한 삶을 사는 이유는 그들이 더 좋은 환경의 세상에서 살기 때문이다.

여기서 더 좋은 세상의 의미는 그들을 향한 주위 사람들의 호의적인 생각과 태도 그리고 행동들이다. 실수를 해도 잘 이해해주고, 어려운 상황에서는 도움도 잘 주고, 성과에 대해서도 호의적인 평가를 해주는 등 많은 관심과 사랑을 주는데 어찌 사회적으로 성공하지 않을 수 있고, 빠르게 승진하지 않을 수 있으며, 많은 연봉을 받지 않을 수 있고, 행복하지 않을 수 있겠는가. '외모가 매력적인 사람은 좋고 괜찮은 사람이다'라는 우리의 작은 믿음 하나가, 외모가 매력적인 사람의 현실을 바꾸어놓는 것이다.

이 연구에는 위 세 가지 결과 외에 또 하나의 중요한 현상이 숨어 있다. 남학생은 자기가 여학생의 행동을 창조했다는 것을 모른다는 것이다. 여학생이 호의적인 태도로 대화에 임한 것이나 비호의적인 태도로 대화에 임한 것은 전적으로 남학생의 믿음과 행동에 의한 것이지만 당사자인 남학생은 그 사실을 모른다. 여학생의 태도나 행동에 대한 책임이 여학생이 아닌 남학생에게 있지만 책임 당사자는 그 사실을 전혀 모르는 것이다.

도리어 남학생은 자신이 전화 통화를 하기도 전에(그녀를 경험해보기도 전에) 상대 여성에 대해 가졌던 좋은 첫인상이 결국 들어맞았다고 착각한다. 그녀가 통화 중에 따뜻했고 친절했으며 자신감이 있었기 때문이다. 나쁜 첫인상도 들어맞았다고 착각한다. 그녀가 통화 중에 차갑고 불친절했으며 자신감이 없었기 때문이다. 그녀는 평범한 사람이었지만 남학생 때문에 나쁜 사람이 되기도 했고, 좋은 사람이 되기도 했다.

당신이 한 사람을 괜찮은 사람이라고 믿으면 그 사람은 정말 괜찮은 사람이 된다. 당신이 한 사람을 나쁜 사람이라고 믿으면 그 사람은 정말 나쁜 사람이 된다. 좋은 사람이라고 믿으면 당신은 당신의 믿음에 부합하는 말과 행동으로 그 사람을 호의적으로 대하기 때문이고, 그 사람 역시 당신의 호의적인 태도에 당연히 좋은 사람으로 반응할 것이다. 당신이 한 사람을 나쁜 사람이라고 믿으면 당신은 그 사람을 비호의적인 태도로 대할 것이며, 그는 당신의 비호의적인 태도에 당연히 나쁜 사람으로 반응할 것이다.

하지만 당신은 당신이 상대방을 좋게도 만들고 나쁘게도 만든다는 것을 알지 못한다. 단지 당신은 자신이 보는 눈이 있어서 한 번 보면 대충 다 안다고 생각할 것이다. "처음 봤을 때부터 별로 마음에 안 들었는데… 지켜보니 정말 몹쓸 사람이네" 하고 말하며 헛웃음을 지을지도 모른다. 하지만 그 사람은 몹쓸 사람이 아니었을 수도 있고, 그 사람을 그렇게 만든 것은 당신일 수도 있다. 당신의 작은 믿음이 상대방의 삶을 바꾸는 것이다.

당신이 배우자를 나쁘게 만든다

부부관계도 마찬가지다. 작은 문제 하나가 큰 문제로 번져 결국에는 돌이킬 수 없는 상황까지 가기도 한다. 왜일까? 아마도 당신은 당신의 배우자가 큰 잘못이 있다고 확신할 것이다. 한때 그토록 좋아했던 사람이 어찌 순식간에 나쁘고 파렴치한 사람으로 변할 수 있단 말인가? 당신의 이야기를 들어보면 그 누구도 당신의 배우자와는 같이 못 살 거라고 이야기할 것이다. 당신의 말은 사실이고, 당신의 배우자는 나쁜 사람이다.

하지만 배우자를 그렇게 만든 것은 당신일 수도 있다. 당신의 배우자는 원래부터 그런 사람이 아니었을 수 있다. 한 가지 꼭 기억할 것은 당신의 배우자도 당신을 몹쓸 사람이라고 생각한다는 것이다. 당신처럼 양심도 없는 철면피하고는 하루도 살고 싶지 않다고 생각할 것이다. 당신의 언행을 주위 사람들에게 이야기하면 대부분의 사람들은 당신의 배우자에게 이혼을 권할지도 모른다. 당신은 정말 나쁜 사람이다. 하지만 당신의 배우자가 잊고 있는 한 가지 사실은, 당신이 그토록 나쁜 사람이 된 데는 배우자의 역할이 컸을 수도 있다는 것이다.

아내의 이야기를 한번 들어보자. 남편이 아침에 아내에게 작은 실수를 했다. 일찍 출근하는 남편을 붙잡아두고 이야기할 수 없어서 간단히 사과만 받았다. 저녁이 되어 퇴근한 남편과 함께 식사를 한 뒤 아침에 있었던 일에 대해 다시 한번 짚고 넘어가는 것이 좋을 것 같아 이야기를 시작했다. 하지만 아내의 의도와는 다르게 어렵게 시작한 대화는 부부싸움으로 번져버렸다. 아내가 말을 꺼내기 무섭게 남편은 제발 그만 좀 하라며 신경질을 냈다. 웃기지도 않았다. 무슨 말을 했다고 저렇게 민감하게 반응하는지 아내는 이해할 수 없었다. 좀 더 잘해보자고 시작한 이야기였으나 감정이 격해지는 바람에 못 할 말만 몇 마디 해버리고 아내는 바로 침실이 아닌 작은방으로 들어가버렸다.

미안하다고 쫓아와서 사과라도 할 줄 알았지만 남편은 끝내 작은방에 오지 않았다. 자존심 때문에 안방으로 갈 수도 없고 해서 그냥 작은방에서 잠을 청했다. 분해서 잠이 오지 않았다. 사과를 해도 부족할 판에 도리어 화를 내며 자신을 비난하는 태도가 아내는 이해되지 않았다. 다음 날 아침, 출근을 준비하는 남편의 소리가 들렸다. 평소 같으면 간단하게라도 식사를 준비했겠지만 아무렇지 않게 그러기도 어색해서 그냥 모른 척했다. 사실 남편 얼굴이 보고 싶지 않아 방에서 나가고 싶지도 않았다.

남편이 출근을 하자 아내는 방에서 나왔다. 아무 말 없이 집을 나서는 남편이 더 미웠다. 어찌 그리 소심한지, 연애할 때도 그랬던 것 같다. 싸우고 나면 몇 날 며칠을 불편한 관계로 지냈다. 결혼해보니 그것이 보통 문제가 아니라는 것을 알게 됐다. 주말에 바빠서 하지 못한 빨래와 청소를 해야 했지만 그럴 기분이 아니었다.

남편이 서운하게 한 것만 계속 생각나고 결혼이 후회되기까지 했다. 그러면서도 한편으로는 별것도 아닌 일로 어제 너무 심했던 것 아닌가 하는 생각도 들었다. 아침식사를 챙겨주지 않은 것도 못내 찜찜했다. 저녁이라도 맛있게 준비해서 화해를 해야겠다고 생각했다.

남편은 보통 7시 30분이면 집에 도착한다. 6시쯤에 전화로 미리 귀가 시간을 알려주곤 했다. 아내는 평소 시간에 맞춰 저녁 준비를 했다. 7시가 되도록 남편에게서 연락이 오지 않았다. 아내는 슬슬 짜증이 밀려왔다. 그렇다고 먼저 전화를 하고 싶지는 않았다. 화해해보려고 열심히 저녁 식사를 준비하는 자신이 처량하기만 했다.

7시 30분이 지나도 남편은 귀가하지 않았다. 조금 늦을 수도 있겠다는 생각에 9시까지 기다렸지만 전화 한 통이 없었다. 퇴근 시간에 맞춰 식사를 준비하는 자신을 조금이라도 생각한다면 그럴 수는 없는 일이었다. 아내는 몹시 짜증이 났다. 식어가는 음식과 자신의 처량한 신세에 화가 치밀어 올랐다. 아내는 급기야 준비한 음식을 모두 버려버렸다. 작은방에 들어가 문을 걸어 잠그고 싶은 마음이 들었지만 너무 그렇게 막 나가면 사이가 더 안 좋아질 것 같아서 그냥 거실에서 TV를 보며 기다렸다.

9시 30분쯤 남편이 귀가했다. 현관문을 열고 들어오는 남편이 보였지만 화가 난 마음에 아는 척도 하지 않았다. 보란 듯이 웃으면서 평소 좋아하지도 않던 예능 프로그램을 시청했다. 신경 쓰지 않는다는 모습을 보여주며 상처받은 자존감을 회복하고 싶었다. 그런 와중에도 남편이 화해의 손길을 내밀어주기를 기다렸다.

하지만 남편은 눈길 한 번 주지 않고 바로 안방으로 직행했다. 그러고는 들으라는 듯이 안방 문을 쾅! 하고 닫았다. 처음 있는 일이었지만 남편의 폭력성이 의심스러웠다. 화해를 해보려고 했던 자신의 모습이 한심하게 느껴졌다. 아내도 작은방으로 들어가 있는 힘껏 문을 닫았다. 30분쯤 지났을까. 남편이 나가는 소리가 들렸고, 새벽 2시가 되어 술에 취해 들어오는 것 같았다. 다음 날도 그 다음 날도 비슷한 생활이 반복되었고 남편과의 대화는 일절 없었다. 아내는 남편이 참 나쁜 사람이라는 생각을 지울 수가 없다.

이번에는 남편의 이야기를 들어보자. 평소와 다름없이 저녁을 먹고 TV를 시청하고 있는데 아내가 갑자기 할 말이 있다며 아침에 있었던 실수에 대해 다시 이야기를 꺼냈다. 출근하기 전에 미안하다고 사과까지 했는데 또 그 이야기를 시작하다니. 부부끼리 그 정도 실수는 눈감아줄 수도 있을 법한데, 그렇게까지 하나하나 다 짚고 넘어가야 하는지 남편은 아내가 도무지 이해되지 않았다. 아내의 태도를 불만스럽게 이야기하다가 부부싸움으로 번졌다. 감정이 격해져서 언성을 높였고, 화가 난 아내는 안방이 아닌 작은방으로 들어가버렸다. 별것도 아닌 일을 큰일로 만드는 아내가 못마땅했다. 한편으로는 자신이 좀 과했나 싶어서 안방으로 들어

오면 사과의 말을 해야겠다고 생각했지만 아내는 끝내 안방으로 들어오지 않았다.

부부싸움을 하더라도 각방은 쓰지 말자고 약속했는데 잠자리로 시위를 하다니, 남편은 아내의 태도가 치사하게 느껴졌다. 그날 일을 다음 날까지 갖고 가는 심보도 괘씸했다. 아내는 연애할 때도 그랬다. 싸우다가 갑자기 집으로 가버릴 때가 많았고, 그 후로는 며칠씩 연락도 되지 않았다. 침대에 누워 생각해보니 자신이 한심했다. 작은방으로 가서 화해의 말을 해볼까 하는 생각도 잠시 했지만 그만두었다. 나쁜 버릇이 될 것 같았다.

남편은 잠을 자는 둥 마는 둥 하고 일어나 출근 준비를 했다. 식사를 하려고 주방으로 갔지만 식탁에는 아무것도 없었다. 전날 말다툼 좀 했다고 그것을 핑계로 식사 준비도 뒷전인 데다 늦잠을 자는지 얼굴도 안 비치는 아내가 남편은 더욱 못마땅했다. 현관문을 나서며 생각이 복잡해졌다. 무슨 영화를 누리겠다고 자느라 얼굴도 안 비치는 아내를 뒤로하고 이른 아침부터 밥도 못 먹고 출근을 해야 하는지 알 수 없었다.

보통은 6시 30분이면 퇴근하는데 그날은 회사에 일이 많아 8시에 퇴근했다. 집으로 오면서 여러 가지 생각에 마음이 복잡했다. 아내가 밉지만 눈 딱 감고 "여보, 나 왔어"라고 하며 아내에게 화해의 말을 건네야겠다고 생각했다. 어차피 저녁 식사를 하며 얼굴을 보아야 하니 조금만 참으면 어렵지 않게 화해할 수 있을 거라고 생각했다. 그런데 현관문을 열자 믿기지 않는 상황이 펼쳐졌다. 아내는 남편을 본 척도 안 하고 깔깔거리며 TV를 보고 있었다. 남편은 하루 종일 불편한 마음과 생각으로 보낸 자기 자신이 한심하게 느껴졌다. 저녁 식사도 준비하지 않은 것을 보니 제대로 부부싸움 한 번 해보자는 것 같았다.

남편은 잠깐이나마 화해를 해보려 했던 자신이 안쓰럽고 비참했다. 저런 아내와 어떻게 평생을 살 수 있단 말인가. 이해할 수 없는 아내의 행동을 보며 안방으로 직행했다. 안방 문을 꽝! 하고 닫았다. 자신도 감정이 있는 사람이라는 것을 보여주고 싶었다. 얼마 지나지 않아 작은방의 문이 꽝! 하고 닫혔다. 아내가 작은방으로 들어간 것 같았다. 이제 미쳤구나 하는 생각이 들었다. 뭘 잘했다고 문에다가 분풀이까지 한단 말인가. 욕실에서 샤워를 하고 나왔는데 마른 수건이 한 장도 없었다. 자신은 편치 않은 마음으로 하루 종일 힘들게 일하고 왔는데, 아내는 하루 종일 집에서 놀면서 뭘 했는지, 인생 참 편하게 산다는 생각이 들었다.

저녁을 먹지 못해 배가 고팠다. 밖으로 나가 집 앞 식당에서 늦은 저녁을 먹고 나니 10시가 됐다. 우울한 마음에 친구를 불러 술 한잔하고 새벽 1시에 집에 들어왔다. 다음 날도 비슷한 상황이 연출됐다. 아내는 이미 살림에서 손을 놓은 듯했고, 남편은 그런 아내와 아무런 대화도 하지 않았다. 아내가 참 나쁜 사람이라는 생각을 지울 수가 없다.

부부싸움의 순간, 누가 문제일까?

남편과 아내는 부부싸움을 시작한 순간부터 그 다음 날까지 실제로 나쁜 사람이 되어갔다. 남편과 아내가 생각하는 배우자의 나쁜 모습은 인식의 문제가 아니고 엄연한 사실이다. 부부싸움이 이틀에 끝나지 않고 계속 진행된다면 남편과 아내는 정말로 몹쓸 사람이 될 것이다. 하지만 그들이 놓친 것은 그들이 배우자를 나쁜 사람으로 만들었다는 사실이다.

아내가 남편의 실수에 대해 다시 언급하는 순간 남편은 자존심을 지키기 위해 도리어 화를 냈다. 하지만 남편이 몰랐던 것은 이 화가 아내를 궁지로 몰았다는 사실이다. 남편에게 실망한 아내는 대화를 끊고 작은방으로 피신해 화를 삭이려고 했다. 아내 입장에서는 충분히 할 수 있는 행동이었지만 안타깝게도 이런 아내의 방어적 회피는 남편을 더 화나게 했다.

다음 날 아침에도 아내의 방어적 행동은 계속됐다. 이해하려면 충분히 이해할 수 있는 행동이다. 하지만 아침을 거르고 출근하게 된 남편은 더 화가 날 수밖에 없었고, 이 화는 남편으로 하여금 전화 한 통 없이 퇴근을 늦게 하게 했다. 이 일은 아내로 하여금 준비한 음식을 모두 버리게 했고, 남편을 못 본 척하며 즐기지도 않는 TV를 시청함으로써 남편에게 소극적인 분풀이를 하게 했다. 하지만 이런 행동은 퇴근하며 화해의 기회를 엿보던 남편의 마음을 완전히 짓밟았다. 이 사건 이후로 남편과 아내는 서로 나쁜 사람이 되어갔다.

이 이야기의 핵심은 간결하다. 당신이 한 사람을 좋은 사람이라고 판단하면 그 사람은 정말로 좋은 행동과 태도로 당신을 대할 것이다. 그 사람은 당신 앞에서 점점 더 좋은 사람이 되어갈 것이다. 당신이 그 사람을 좋게 대하기 때문이다. 당신이 한 사람을 나쁜 사람이라고 판단하면 그 사람은 정말로 나쁜 행동과 태도로 당신을 대할 것이고, 그 사람은 당신 앞에서 점점 더 나쁜 사람이 되어갈 것이다. 당신이 그 사람을 나쁘게 대하기 때문이다.

남편이 마음에 안 드는 순간 아내는 나쁜 태도로 남편을 대하기 시작하고, 그것을 감지한 남편은 당연히 나쁜 태도와 행동으로 아내를 대할 것이다. 이것을 감지한 아내는 자기의 첫 판단이 옳았다고 확신하며 더욱 나쁜 태도와 행동으로 남편을 대할 것이다. 그러면 남편은 더더욱 나쁜 행동과 태도로 아내를 대할 것이다. 남편과 아내는 시간이 갈수록 점점 나쁜 사람이 되어가는 것이다.

대부분의 인간관계는 갈등이 오래되면 화해가 불가능해진다. 오랜 시간 동안 서로가 서로에게 수위를 높여가며 나쁜 태도와 행동을 주고받다 보면 정말로 서로 나쁜 사람이 되기 때문이다.

한번 찍히면 관계를 회복하기 어려운 이유도 이와 같다. 실수일 수도 있고 오해일 수도 있다. 어떤 이유에서건 한 사람이 당신을 안 좋게 보면 그 사람은 당신을 소극적으로는 비호의적으로 대할 것이고, 적극적으로는 나쁘게 대할 것이다. 그런 태도를 감지한 당신은 어쩔 수 없이 그 사람을 방어적으로 대하거나 비호의적으로 대할 것이다. 그러면 그 사람은 당신의 방어적이고 비호의적인 태도를 보면서 처음에 자기가 가졌던 당신에 대한 첫 인상이 들어맞았다는 착각을 하게 된다.

이 착각에 대한 확신은 당신에게 더욱더 비호의적이고 나쁘게 대할 명분을 제공한다. 이 과정은 수위를 높여가며 반복될 테고, 당신과 그 사람은 실제로 서로에게 점점 나쁜 사람이 되어간다.

이런 현상이 한 사람의 인생에 얼마나 치명적인 타격을 주는지는 취업 시 진행되는 면접에서도 쉽게 나타난다. 훌륭한 지원자가 모래알처럼 많은 상황에서 서류심사와 필기시험에서 합격하는 것도 무척 어려운 일이고, 더욱 어려운 일은 면접을 통과해 최종 합격자가 되는 것이다. 서류심사는 어렵지 않게 합격하지만 최종 면접에서 계속 떨어진다는 사람들이 생각보다 많다. 왜 그럴까? 면접 능력이 낮아서일까? 언변이 부족해서일까? 운이 없어서일까? 아니면 호감형의 외모가 하나의 스펙이자 경쟁력인 세상에서 매력적이지 않은 외모를 갖고 있어서일까?

모든 것이 원인일 수 있지만 여기서는 외모가 면접에 끼치는 영향에 대해서 살펴보고자 한다. 매력적이고 호감형의 외모를 가진 사람들은 그렇지 않은 사람들에 비해 최종 면접을 통과할 확률이 높다. 면접관들이 불공평하게 매력적이고 호감형의 외모를 가진 지원자들에게 점수를 후하게 주어서일까? 그럴 확률도 배제할 수는 없지만 더 큰 다른 이유가 있다.

1974년, 칼 월드(Carl O. Word)와 그의 동료들은 면접 상황과 관련한 몇 가지 실험을 했다. 미국 프린스턴대학교의 백인 남학생들에게 미리 준비된 15개의 질문을 통해 백인과 흑인 고등학생 지원자들을 면접하는 면접관 임무를 진행하게 했다. 하지만 백인과 흑인 지원자들은 실험자와 짜고 미리 15개의 질문을 검토했으며, 각 질문에 비슷한 수준의 표준적인 답을 하도록 훈련했다. 그러니까 이들은 진짜 지원자가 아니고 실험을 위해 고용된 연구 조력자들이었다. 이 실험을 통해 알고 싶었던 것은 흑인과 백인이 비슷한 수준의 답변을 하며 면접에 임할 때 백인 면접관이 그들을 어떻게 평가하는지에 관한 것이었다. 면접관은 준비된 의자를 직접 들고 면접실로 이동해 면접을 실시하도록 했다.

몇 가지 흥미로운 결과가 발견됐다. 첫째, 면접관은 백인 지원자로부터 148센티미터 떨어진 곳에 의자를 놓고 앉아 면접을 진행했지만 흑인 지원자로부터는 158센티미터 떨어진 곳에 의자를 놓고 앉아 면접을 진행했다. 흑인 지원자에 대한 부정적인 선입관으로 자기도 모르게 멀리 떨어져 앉았던 것이다. 둘째, 면접관이 백인 지원자에게 15개의 질문을 하며 소요된 면접 시간은 13분이었지만 흑인 지원자와는 9분이었다. 흑인 지원자에 대한 부정적인 선입관으로 자기도 모르게 면접을 빨리 끝내버린 것이다. 셋째, 면접관은 백인 지원자와 면접을 하며 평균 1분에 2.37번의 실수(말을 더듬거나 불필요한 말을 반복함)를 범했지만 흑인 지원자에게는 3.54번의 실수를 범했다. 질문과 의사소통을 정확하게 하는 것이 면접관의 기본 자질이지만 면접관은 흑인 지원자에 대해 불편함과 긴장감을 느껴 더 많은 실수를 한 것이다.

위 세 가지 결과를 보며 추론할 수 있는 사실은, 면접관은 같은 질문과 표준화된 프로토콜을 가지고 면접을 하더라도 지원자의 특성에 따라 태도가 확연하게 달라진다는 것이다. 그러나 면접관은 자신이 지원자의 특성에 따라 다른 태도로 면접에 임한다는 사실을 모른다. 당신이 훌륭한 스펙을 가졌다 할지라도 얼굴 색깔이나 출신 지역, 외모, 인상, 옷차림새, 키, 몸무게 등 어떤 이유에서건 면접자가 당신에 대해 부정적인 태도를 갖게 된다면 당신은 면접에 불합격할 가능성이 아주 높다. 면접관은 당신과 심리적·물리적 거리를 둘 것이고, 면접도 성의 없이 빨리 끝낼 것이며, 당신과 의사소통도 정확하게 하지 않을 것이기 때문이다. 당신은 상대적으로 불리한 면접 환경에 처하는 것이다.

과연 지원자의 실력이 아닌 면접관의 태도에 따라 지원자의 합격이 결정될까? 칼 월드와 그의 동료들은 두 번째 연구에서 이 가능성을 검증했다. 첫 번째 조건에서는 면접관이 호의적인 태도로 백인 지원자를 면접하게 했고, 두 번째 조건에서는 면접관이 비호의적인 태도로 백인 지원자를 면접하게 했다. 호의적인 태도 조건에서는 비호의적인 태도 조건에 비해 면접관이 지원자와 10센티미터 더 가깝게 앉았으며, 면접을 하면서도 실수를 한 번 정도 적게 범했고, 면접 시간도 4분 정도 길게 진행했다. 첫 번째 연구에서 면접관이 백인 지원자와 흑인 지원자에게 보여준 호의적인 태도와 비호의적인 태도를 동일하게 사용한 것이다.

어떤 결과가 나왔을까? 면접에 참가하지 않은 연구 보조원들이 녹화된 면접시험 장면을 관찰하며 지원자들을 두 가지 관점에서 4점 만점으로 평가했다. 첫 번째 관점은 업무 적합성이고, 두 번째 관점은 품성에 관한 것이었다. 요즘 인사팀에서 면접할 때 사용하는 평가 체계와 유사하다. 호의적인 태도의 면접관과 면접을 한 지원자들은 업무 적합성에서 2.22점을 받았고 품성에서는 3.02점을 받았지만, 비호의적인 태도의 면접관과 면접을 한 지원자들은 업무 적합성에서 1.44점을 받았고 품성에서 1.62점을 받았다. 점수 차이가 적게는 50퍼센트에서 많게는 100퍼센트까지 생겼다. 비호의적인 태도의 면접관과 면접을 한 지원자들의 면접 점수는 낙제 수준이었다.

다시 한번 강조하지만 이 평가는 면접관이 한 것이 아니다. 면접을 녹화한 뒤 이 연구에 대해 전혀 모르는 연구 보조원들이 영상을 보면서 지원자들의 면접 행동과 태도를 판단한 것이다. 다르게 이야기하면 비호의적인 태도의 면접관과 면접을 한 지원자는 정말로 면접을 잘못한 것이고, 호의적인 태도의 면접관과 면접을 한 지원자는 정말로 면접을 잘한 것이다. 제3자가 편견 없이 면접 내용을 확인해도 한 지원자가 다른 지원자보다 월등하게 면접을 잘못한 것이다. 그래서 점수가 높은 지원자를 뽑는 것이 전혀 이상하지 않고 공평하게 보일 수 있다.

다시 말해 면접관들은 최대한 공평하게 지원자들을 뽑는 것이다. 불합격한 지원자가 공평하지 않다고 소송을 해도 의미가 없다. 왜일까? 면접 영상을 돌려보면 불합격한 지원자들이 면접을 정말로 못 봤기 때문이다. 하지만 문제는 지원자가 면접을 잘 본 것과 잘못 본 것은 지원자의 책임이 아니고 면접관의 태도에서 비롯된다는 것이다. 면접관이 지원자의 특성에 따라 자기도 모르게 다른 방식으로 면접을 진행했기 때문이다. 실력이 비슷한데 한 사람은 합격하고 다른 사람은 불합격하는 이유도 거기에 있다.

면접에 합격할 사람은 이미 정해져 있다

당신이 면접관이라고 하자. 서류 심사도 아니고 필기시험도 아닌 최종 면접이다. 최종 면접에 참가하는 지원자들은 이미 실력 검증을 치열하게 통과한 자들이다. 지원자의 어떤 개인적 특성이 당신에게 가장 큰 영향을 끼칠 것 같은가? 인정하고 싶지 않겠지만 지원자가 풍기는 외모다. 앞의 연구처럼 당신은 지원자의 외모에 따라 자신이 다른 태도로 면접을 한다는 사실을 모를 가능성이 크다.

하지만 지원자가 면접장의 문을 열고 들어오는 순간 당신은 이미 마음속으로 그가 어떤 사람인지에 대한 판단을 완료했으며, 어떤 태도로 면접에 임할 것인지, 그 지원자를 합격시킬 것인지 말 것인지에 대해서도 결정했을 것이다. 그리고 그 순간 면접은 당신의 결정을 정당화할 수단으로 전락한다. 지원자가 마음에 들면 합격시킬 수 있는 면접을 하고, 지원자가 마음에 들지 않으면 불합격시킬 수 있는 면접을 하는 것이다.

여기서의 외모는 얼굴이 얼마나 예쁘고 잘생겼는지에 국한되지 않는다. 매력적인 외모가 중요한 것은 틀림없지만 더 중요한 것은 외모를 통해 판단되는 지원자의 첫인상이다. 면접관은 지원자의 첫인상을 통해 그가 얼마나 괜찮은 사람인지에 대해 판단한다. 동료 혹은 후배로서 당신과 잘 지낼 수 있는 사람인지를 판단하는 것인데, 실력은 검증되었으니 좋은 사람을 뽑고 싶은 것이다. 외모는 숨기려고 해도 숨길 수 없고 가장 극명하게 드러나는 부분이므로 외모를 척도로 사용할 뿐이다. 외모를 통해 호감이 가는 사람, 즉 일도 성실하게 열심히 잘하고, 예의 바르고, 마음씨도 좋아서 당신에게 도움이 될 사람을 찾는 것이다. 한마디로 모범적이고 성실하며 성격 좋은 사람!

사람의 얼굴을 보고 예측한 성격이 실제 성격과는 밀접한 관계가 없는 것으로 밝혀졌지만 그럼에도 사람들은 본능적으로 타인의 얼굴로 그 사람의 성격을 판단하며, 그 형성된 판단에 대해 절대적인 확신을 갖는다.

비호감형 외모를 가진 지원자가 면접장 문을 열고 들어오는 순간 당신은 무의식적으로 비호의적인 태도로 그 지원자를 불합격시킬 준비를 할 수 있다. 첫 질문이 이직에 관한 것이라고 하자. 이직은 주로 인간관계와 연봉이 주된 이유다. 사실 물어볼 필요도 없는 질문이다.

"지금 다니시는 직장도 괜찮은데 왜 이직을 하려고 하나요? 상사와 문제가 있으신가요? 아니면 급여가 불만족스러운가요? 솔직하게 말씀해주시기 바랍니다. 그리고 지난 6년간 이미 두 번이나 이직을 하셨네요. 개인적으로 문제가 있는 건 아닌가요? 저희 회사로 이직하면 오래 근무할 수 있나요?"

이미 당신의 질문은 지극히 부정적이다. 이런 질문을 받은 지원자는 난처해질 수밖에 없다. 솔직하게 답할 수도 없는 노릇이고, 그렇다고 동문서답할 수도 없지 않겠는가.

이 상황에서 대부분의 지원자들은 칼 월드와 그의 동료들이 진행한 연구 결과처럼 방어적이고 소극적인 답변을 할 수밖에 없다. 지원자가 방어적일수록 당신은 지원자를 더욱 거칠게 몰아붙일 것이다. "아니, 직장에 다니면서 관계적인 문제로 힘들어하지 않는 사람이 어디 있나요? 저도 힘듭니다. 제가 한 질문은 주로 어떤 일이 가장 힘들었는지에 대해서였는데, 지원자께서는 질문을 잘

못 이해하신 것 같네요."

질문을 잘못 이해한 것이 아니라는 것은 면접관도 알고 지원자도 안다. 면접관 스스로 솔직할 수 없는 상황을 만들어놓고 지원자가 솔직하지 않다고 비판하는 것뿐이다. 지원자의 방어적인 답변을 들으면서 면접관은 이렇게 확신한다. 자신이 처음에 생각했던 것처럼 별로인 지원자라고. 확신이 부족하다면 몇 가지 질문을 더 던질 것이다. 확신에 찰 때까지. 결국 지원자는 정말로 면접을 망치게 되고, 불합격은 정당한 결과처럼 보일 것이다.

한 연구에 따르면 우리는 누군가를 판단할 때 0.1초도 안 걸린다고 한다. 소개팅에 나간 남성은 상대 여성이 커피숍 문을 열고 들어오는 순간 이미 마음의 결정을 했을 가능성이 크다. 소개팅은 그 결정을 확인하는 작업이다. 더 정확하게 말하면 마음의 결정을 적극적으로 현실화시키는 작업일 수 있다. 우리는 사람들을 만나면서 혹은 인간관계 속에서 타인에 대한 생각과 믿음 그리고 편견을 순식간에 형성한다. 타인이 어떤 사람인지를 빠르게 판단해야만 좀 더 전략적으로 생존할 수 있기 때문이다. 그래서 찰나에 형성되는 타인에 대한 생각과 믿음 그리고 편견을 막는 것은 어렵다. 본능에 가깝기 때문이다.

Solution

세상을 제멋대로
판단하지 않는 법

앞서 살펴본 것처럼 우리의 편견을 스스로 통제하는 것은 어려운 일이다. 하지만 이보다 더 큰 문제는 이렇게 빠른 시간에 합리적인 근거와 증거 없이 만들어진 타인에 대한 생각과 믿음 그리고 편견은 우리의 머릿속에만 머물러 있지 않고 타인의 실질적인 삶을 바꿔놓는다는 데 있다. 찰나에 형성된 우리의 편견에 맞춰 타인을 대하기 때문이다.

좋은 경우도 있을 수 있겠지만 나쁜 경우라면 결과는 타인에게 치명적이다. 상대방이 수동적이고, 회피적이며, 방어적인 태도와 행동을 하도록 우리 스스로 부추긴 격이다.

우리의 머릿속에 머물고 있는 타인에 대한 생각과 믿음은 결국 우리와 타인 모두를 배신할지도 모른다. 오해와 편견과 부정적인 생각들이 우리의 삶을 망가트리기 전에 말과 행동으로 확인하고, 오해가 있다면 바로잡아야 한다. 만약 그런 수고를 거부한다면 배신의 쓴맛을 볼 수밖에 없을 것이다.

나는
나만 생각하기로
했습니다

04

예의의 배신

예의를 지키다
행복을 잃어버린 사람들

다리 꼬기가 왜 그리 힘든지?

미국에서 박사과정을 시작할 때의 일이다. 어느 날 복도를 통해 지도교수의 연구실 앞을 지나가다 재미있는 장면을 목격했다. 동료 대학원생인 K가 다리를 꼰 채로 지도교수와 연구 미팅을 하고 있었다. 미국에서는 나이와 상관없이 서로 이름을 부르니 특별할 일도 아니었다. 그 순간 나는 결심했다. 나도 한번 해보아야겠다고.

그 다음 주 지도교수와 서로 마주 보고 의자에 앉아 연구 미팅을 하게 됐다. 나는 오른쪽 다리를 힘 있게 들어 왼쪽 허벅지 위에 멋지게 올려놓고 싶었다. 생각만 해도 폼 나는 장면이었다. 그런데 오른쪽 다리가 움직이지 않았다. 나의 두 다리는 가지런히 모여 있었고, 양손은 허벅지 위에 다소곳이 놓여 있었다. 다시 용기를 내서 오른쪽 다리를 왼쪽 허벅지 위에 올려놓으려고 했으나 발가락만 겨우 움직여질 뿐이었다. 나는 전략을 바꾸었다. 처음부터 허벅지까지 올려놓는 것은 무리(?)라고 판단해 일단 오른쪽 발을 왼쪽 발 위로 살짝 올려 교차 자세를 만들어보기로 했다. 몇 번의 시도 끝에 드디어 성공했다. 이제 오른쪽 다리를 그대로 위로 쭉 올리기만 하면 됐다. 하지만 수많은 시도에도 불구하고 그날 나의 오른쪽 다리는 끝내 왼쪽 허벅지 위로 올라오지 못했다.

미국에서의 생활을 정리하고 한국으로 돌아와 교수로 일하고 있을 때였다. 학부를 졸업하고 미국에서 유학 중이던 학생 한 명이 잠시 한국에 왔다가 인사를 하러 나를 찾아왔다. 연구실에서 책상을 사이에 두고 서로 마주 앉아 담소를 나누다가 순간 나는 그 학생의 모습에 당황했다. 학생이 멋지게 오른쪽 다리를 들어 왼쪽 허벅지 위에 올리는 것이 아닌가. 나는 순간 기분이 안 좋아졌다. 하지만 위로 삼고 싶었던 부분은 다리를 꼬기는 했지만 그 오른쪽 다리가 왼쪽 다리 위에 살포시 포개진 정도라는 것이었다.

물론 나는 아무 말도 하지 않았다. 특별히 왜 그러면 안 되는지에 대해 할 말이 없었기 때문이다. 그 학생이 돌아가고 난 뒤 곰곰이 생각해보았다. 나는 왜 기분이 나빴던 것일까? 왜 우리나라 문화에서는 상사 혹은 연장자 앞에서 다리를 꼬면 안 되는 것일까?

이유는 예의에 어긋나기 때문이다. 그러면 예의란 무엇이며, 누가 왜 만들었을까? 왜 다리를 꼬지 않고 바로 앉아서 상사를 대하는 것이 예의의 한 덕목으로 여겨졌을까? 재미있는 것은 상사나 연장자는 다리를 꼰다는 것이다. 이런 문화가 모든 나라에 있는 것은 아니다. 주로 유교의 영향을 받은 동양 문화권에서 많이 나타난다. 이 장에서 논의되는 '예의'는 사람과 사람 간에 지켜야 하는 매너 혹은 존중의 폭넓은 의미보다, 위계질서에서 아랫사람과 윗사람 사이에 맺어지는 사회적 관계의 규칙에 한정해 사용하는 점을 밝힌다.

'예의'는 좋게 보면 사람과 사람이 '함께 잘 살아가기 위해' 만들어놓은 암묵적인 사회적 규칙이고, 나쁘게 보면 사람을 통제하는 하나의 방법이다. 문화권마다 다양한 규칙과 방법을 통해 사람을 통제하고 사회를 운영한다. 동양에서는 암묵적인 사회적 규칙이 사람을 통제하는 도구로 잘 쓰이지만 서양에서는 법이 사람을 통제하는 도구로 더 많이 쓰인다. 암묵적인 사회적 규칙은 지키지 않는다고 법의 처벌을 받는 것은 아니다. 하지만 동양에서는 많은 경우에 법보다 암묵적인 사회적 규칙이 더 무섭고 강력한 힘을 갖는다.

우리 문화에서는 왜 예의를 통해 사람을 통제할까? 이유는 우리 사회가 위계질서를 통해 운영되기 때문이다. 사람을 처음 만나면 우리는 항상 호구 조사부터 한다. 나이는 몇 살인지, 무슨 직장을 다니는지, 어느 대학을 나왔는지, 어느 동네에 사는지, 부모님은 어떤 일을 하는지, 형제들은 무슨 일을 하는지에 대해 무척이나 궁금해한다. 어떤 취미가 있는지, 어떤 성격을 갖고 있는지, 어떤 음식을 좋아하는지에 대해서는 큰 관심이 없다. 우리는 왜 이런 호구 조사에 열정을 보일까?

일단 나이와 직업을 알아내는 것이 가장 중요하다. 나이와 직업은 그 사람이 위계 사회에서 어떤 위치에 있는지를 가장 잘 나타내주는 정보이기 때문이다. 직접적으로 물어보는 것은 요즘 시대에 실례가 될 수 있기 때문에 간접적인 방법으로 이 정보를 얻어내는 데 온 신경을 집중한다. 주로 학번을 물어보거나 띠를 물어본다. 하지만 학번이 나이에 대한 정확한 정보를 주지 않는 경우가 많다. 재수한 사람도 있고 삼수한 사람도 흔하다. 초등학교를 일찍 들어간 사람도 있고, 생일이 1월이나 2월이어서 학번보다 나이가 한 살 어린 사람도 있다. 그래서 학번을 물으면 몇 학번이라고 말한 뒤 필요할 경우 추가적인 정보를 제공한다. "제가 92학번이지만 삼수를 해서 나이로는 90학번입니다." 혹은 "제가 빠른 71년생이라서 70년생들과 학교를 같이 다녔습니다."

학번을 물었는데 왜 이렇게 불필요한 말을 덧붙일까? 학번에 관심이 있는 것이 아니고 나이에 관심이 있다는 것을 서로 잘 알고 있기 때문이다. 이런 나이 정보에 민감한 이유는 누가 나이가 더 많고 적으냐에 따라 처음 만난 상대방과의 관계가 완전히 달라지기 때문이다. 나이는 단지 생물학적인 정보를 전달하는 것이 아니라 위계 사회에서 누가 더 높고 낮은지를 판가름하는 중요한 정보이기 때문이다.

직업을 묻는 것도 같은 맥락이다. 단지 직업 자체에 관심이 있어서가 아니라 위계 구조에서 사회적으로 어떤 위치를 점하고 있는지가 궁금한 것이다. 궁극적으로 알고 싶은 것은 상대방의 사회적 지위가 자신보다 높은지 낮은지를 파악해 그에 따라 적절하게 행동하기 위해서다. 직접적으로 물어보는 것이 실례이기는 하지만 너무 중요한 정보이다 보니 대놓고 묻지 않을 수 없다. 직업이 사회적 위치를 나타내는 문화 속에서 살고 있기 때문이다.

우리나라에서 명함이 큰 의미를 지니는 것도 같은 이유다. 서로 초면이면 곧바로 명함을 주고받는다. 명함에서 가장 중요한 정보는 이름과 전화번호가 아니다. 사회적으로 어떤 위치에 있는지를 알려주는 직업과 직급이 더 중요하다. 명함에 이름과 전화번호만 적는 사람은 없다. 특별한 사회적 지위가 없는 사람들도 명함에 최대한 많은 직함을 끌어다 넣는다. 반면 사회적 지위가 아주 높은 사람들에게는 명함이 필요 없다. 그 사람의 사회적 위치 자체가 명함이기 때문이다.

아내들끼리 처음 만난 자리에서 남편이 무슨 일을 하는지에 대해 이야기할 때 주로 세 가지로 압축된다고 한다. "삼성에 다녀요." "회사에 다녀요." "조그만 사업 하나 해요." 삼성이 아내들 사이에서 남편의 직업으로 얼마나 선망의 대상인지 엿볼 수 있는 대목이다. 더 흥미로운 부분은 두 번째와 세 번째 대답이다. 정확하게 직업을 이야기하지 않고 두루뭉술하게 답을 한다. 겸손의 표현일 수도 있지만 사회적 지위가 그리 높지 않다고 판단될 때 모호하게 말함으로써 사회적 지위를 판단하지 못하게 하려는 것이다. 친한 관계도 아니고, 친해질 일도 없는 사람이라면 괜스레 직업을 밝혀서 사회적 위치가 낮은 사람으로 전락할 필요가 없다고 생각하기 때문이다.

위계 구조에서 직업으로 대표되는 사회적 위치가 얼마나 중요한지는 아이들의 대화를 통해서도 쉽게 알 수 있다. 부모의 직업이 사회적으로 높은 위치에 있으면 직업을 이야기할 때 아주 구체적이다. "의사야." "변호사야." 하지만 그렇지 않으면 이렇게 이야기한다. "회사에 다니셔." "사업하시는데." 왜 그럴까? 직업이 사회적 위치와 계급을 나타내는 정보로 여겨지기 때문이다. 그래서 어떤 아이들은 자랑스럽게 이야기하고, 어떤 아이들은 부끄러워하기도 한다.

직업에는 귀천이 없다는 말이 있다. 이 말이 우리나라에서 유행하는 이유는 적어도 우리나라에서만큼은 직업에 귀천이 있기 때문이다. 한 여자 연예인이 자기 남편이 막노동을 한다고 떳떳하게 이야기해서 많은 사람들의 칭찬을 받았다고 한다. 막노동이라는 단어에 '떳떳한'이라는 수식어가 붙고, 사람들이 이런 일을 칭찬한다는 것만 보아도 위계 구조에서 직업이 사회적 계급으로 얼마나 뿌리 깊게 인식되고 있는지를 쉽게 알 수 있다.

"내 구두 좀 닦아줄래?"
갑과 을의 평화유지법

위계 구조에서 이런 사회적 위치에 대한 정보를 모르면 한 사람에 대해 아무 것도 모르는 것과 같다. 지난 30년간 동양과 서양의 문화 차이에 대한 연구가 활발하게 이루어졌는데 가장 큰 차이 중 하나는 사람을 어떻게 정의하느냐다. 서양 사람들은 개인의 특성을 통해 사람을 정의한다. 성격, 취미, 가치관, 태도 등에 관한 것이다. 하지만 동양 사람들은 그 사람의 사회적 지위와 관계들을 통해 사람을 정의한다. 갑과 을의 관계를 확실하게 정리하는 것이 위계질서의 핵심이다. 대인관계든, 친척관계든, 직장 내에서의 관계든, 부모와 자녀관계든, 하물며 부부관계에서도 위계질서를 확실하게 정리하고 싶어 한다. 위계질서가 정리되면 각자의 위치에서 해야 할 일들이 구체적으로 정해지기 때문이다.

정말 우리 사회는 위계질서로 운영되는 사회일까? 요즘 아이들은 다르지 않을까? 2017년 봄학기였던 것으로 기억한다. 나와 대학원생 열두 명이 의자를 원형으로 배치한 뒤 서로 얼굴을 보며 토론 중심의 수업을 진행하고 있었다. 수업을 시작하자마자 나는 그날 신고 간 구두를 바라보며 무언가 갈등하는 표정을 지어 보였다. 그런 뒤 한 학생을 지목하며 이렇게 이야기했다. "지현(가명)아, 내가 오늘 수업 후에 바로 중요한 회의에 참석해야 하는데 구두가 너무 더럽네. 내가 시간이 없어서 그러는데, 내 구두 가져가서 네 연구실에서 좀 닦아올래?" 모든 학생들이 내가 부탁하는 말을 들었다. 지현이는 과연 어떻게 했을까? 1970년대가 아니고 2017년에 있었던 일이다. 더군다나 수업 시간이었다. 상식적으로는 있을 수 없는 일이다.

물론 지현이는 "네, 알겠습니다!"라고 흔쾌히 대답했다. 그리고 아주 재미있는 일이 벌어졌다. 다른 학생 한 명이 "지현아, 우리 연구실에 구두 닦는 거 어디 있을 거야. 한번 잘 찾아봐"라고 지현이에게 말해주었다. 그때 나는 학생들의 표정을 유심히 관찰했다. 남은 열한 명 중 한 명을 제외한 모든 학생들이 지금 벌어지고 있는 상황이 아무렇지도 않다는 표정을 애써 짓고 있었다. 일부러 딴짓을 하는 학생도 있었고, 논문을 확인하며 바쁜 척하는 학생도 있었다. 아마도 그 상황이 어색하고 바람직하게 느껴지지 않았던 모양이다. 하지만 그런 마음을 표현하는 것은 위계질서에 위배되는 것이기에 애써 아무렇지도 않은 척했던 것이다. 한 학생만 불편한 얼굴과 이해할 수 없다는 표정을 조금 보였다. 물론 그 학생도 특별한 말을 하지는 않았다. 모든 학생들의 얼굴과 반응을 살핀 뒤 나는 웃으면서 간단한 실험이었다고 설명했다.

나는 모든 학생들에게 본인이 같은 요청을 받았다면 어떻게 했을지 물었다. 예상대로 열한 명은 구두를 닦았을 것이라고 했고, 불편한 표정을 짓던 한 명은 요청을 거절했을 것이라고 했다. 나는 교수이고 열두 명은 학생이다. 사회가 많이 변하고 바뀌었지만 열두 명 중 열한 명은 나의 요청을 거부할 수 없었던 것이다. 한 학생이 교수로부터 말도 안 되는 요청을 받았을 때 대부분의 학생들은 모른 척했고, 그 상황이 아무렇지도 않다는 표정을 지으며 적극적으로 동조했다. 나는 그날 권력과 위계가 살아 숨 쉬는 현장을 그대로 목격한 것이다.

나는 대학생들을 대상으로 하는 수업에서, 졸업 후 첫 출근을 했는데 부장이 구둣솔과 구두약을 주면서 자기 구두를 닦아달라고 하면 어떻게 하겠느냐고 물었다. 대부분의 학생들은 닦지 않을 것이라고 답했다. 하지만 나는 그들이 현실에서는 '부장님'의 구두를 닦을 것이라고 확신한다. 왜냐하면 위계질서를 통해 사회를 운영하는 것이 우리나라의 문화이기 때문이다. 이 문화는 개인의 생각, 가치, 태도에서만 존재하는 것이 아니라 조직과 사람을 운영하는 시스템으로도 존재한다. 한 개인이 사회에서 살아남고 생존하기 위해서는 구두를 닦을 수밖에 없다. 조직뿐만 아니라 우리가 맺고 있는 대부분의 인간관계는 이런 위계질서를 기반으로 운영된다.

과장: 날씨도 으스스하고 출출하네(한잔하러 가는 게 어때?).

회사원 김 씨: 한잔하시겠어요(제가 술을 사겠습니다)?

과장: 괜찮아, 좀 참지 뭐(한 번 더 물어본다면 당신의 제안을 받아들이

도록 하지).

회사원 김 씨: 배고프실 텐데, 가시죠(저는 접대할 의향이 있습니다)?

과장: 그럼 나갈까(제안을 받아들이도록 하지)?

말콤 글래드웰의 저서 『아웃라이어』의 한 대목이다. 이 대화는 한국 회사에서 회사원 김 씨와 과장 사이에 있었던 대화를 묘사한 것이다. 가로 안에 있는 글은 과장과 회사원 김 씨의 속마음이고, 가로 밖의 말은 그들이 입 밖으로 한 말이다. 외국인들은 이런 대화의 진행 방식을 이해하기 어려울 것이다. 말콤 글래드웰은 이 대화를 소개하며 한국 사람들은 대화를 하면서 "서로 상대방의 의중을 세심하게 짚어가며 말하고 듣는다는 점에서 이 미묘한 대화에는 일종의 아름다움이 존재한다"고 이야기했다. 하지만 이 대화에는 우리 문화에서 중시하는 체면과 위계 그리고 엄청난 권력과 생존과 정치가 숨어 있다. 아마 말콤 글래드웰은 이 점을 짐작하지 못했을 것이다.

이 대화는 퇴근 때의 상황으로 보인다. 과장이 "날씨가 으스스하고 출출하네"라고 했을 때 회사원 김 씨의 "한잔하시겠어요?"라는 말은 과장의 마음을 흡족하게 하는 훌륭한 반응이었다. 과장은 회사원 김 씨의 "한잔하시겠어요?"라는 반응을 얻기 위해 "날씨가 으스스하고 출출하네"라고 했을 것이다. 날씨 이야기는 말문을 여는 역할일 뿐이고, 핵심은 '출출하네'에 있다. '출출하네'는 과장의 생물학적 상태만을 이야기하는 것이 아니고 회사원 김 씨에게 적절한 반응을 요구하는 말이다. 아이가 엄마에게 "엄마, 나 배고파"라고 하면 어떤 엄마가 "우리 딸이 배고프구나!"라는 말만 하고 가만있겠는가. "우리 딸이 배고프구나!"라는 반응은 필요 없을 수도 있다. 바로 "잠깐만 기다려. 엄마가 바로 밥 차려줄게"라고 할 것이다. "한잔하시겠어요?"라고 말한 회사원 김 씨는 아마도 위계 구조에서 사회성도 뛰어나고 예의 바른 친구라는 평을 들을 것이다.

만약 회사원 김 씨가 "그러네요. 날씨도 춥고 배도 고프니 오늘은 빨리 퇴근해야겠어요"라고 반응했다면 어땠을까? 과장은 아마 두 가지 선택 중 하나를 해야 할 것이다. 첫 번째 선택은 "아, 그래. 빨리 퇴근해"이다. 그리고 대화는 여기서 끝난다. 그러나 과장은 속으로 '이 친구 어디 사회생활 제대로 하겠어? 저렇게 사회성이 없어서는!' 하고 생각할 것이다.

두 번째 선택은 "우리 오늘 술 한잔할까?"라고 약간의 체면을 구겨가며 되묻는 것이다. 만약 회사원 김 씨가 이번에는 눈치를 채고 "네, 그러시죠. 저도 출출해서 한잔하고 싶었는데 잘 됐네요"라고 답하면 위기 상황에 놓였던 과장과의 관계는 겨우 탈출구를 찾게 된다. 그런데 만약 회사원 김 씨가 "죄송합니다. 오늘 일이 있어서 집에 들어가봐야겠습니다"라고 한다면 과장은 남아 있던 체면마저 잃게 되고 순간 둘의 관계에 위험 신호를 알리는 빨간불이 들어온다.

권력을 쥔 사람이 그렇지 않은 사람에게 부탁을 하거나 도움을 요청하는 것은 모양새가 영 없어 보인다. 위계질서가 강조되는 사회에서는 권력이 낮은 사람이 권력이 높은 사람의 필요를 성심성의껏 채워야 한다. 더 중요한 것은 이 과정에서 권력을 쥔 사람의 체면과 자존감은 절대적으로 보존되어야 한다는 것이다. 만약 그렇지 못하면 어떤 도움이나 호의도 안 하느니만 못하게 된다. 핵심은 위계질서가 운영 체계인 사회에서는 모든 사람이 각 위치에서 해야 할 일이 있고, 그 일을 성실하게 해내야 한다는 것이다. 특히 이 일에 대한 부담감은 사회적 위치가 낮은 사람들, 즉 '을'에게 더 클 수밖에 없다.

회사원 김 씨는 상사인 과장의 필요를 정확하게 읽었고 그 필요를 적극적으로 채웠다. 위계 구조에서 회사원 김 씨는 해야 할 일을 제대로 수행한 것이다. 사회생활을 잘한다고 볼 수도 있고, 아부를 잘한다고 할 수도 있다. 아부라는 것은 다른 사람의 비위를 잘 맞추는 행위인데, 그 핵심은 '나는 당신을 좋아한다'는 것을 직간접적으로 표현하는 것이다. 위계 구조에서는 아부가 한 가지 의미를 더 갖는데, 바로 '나는 당신 밑에 있는 사람입니다'라는 것을 확인시켜주는 작업이다. 회사원 김 씨는 특별히 이 두 번째 의미를 잘 실행한 경우다.

위계 구조에서는 '갑'이 '갑'임을 느끼게 해주는 것이 가장 중요한데, 그 방법은 '을'이 '을'임을 알려주는 것이다. 이것만 잘해도 위계 구조에서는 사회생활을 성공적으로 잘할 수 있다. 이미 마음 속으로 결정한 일이더라도 갑에게 의견을 물어보면 좋고, 어차피 함께할 점심이더라도 무엇을 먹고 싶은지 물어보면 좋고, 안 봐도 되는 눈치도 조금 보는 척하면 '갑'은 자신이 '갑'임을 느끼고 좋아 한다. 위계 구조에서는 '을'이 '을'임을 계속 확인하는 작업을 하면 할수록 평화가 유지된다.

마음도 몸도 피폐한 을의 삶

'물고기들은 자기들이 물 안에 살고 있다는 것을 모른다'라는 말 이 있다. 위계질서와 그것을 유지하기 위해 만들어진 예의들은 우 리에게 너무나도 자연스럽고 익숙하다. 그래서 '왜 이런 문화가 생겼는가?' 혹은 '이런 문화는 우리에게 유익한가?'에 대해서는 특별한 관심이 없다. 이런 문화적 관습과 철학은 우리가 살아가는 방식이며 삶의 일부이기 때문이다.

하지만 문화적 관습이 우리에게 항상 유익하고 행복을 가져다 주는 것은 아니다. 안타깝게도 위계질서와 예의는 우리들에게 불 필요한 절망과 아픔을 안겨준다. 많은 사람들은 이런 절망과 아픔 을 인생의 희로애락으로 미화시키기도 하고, 물고기가 물을 대하듯이 삶의 한 부분으로 인정하기도 한다. 더 나아가 이런 문화적 가치를 잘 실현하는 사람들은 '사회성이 높은 사람'으로 칭송하고, 그렇지 않은 사람들은 '눈치 없는 사람'으로 비난하며 위계질서의 문화를 강화시킨다. 그러나 위계질서와 그것을 유지시키기 위해 만들어진 예의가 우리의 삶과 사회를 얼마나 짓밟고 멍들게 하는지 한번 살펴보자.

위계질서 사회에서는 항상 갑과 을이 존재할 수밖에 없다. 높은 사회적 위치, 즉 갑의 자리를 차지하는 사람은 사회적으로 많은 이익을 보는 반면, 을의 자리를 차지하는 사람들은 많은 불이익을 경험할 수밖에 없다. 각 구성원들은 갑의 위치에 서기도 하고 을의 위치에 있기도 하지만 대부분의 사람들은 을의 위치에 설 때가 더 많다. 위계질서는 구조적으로 피라미드 형태를 띠기 때문에 갑의 자리는 위로 올라가면 갈수록 더욱 적고, 을의 자리는 아래로 내려가면 갈수록 더욱 많다 보니 그럴 수밖에 없다.

위계질서 사회에서 구성원들이 가장 힘들어하는 것은 피할 수 없는 정신적 고통, 즉 스트레스다. 암이나 병원균처럼 눈에 보이는 것이 아니어서 어떤 사람들은 스트레스가 얼마나 고약한 병인지 실감하지 못하지만, 많은 연구에서는 스트레스가 만병의 근원으로 정신적 건강과 신체적 건강에 치명적인 해를 끼친다고 한다. 스트레스가 면역력을 현저하게 떨어트린다는 사실은 스트레스가 얼마나 건강에 위험한지를 가늠하게 해준다. 그러면 이 스트레스와 위계질서는 어떤 관계가 있을까? 스트레스는 다양한 원인에 의해 발생하지만 가장 강력한 원인 중 하나는 '통제감 상실'이다. 통제감이라는 것은 각 개인이 자신의 삶에 대한 결정권을 갖는 것으로, 자신이 원하는 방식대로 스스로의 삶을 지휘하며 사는 것을 의미한다.

그러므로 통제감 상실은 자기가 하고 싶은 대로 하지 못하고 누군가의 통제나 지휘 속에서 시키는 대로 살아야 하는 것을 의미한다. 이는 곧 위계질서 사회에서 을이 살아가는 방식을 대변한다. "이 세상에 자기가 하고 싶은 대로 다하고 사는 사람이 몇이나 되겠어?"라고 반문하며 철없는 소리라고 생각할지도 모르겠다. 아마 우리에게는 '통제감'이라는 단어 자체가 사치로 느껴질지도 모른다. 그럼에도 불구하고 분명한 사실은 위계질서가 강한 사회에서는 사람들이 매일의 삶 속에서 통제감 상실을 경험하고, 그 경험들이 스트레스를 유발시켜 정신적 건강과 신체적 건강에 치명적인 해를 가한다는 것이다.

통제감 상실이 건강에 미치는 영향을 조사한 연구를 살펴보자. 1976년에 하버드대학교 심리학과 엘렌 랭어(Ellen J. Langer) 교수와 그의 동료들은 요양원에 있던 91명의 노인들을 '통제감' 조건과 '비교' 조건으로 나누었다. 통제감 조건에서는 노인들이 자신의 삶을 통제하고 있다는 느낌을 주었고, 비교 조건에서는 노인들의 삶이 요양원의 직원들에 의해 통제되고 있다는 느낌을 주었다.

구체적으로 통제감 조건에서는 노인들이 스스로 결정권을 갖고 하는 일들에 대해 생각해보도록 했다. 예를 들어 방 꾸미기, 친구 초청하기 등이다. 선물로 준비된 많은 화분들 중에 원하면 하나를 골라 마음대로 키우게 했다. 비교 조건에서는 요양원에서 직원들이 노인들을 위해 얼마나 많은 일을 하는지에 대해 생각해보도록 했다. 예를 들어 방을 꾸미도록 허락해준 일, 친구 초청을 허락한 일 등이다. 그리고 화분을 하나씩 나누어주며 간호사가 직접 관리할 것이라고 했다.

눈치 빠른 독자들은 이미 알아챘겠지만 현실적인 측면에서 이 두 조건 간에는 아무런 차이가 없다. 방을 꾸미고 친구를 초청할 수 있는 것은 요양원에 있는 노인들의 자유이자 권리다. 어차피 대부분의 노인들이 하는 일이기도 하다. 하지만 한 조건에서는 노인들이 결정권을 갖고 하는 일이라고 포장했고, 다른 조건에서는 요양원 측이 결정권을 갖고 허락해준 일이라고 포장했다. 화분도 같은 맥락이다. 화분을 키운다는 것은 다른 말로 하면 물을 주는 일이 대부분인데 한 조건에서는 노인들이 물을 직접 주게 했고, 다른 조건에서는 노인들을 대신해서 간호사들이 물을 주게 했다. 이 두 조건 간의 핵심적인 차이는 아주 사소한 일이지만 누가 통제권을 갖고 있느냐에 있다. 한 조건에서는 노인들이 통제권을 갖고 있고, 다른 조건에서는 요양원 측이 통제권을 갖고 있어서 노인들은 통제를 따라야 하는 상황인 것이다.

요양원의 간호사들은 이 실험을 진행하기 1주 전, 그리고 실험 3주 뒤에 노인들이 얼마나 행복한지, 적극적인지, 사회적인지, 잘 먹는지, 잘 자는지 등에 대한 건강 상태를 평가했다. 어떤 결과가 나왔을까?

통제감 조건에 있던 노인들 중 93퍼센트는 실험이 있고 3주 뒤에 정신 건강과 신체적 건강이 더 좋아졌지만, 비교 조건에 있던 노인들은 약 21퍼센트만 건강이 좋아졌다. 비교 조건에 있던 노인들의 건강이 평균적으로 더 안 좋아지는 경향을 보인 것이다. 더 충격적인 결과는 18개월 뒤 연구자들이 이 요양원을 방문해 노인들의 정신 건강과 신체 건강을 검사했을 때 나타났다. 통제감 조건에서는 15퍼센트의 노인들이 죽었지만 비교 조건에서는 30퍼센트의 노인들이 죽었다. 현실적으로는 무의미한 일에 대한 작은 통제감의 차이가 정신과 신체 건강뿐만 아니라 사람의 기대 수명까지 좌우한다는 것이다.

직장을 그만두는 진짜 이유

이런 통제감의 상실은 어디서 오는가? 위계질서가 강한 사회일수록 통제감 상실이 불가피하다. 위계가 낮은 사람들은 스스로 결정할 수 있는 것이 거의 없으며, 위계가 높은 사람들이 그들의 인생을 좌지우지하게 된다. 위계질서가 너무 강하고 오랫동안 문화적으로 지속되다 보니 우리의 삶 자체처럼 느껴지기도 한다. 많은 사람들에게는 이런 문화가 아름다워 보일 수도 있다. 효율적인 운영이 가능하기 때문이다. 위계가 높은 사람이 결정하고, 밑에 있는 사람들은 그 결정을 잘 따르기만 하면 되니 이 얼마나 아름다운 일인가. 일이 일사천리로 진행되고 모두가 하나인 것 같은 느낌마저 들어 더할 나위 없이 좋다. 쓸데없이 평등과 토론을 중요한 가치로 삼으면 불필요한 논쟁과 갈등만 야기되고, 궁극적으로 결정도 잘 못하게 되어 빛 좋은 개살구가 될 뿐이라고 생각할 것이다.

하지만 우리가 인식하든 인식하지 못하든 위계 사회에서 발생하는 통제감 상실은 우리의 삶을 좀먹는다. 대기업에서 인사 담당 직원이 대학원생들을 대상으로 강연을 한 적이 있다. 강연 주제는 '취업 잘하는 방법'이었다. 강연을 하다가 강연자는 "취업이 어려운 시대에 살고 있지만 여전히 많은 직원들이 퇴사를 합니다. 퇴사의 가장 큰 원인이 뭘까요?"라는 질문을 했다.

강연자가 밝힌 첫 번째 이유는 더 좋은 조건(주로 연봉)을 제시하는 회사로의 이직이었다. 충분히 이해할 수 있다. 두 번째 이유는 다름 아닌 '인간관계'였다. 인간관계가 얼마나 힘들면 요즘 같은 세상에서 퇴사를 하고 이직을 준비할까? 퇴사를 한다는 것은 인간관계가 죽기보다 힘들다는 것을 뜻한다. 누구와의 인간관계가 그렇게도 힘든 것일까? 바로 직속 상사와의 관계다. 같은 직급의 동료 때문에 직장을 그만두는 사람은 거의 없다. 이 말은 곧 위계의 영향력이 가장 큰 사람과의 관계가 힘들다는 것을 뜻한다.

직속 상사와의 관계에 따라 직장생활이 할 만한 것이 되기도 하고, 죽기보다 싫은 것이 되기도 한다. 안타깝지만 CEO나 회장이 아니면 회사에 근무하는 모든 사람이 상사를 모실 수밖에 없다.

대학원에 입학하려는 지원자들을 보면 상당수가 회사를 다니고 있는 경우가 많다. 주로 3년 정도의 회사생활을 경험한 경우가 많은데 그들의 이야기를 들어보면 한 가지 공통점이 있다. 바로 '회사의 일이 힘든 것이 아니고 인간관계가 필요 이상으로 힘들어서 회사를 그만두고 싶다'는 것이다. 여기서 인간관계라 함은 다름 아닌 위계질서로부터 오는 스트레스, 눈치, 자괴감, 치욕감 등과 같은 것이다. '참는 것만큼 받는 것이 월급이다'라는 이야기를 들은 적이 있다.

위계질서로부터 오는 스트레스는 회사에만 국한되지 않는다. 사람들에게 "세상에서 가장 힘든 일이 무엇인가요?"라고 물으면 열 명 중 아홉은 '인간관계'라고 말한다. 왜 인간관계가 가장 힘들까? 사람과 사람이 관계를 맺고 의사소통을 하며 지내는 것 자체가 힘들기도 하지만 고통을 가중시키는 것은 갑을관계로 대변되는 위계질서에 있다. 을은 자존심을 완전히 내려놓아야 한다. 을이 자존심을 세우거나 지키기 위해 애쓰는 순간 모든 것이 어려워진다. 갑의 심중을 잘 파악해서 눈치 있게 언행을 해야 인정받고 불편하지 않은 사회생활을 할 수 있다. 자존심을 버리지 않으면 자괴감과 치욕을 쉽게 경험할 것이고, 이런 감정들은 우울감으로 연결되기도 한다.

"까라면 까지 뭔 잔말이 그렇게 많아?" "네가 그런 말할 짬밥이야?" "너는 위아래도 없냐?" 등과 같은 말은 우리에게 너무나도 익숙하다. "싸가지가 없다"라는 말은 사전적으로는 예의가 없다는 말로 쓰이지만 현실적으로 의미하는 바는 위계질서에 위배되는 행동, 즉 위계가 높은 사람에게 적절한 행동을 하지 않았을 때 쓰이는 말이다. 위계질서가 강한 사회에서는 을이 갑의 의견에 토를 달거나 감정을 드러내는 것은 사실 불가능하다. 그것은 갑에 대한 도전과도 같다. 어느 누가 그런 시도를 하겠는가.

난 A가 좋은데, 네 생각은 어때?

21세기에 살고 있지만 이 위계질서 때문에 회사에서는 별별 일이 다 일어난다. 특히 의사결정을 해야 하는 회의에서는 더욱 그렇다. 안건이 제시되면 누구 하나 자유롭게 말을 시작하지 않는다. 을들은 갑의 눈치를 살피기 시작한다. 아무도 의견을 제시하지 않자 갑이 하나의 의견을 제시한다. 그럼 한 명의 을이 갑의 의견에 적극적으로 동의한다. 어디에나 이런 을은 있다. 살아남기 위한 전략이리라. 그 뒤 몇 명의 을이 갑의 의견에 동의하면 안건은 처리된다.

어떤 갑은 좋은 의도로 "나는 개인적으로 A와 B 중에 A가 좋은데, 어떻게 생각하나요?"라고 묻기도 한다. 하지만 이때 어느 누가

B가 좋다고 이야기할 수 있겠는가. B가 좋다고 말하려면 A의 문제점을 제시해야 하는데, 이 말은 곧 갑의 생각에 반대한다는 뜻이다. 물론 부드럽게 "A도 괜찮은 선택이지만 B가 여러 가지 측면에서 장점이 있으니 B도 좋은 대안이 될 것 같습니다"라고 이야기할 수도 있다. 그렇더라도 갑은 B를 선택한 을을 좋게 생각하지 않을 것이다.

위계질서가 강한 곳에서는 의사결정이 절대로 합리적인 방향으로 수렴될 수 없다. 을의 임무는 갑의 의견을 지지해주는 것일 뿐, 을은 의견이 없다고 보는 편이 더 맞을지도 모른다. 그렇다고 오해하지는 마라. 직무와 관련해서는 위계질서가 꼭 필요하다. 사회적 위치가 높은 사람들은 의사결정을 하며 부서나 기관을 운영할 책임과 의무가 있기 때문이다. 직무와 관련해서 위계가 없으면 업무가 효율적으로 처리되지 못할 것이다.

문제는 사회적 위치가 낮은 사람들을 직급에 따라 그 사람의 가치까지도 낮다고 여기는 풍토다. 위계질서의 문제는 운영 체계로서의 위계에 있는 것이 아니고, 사람의 가치에 대한 위계가 발생하기 때문이다. 원하든 원하지 않든 위계질서가 강한 사회에 살면 그 위계에 맞게 인간의 가치도 변한다. 위계가 낮은 사람은 위계가 높은 사람을 모시는 '부하'가 된다. 지위가 낮은 사람은 상사를 소개할 때 "제가 모시고 있는 분입니다"라고 말하며 상사를 더욱 높이고, 지위가 높은 사람은 "제 밑에서 일하는 직원입니다"라고 말하며 부하의 신분을 더욱 낮춘다.

조선 시대에 있었던 사농공상의 신분제도가 좀 더 현대적이고 세련된 형태로 여전히 존재한다. 그래서 을은 항상 갑의 눈치를 보며 갑의 요구를 채워야 할 필요가 있다. 매사가 긴장과 스트레스의 연속인 이유도 거기에 있다. 위에서 예로 들었던 과장은 체면을 잃지 않기 위해 회사원 김 씨에게 직접적으로 아쉬운 소리를 하지 않는다. 그럼에도 불구하고 회사원 김 씨는 과장의 요구를 눈치 있게 파악하고 대처한다. 그런 일을 잘하면 괜찮은 사회인이고, 그렇지 않으면 사회성이 부족한 사람으로 치부된다.

"말귀를 진짜 못 알아듣네!" "내가 몇 번이나 이야기했어? 저번에 알아듣게 잘 이야기했는데…." "그 사람 참 못쓰겠네." 이런 말들은 눈치 없고 위계에 동조하지 않는 사람들이 종종 듣는 소리다. 하지만 상사는 제대로 이야기한 적이 없다. "오늘 날씨가 쌀쌀하네. 그래서 그런가? 출출하네"와 같은 애매한 표현들로 부하의 의견에 반대하기도 하고, 특정한 방식으로 행동하기를 바라기도 한다. 그래서 을들은 항상 긴장해야 한다. 갑이 하는 말의 행간을 잘 읽지 않으면 낭패를 보기 십상이다.

김경일 교수는 1999년에 발표한 『공자가 죽어야 나라가 산다』라는 책에서 유교를 신랄하게 비판하며 "공자의 도덕은 '사람'을 위한 도덕이 아닌 '정치'를 위한 도덕이었고, '남성'을 위한 도덕이었고, '어른'을 위한 도덕이었고, '기득권자'를 위한 도덕이었고,

심지어 '주검'을 위한 도덕이었다"라고 말한다. 특히 우리나라에 편만해 있는 신분 사회, 가부장 의식, 여성 차별, 권위 의식 등을 유교 문화의 폐단으로 보며 위계질서가 특정한 집단의 이익을 대변하고 보호한다고 비판했다.

친구도 잃게 하는 마법의 위계 구조

"500만 원이 필요하다면 부탁할 수 있는 친구가 몇 명이나 있나요?" 내가 강연 때 종종 던지는 질문이다. 청중들은 평균 한 명에서 세 명 정도 있다고 답한다. 돈을 빌리는 것은 쉽지 않은 일이다. 자존심도 내려놓아야 하고, 거절당하면 괜스레 관계도 어그러지기 때문이다. 하지만 바로 그런 이유로 돈을 빌리는 것이 관계의 척도로 읽히기도 한다. 사실 돈을 빌리는 것은 형제지간에도 힘든 일이며, 부탁할 친구가 없는 사람도 꽤 많다.

경제협력개발기구 회원국 중 우리나라가 가장 낮은 점수를 얻는 질문 중 하나는 "당신은 어려울 때 믿고 의지할 사람이 있습니까?"이다. 특히 50대 이상에서는 그 점수가 처참한 수준이다. 매일 점심과 저녁을 같이 먹고, 밤늦도록 함께 일하며, 일과 후에도 1차, 2차, 3차까지 술을 마시며 친분을 과시하는데 어찌 믿고 의지할 만한 친구가 그렇게 없단 말인가. 밥을 같이 먹는 횟수를 보면 직장인들에게 식구는 직장 동료지 집에 있는 가족들이 아니다.

우리나라가 집단주의 문화를 갖고 있는 것을 고려한다면 이런 통계치는 외국인들의 눈에 신기하게 보일 정도다. 회사에서 엄청 친하게 지내는 것처럼 보이지만 그들은 친구가 아니다. 위계질서가 강한 사회에서는 친구가 되기 어렵다. 위계 구조 속으로 들어가는 순간 사람들 사이에는 건널 수 없는 벽이 생긴다. 친구가 될 수 있는 사람들끼리도 친구가 될 수 없게 만드는 마법과 같은 운영 시스템이 위계질서다.

위계는 사람들로 하여금 서로 어색하고 불편한 관계를 형성하게 한다. 나이, 성별, 직급, 사회적 위치, 갑을관계, 부모와 자녀관계 모두 상관없다. 위계가 존재하는 곳에는 신기하게 불필요한 반목과 갈등이 자연적으로 발생한다. 강한 위계질서로 얻는 것이 있는 것처럼 보이지만 우리는 그로 인해 인간의 행복에 가장 중요한 조건인 친구를 잃어버린다.

제발 회식은 이제 그만

기업에서 강연을 할 때마다 내가 하는 말이 있다. 제발 회식 좀 하지 말라는 것이다. 상사들은 나름 좋은 목적으로 회식을 한다. 같이 모여 고기도 먹고 술도 마시면서 관계를 돈독하게 하고 일로 인한 피로도 푸는 좋은 행사라고 생각한다. 물론 회식을 하면 엄청난 돈이 들어가니 상사 입장에서는 큰 자비를 베푸는 것이다.

하지만 단언컨대 직원들은 회식을 무척 싫어한다.

회식 대신 영화나 공연을 관람하면 어떨까? 안타깝게도 직원들은 회사에서 하는 어떤 행사도 달가워하지 않는다. 그냥 일찍 퇴근하는 것을 제일 좋아한다. 친구들과 저녁 식사도 같이하고 술도 마시는 것이라면 이보다 더 행복한 일이 어디 있겠는가. 위계질서가 강조되는 사회에서는 본인보다 높은 사람과 함께하면 아무리 재미있고 즐거운 일을 하더라도 불편하기 때문이다. 위계는 자연스럽게 서로 간에 벽을 만든다. 직위가 낮은 사람들은 높은 사람들에게 지켜야 하는 행동과 말이 있기 때문이고, 우리는 그것을 예의라고 부르기도 한다.

이 예의는 사람들 간의 관계를 갈등 없이 잘 유지시켜주는 것처럼 보이지만 실질적으로는 관계를 완전히 망쳐놓는다. 이 관계는 한쪽의 희생을 담보로 하기 때문이다. 이때 한쪽은 두말할 것도 없이 나이가 어린 사람, 지위가 낮은 사람, 신분이 낮은 사람, 직급이 낮은 사람이다. 이런 부류는 특정한 사람들을 가리키는 것이 아니다. 위계 구조 속에서 살고 있는 사람들은 대부분 이런 부류에 속한다. 안타까운 사실은, 만약 위계가 없었다면 서로 좋은 친구로 지낼 수 있었던 사람들도 평생 어색한 관계로 지내게 된다는 사실이다.

좀 더 풍요롭고 행복한 삶을 누릴 수 있었지만 우리는 위계로 서로에게 벽을 세우고 선을 긋는다. 하버드대학교의 조지 베일런트(George Vaillant) 교수는 724명의 사람들을 10대 후반부터 75년간 추적해 인간의 건강과 행복에 가장 큰 영향력을 미치는 요인을 밝혔다. 그것은 IQ도, 사회적 지위도, 경제적 위치도 아니었다. 믿고 신뢰할 수 있는 사람들과 좋은 관계를 맺고 살아가는 것이었다. 그런데 위계가 이것을 철저하게 막는 것이다.

우리는 직장에서 하루의 대부분을 보낸다. 눈이 오나 비가 오나 그렇게 수십 년을 보낸다. 직장 동료들과 같이 점심도 먹고 저녁도 먹는다. 수십 년 동안 식구보다 훨씬 더 많은 시간을 함께한다. 하지만 상사가 아무리 훌륭하고 좋아도 주말에 전화해서 같이 놀자고 할 직원은 없다. 상사가 좋은 사람이면 회사생활이 조금 편할 수는 있겠지만 상사가 없는 것만큼 편하지는 않다. 없을 때 가장 빛나는 사람이 바로 상사다. 그들은 친구가 아니기 때문이다. 이것이 바로 위계질서와 예의의 배신이다.

위계 사회에서는 존경하는 사람은 있을 수 있지만 마음을 나누며 믿고 신뢰할 친구는 만들기 어렵다. 하지만 우리는 위계가 필요 없는 곳에서도 가능하면 위계질서를 만들려고 한다. 위계에 대한 맹신이 있다. "내가 네 친구냐?" "내가 우스워?" "내가 너랑 같이 노니까 친구 같아?" 친구처럼 친하게 지내는 것처럼 보여도 갈등이 생기면 제일 먼저 터져 나오는 말들이다. 아무리 친하게 지내도 엄연히 위계질서 속에 있기 때문에 넘지 말아야 할 선이 있다는 뜻이다. "내 호의와 친절을 당연한 것으로 여기지 말라"는 표현이기도 하고, "내가 너한테 잘해주긴 해도 너와 나는 동급이 아니다"라는 경고이기도 하다.

영원히 상사일 수밖에 없는 시어머니

시어머니들은 며느리를 딸처럼 대하겠다고 선포하고, 며느리들은 시어머니를 친정어머니처럼 대하겠다고 아부한다. 하지만 그런 날은 이 세상이 끝나는 그 순간까지 오지 않을 것이다. 시어머니와 며느리는 절대 친해질 수 없다. 요즘 며느리들이 너무 이기적이고 현실적이기 때문일까? 원래 시어머니들은 성격이 고약하기 때문일까? 둘 다 아니다. 모두가 우리의 어머니이고 아내이고 엄마이며 딸이기도 하다. 이유는 다름 아닌 위계질서와 위계질서로부터 파생된 예의 때문이다.

아마도 며느리들은 시어머니에 대해 이야기하라고 하면 밤을 새울 수도 있을 것이다. 눈물을 흘리며 쌓인 상처들을 폭발시킬 것이다. 며느리들이 시어머니에 대해 하는 이야기를 들어보면 내가 생각해도 분통이 터져 화병이 날 정도다. "어떻게 딸 있는 사람이 며느리에게 저렇게까지 할까?" 하는 생각도 든다. 하지만 시누이와 시어머니가 며느리에 대해 하는 이야기를 들어보면 기가 막혀 입이 다물어지지 않을 정도다. 해도 해도 너무한다 싶고 정말 말세라는 생각도 든다.

왜 한 남자를 매개로 맺어진 아름다운 관계가 세상에서 가장 밉고 부담스러우며 지워버리고 싶은 관계로 전락한 것일까? 이것을 일부 고부간의 갈등이라며 인성이나 성격 등의 개인적인 문제로 치부하려는 사람도 있지만 절대 그렇지 않다. 고부간은 좋은 관계가 될 수 없다. 위계질서가 있고, 지켜야 할 예의가 있기 때문이다. 세상이 변해가고 있지만 이들은 아직도 완벽한 갑과 을의 관계다.

위계질서에 있는 사람들은 애초부터 친해질 수가 없다. 며느리는 며느리로서 해야 할 일들이 구체적으로 정해져 있다. 며느리에게 시어머니는 그 뜻을 따르고 모셔야 하는 상사다. 이런 상황에서 며느리들의 스트레스는 불가피하다. 위계가 높은 상사를 어떻게 좋아할 수 있겠는가. 당연히 싫을 수밖에 없다.

더 흥미로운 사실은 이런 위계 구조 속에 있는 갑과 을은 신기하게도 서로에게 만족하지 못한다는 것이다. 시어머니 역시 며느리에게 엄청난 불만이 있을 수밖에 없다. 규칙과 규범 그리고 지켜야 할 예의가 아예 없었으면 모를까, 이미 정해져 있는 규칙과 규범 그리고 예의에서 수시로 벗어나는 며느리가 곱게 보일 리 없다. 부하 직원이 아무리 열심히 해도 상사의 마음을 만족시킬 수 없는 이치와 같다. 며느리가 나름 최선을 다한다 해도 시어머니를 만족시키기는 어렵다.

며느리가 시어머니를 얼마나 싫어하는지를 알려주는 우스갯소리가 하나 있다. 요즘 며느리들은 직장에 다니는 경우가 많다

보니 김치를 잘 담그지 않는다. 시간적 여유가 없기도 하고, 마트에서 맛있는 김치를 종류별로 팔다 보니 굳이 담글 이유가 없어서이기도 하다. 그럼에도 불구하고 시어머니들은 손수 김치를 담그고 담근 김치를 자식들에게 주고 싶어 한다. 너무 감사하고 좋은 일이다. 하지만 며느리의 생각은 다르다. 담근 김치를 전달받는 방식에 따라 시어머니에 대한 며느리의 선호가 달라진다.

며느리들이 제일 싫어하는 방식은 주말에 온가족이 출동해 시댁에서 하룻밤 자고 다음 날 시어머니가 싸준 김치를 들고 돌아오는 것이다. 김치를 같이 담그자는 것도 아닌데 뭐가 그렇게 싫으냐고 할 수도 있다. 하지만 손수 담근 김치를 먹는 기쁨보다 시댁을 방문하는 불편함이 더 크게 와닿는 것이다. 특별한 일을 하지 않더라도 상사와 함께 1박 2일을 지내는 것 자체가 바늘방석이기 때문이다.

며느리들이 두 번째로 싫어하는 방식은 시부모가 김치를 싸들고 아들 집을 방문하는 것이다. 시부모가 일단 아들 집을 방문하면 하루나 이틀 정도 머물다 가게 되고, 그 기간 동안 함께 지내는 것이 부담스럽고 싫기 때문이다. 첫 번째 방식보다 더 부담스러운 부분은 며느리의 살림 실력과 생활 방식이 고스란히 공개되고 평가된다는 데 있다. 아마도 시어머니는 냉장고를 열어보고 혀를 찰지도 모른다.

며느리들이 세 번째로 싫어하는 방식은 김치를 경비실이나 현관 앞에 두고 돌아가는 것이다. 그래도 그 정도면 괜찮은 것 아니냐고 생각하는 며느리들이 많다. 하지만 이보다 더 좋은 방식은 택배로 김치를 받는 것이라고 한다. 집에까지 와서는 문 앞에 김치만 두고 돌아가는 것에 대해 미안함을 갖게 하는 것 자체가 부담스러운 모양이다. 그런데 김치를 택배로 받는 것보다 더 좋아하는 방식이 있다고 한다. 아예 김치를 담가주지 않는 것이라고 한다. 시어머니가 아무 것도 하지 않는 것을 가장 좋아한다는 것이다. 우스갯소리지만 이 이야기의 핵심은 며느리는 시어머니와 아무런 관계도 맺고 싶지 않다는 뜻이다.

부하가 상사를 대하는 태도와 하나도 다를 바 없다. 이 얼마나 슬프고 안타까운 일인가. 며느리와 시어머니로 만나지 않았다면 서로 좋은 관계를 유지할 수 있었을지도 모른다. 하지만 며느리가 되는 순간 시어머니는 부담스럽고 피하고 싶은 기피 대상 1호가 된다. 시어머니가 나빠서도 아니고, 며느리가 못돼서도 아니다. 위계가 생기면 아랫사람은 윗사람을 절대 좋아할 수 없다. 갑이 등장하면 을은 항상 불편하고 답답하다. 특별한 말을 하지 않더라도 갑의 존재 자체가 을을 힘들게 한다. 하지만 갑은 절대 가만있지 않는다. '갑질'을 할 수밖에 없다. 관찰하고 훈계하고 지시하고 명령한다. 갑의 눈은 독수리의 눈보다 매서워서 을의 부족한 면이 너무 잘 보인다. 을은 독 안에 든 쥐다.

그렇다면 시어머니를 모시고 사는 며느리와 명절 때 한 번씩 찾아와 용돈을 주는 며느리 중 시어머니는 누굴 더 좋아할까? 시어머니를 모시고 사는 며느리를 더 좋아할 것 같지만 현실은 그렇지 않다. 같이 살면 두 사람의 사이는 절대 좋아질 수 없다. 위계구조 속에 살면 시어머니는 며느리가 마음에 들지 않고, 며느리는 시어머니가 싫어질 수밖에 없다. 서로를 상대로 분노와 상처가 쌓일 수밖에 없다. 명절 때만 찾아오는 며느리가 좋은 사람이어서가 아니다. 객관적으로 보면 시어머니를 모시고 사는 며느리가 그렇지 않은 며느리보다 훨씬 더 좋은 사람일 수 있다.

하지만 아무리 좋은 며느리더라도 위계질서 아래 시어머니와 같이 살면 나쁜 며느리가 될 수밖에 없다. 시어머니는 며느리에 대한 기대가 있고, 며느리는 시어머니의 기대를 채워야 하는 것이 위계질서의 핵심이다. 지켜야 할 예의와 도리가 준비되어 있는 것이다. 하지만 그 기대를 채우기는 쉽지 않다. 1년에 몇 번 보지 않는 며느리도 시댁과 시어머니 이야기만 나오면 흥분을 하는데 같이 사는 며느리야 어련하겠는가.

해외에 살고 있는 아내들이 귀국하고 싶지 않은 세 가지 이유 중 하나가 시댁 때문이라고 한다. 해외에 살면서 자주 전화도 하고 용돈도 보내면 사랑받는 며느리가 되는데 귀국하면 여러 가지 일들로 접촉하게 되고, 그 과정에서 관계가 틀어져 심적 고통이 따르기 때문이다. 그렇잖아도 세상살이가 만만치 않은데 결혼해서까지 위계라는 시스템 덕에 또 누군가를 미워하고 부담스러워하며 살아야 하다니, 참 씁쓸한 일이다.

많은 사람들이 믿는 것처럼, 위계가 인간이 살아가는 세상에 평화와 질서를 안겨줄 수도 있다. 그래서 우리는 모든 관계와 조직에서 위계를 정립하려고 애쓰는지도 모른다. 위계가 없으면 수많은 갈등과 분란을 어떻게 해결할 수 있을까 하는 생각도 들 것이다. 겉에서 보면 위계가 그런 목적을 달성해주는 것처럼 보인다. 하지만 뚜껑을 열어보면 상황은 다르다. 겉으로 보이는 평화와 질서는 아랫사람의 희생과 침묵 그리고 복종을 담보로 한다. 대부분의 위계는 예의라는 명분 아래 권력을 가진 사람들, 나이가 많은 사람들 그리고 직급이 높은 사람들의 이익을 대변한다. 위계라는 이름으로 갑과 을의 역할을 규정하는 것이다.

명령과 규칙에서 자유로울 권리

1976년, 사회심리학자 제임스 페니베이커(James W. Pennebaker)와 그의 동료들은 아주 흥미로운 실험 하나를 진행했다. 대학교 화장실 벽에 "낙서하지 마시오"라는 글을 써 붙였다. 첫 번째 조건에서는 "어떤 상황에서도 절대 화장실 벽에 낙서를 하지 마시오"라고 썼고, 두 번째 조건에서는 "화장실 벽에 낙서를 하지 말아주시기를 부탁드립니다"라고 썼다. 학생들은 어떤 조건에서 낙서를 덜했을까? 부탁의 어감을 취한 두 번째 조건이다.

1982년, 사회심리학자 마크 레퍼(Mark R. Lepper)와 그의 동료들은 유치원생들을 대상으로 비슷한 실험을 진행했다. 아이들에게 A와 B라는 두 개의 아주 흥미로운 그림 그리기 활동을 하게 했다. 첫 번째 조건에서는 A 그림을 먼저 그릴지, B 그림을 먼저 그릴지 자유롭게 선택하게 했다. 두 번째 조건에서는 B 그림을 그리기 위해서는 A 그림을 먼저 그려야 한다고 알려주었다. 아이들은 두 개의 그림 그리기를 모두 마쳤다.

며칠 뒤 교실에 A 그림 그리기와 B 그림 그리기를 준비해두고 아이들이 A와 B 그림 그리기 중 어느 것을 더 좋아하는지 관찰했다. 결과는 어땠을까?

첫 번째 조건에 있었던 아이들은 A 그림 그리기와 B 그림 그리기에 동일한 시간을 투자했다. 하지만 두 번째 조건에 있었던 아이들은 B 그림 그리기에는 시간을 많이 투자했지만 A 그림 그리기는 피했다. 다시 말해 두 번째 조건에서는 A는 싫어했고 B는 좋아했던 것이다. 두 번째 조건에서 왜 그런 결과가 나왔을까? 그 이유는 심리학자 잭 브렘(Jack W. Brehm) 교수가 1966년에 발표한 '심리적 반항 이론'과 깊은 관련이 있다. 이 이론에 따르면 사람들은 '행동의 자유'를 침해하는 지시, 규정, 원칙에 대해서는 거부 반응을 보이는데, 침해된 행동의 자유를 회복하기 위해 지시나 규칙, 원칙과 반대로 행동한다는 것이다.

'낙서하지 말아달라'는 부탁은 대학생들의 자유를 심각하게 침해하지는 않는다. 부탁은 들어주어도 되고 안 들어주어도 그만인 성격을 띤다. 하지만 '어떤 상황에서도 절대 낙서를 하지 마시오'라는 명령은 행동의 자유를 완벽하게 침해한다. 낙서에 대한 결정권을 잃게 되는 것이다. 그러면 기분이 나빠지고 침해된 행동의 자유를 회복하기 위해 낙서를 해버리게 된다. 그러면서 "나의 행동을 결정하는 사람은 바로 나다"라는 것을 반항적으로 보여주는 것이다.

흥미로운 사실은 이 조건에 있었던 많은 학생들이 처음에는 낙서를 할 생각이 없었는데 '낙서하지 마시오'라는 명령문을 본 뒤 낙서를 해야겠다는 생각이 들어 행동에 옮겼다는 사실이다. 그래서 특정한 일을 하지 말라고 하는 것은 그 일을 꼭 하라는 말과 같다. 외설 혹은 정치적 문제로 출판이 허락되지 않은 책들일수록 불티나게 팔린다. 사람은 어떤 책이든 읽을 수 있는 자유가 있는데 이 자유를 침해하면 그것을 회복시키기 위해 원래 읽을 마음이 없던 책도 읽게 되는 것이다.

그림 그리기 활동도 같은 맥락이다. 아이들은 처음부터 A 그림을 그리는 것과 B 그림을 그리는 것 모두 좋아했다. 두 개를 가지고 자유롭게 놀라고 하면 아이들은 A와 B를 모두 좋아하며 재미있게 놀 것이고, 나중에도 이 두 개의 그림을 그리는 것을 동일하게 좋아할 것이다. 하지만 B를 하기 위해서는 먼저 A를 해야만 한다는 명령을 듣고 나자 A는 싫어하게 됐다. A는 자유로운 선택이 아니고 B를 위해 꼭 해야 하는 것이기 때문이다. 꼭 해야 하는 것은 행동의 자유를 침해하기 때문에 부정적인 감정이 생길 수밖에 없고, 가능하면 하고 싶지 않아진다.

사람은 원래 좋아하는 일도 그것이 해야 하는 일로 변하는 순간 그 일을 싫어하게 된다. 행동의 자유를 침해당했기 때문이다. 거꾸로 말하면 어떤 사람이 특정한 일을 즐겁게 하고 있을 때 그 일을 싫어하게 만들 수 있는 좋은 방법은 그 일을 해야만 하는 일로 바꾸는 것이다. 정말 마술과도 같은 능력이다. 누군가가 시키지 않았다면 즐겁게 할 수 있었던 일도 누군가가 시키면 바로 싫어지게 된다. 내가 원해서 자유롭게 하는 일이 아니기 때문이다.

이 연구들의 핵심은 위계질서를 확립하기 위해 만들어진 예의와 규칙들은 신기하게도 사람들로 하여금 어떤 일을 싫어하게 만들어버린다는 것이다. 원래 좋아할 수도 있었는데 말이다.

예의가 만들어낸 세 가지 아이러니

특정한 일에 대한 즐거움이 있으면 그 일을 잘할 수밖에 없다. 하지만 위계질서에서 만들어진 수많은 예의와 도리는 즐거움과 내적 동기를 빼앗아간다. 예의와 도리가 없을 때는 즐겁게 하던 일도 예의와 도리가 앞서는 순간 즐거움은 물거품처럼 사라진다. 해야만 하는 일이기 때문이다.

며느리와 사위로서 각자 시댁과 처갓집에 해야 할 효와 도리 그리고 예의는 아주 많다. 왜 이런 것들이 만들어졌을까? 효와 도리를 잘 실천하지 않는 자녀들은 잘 실천할 수 있도록 하기 위해서고, 잘하는 자녀들은 더 잘하라는 장엄한 뜻이 있을 것이다. 하지만 이 장엄한 뜻이 어떤 결과를 초래할까?

효의 대표적인 방법은 양가 부모님을 자주 찾아뵙는 것이다. 찾아뵙고 싶을 때 찾아뵐 수도 있지만 효를 더 잘 실천하기 위해서는 규칙을 세우는 것이 좋다. 그렇지 않으면 여러 가지 사정과 상황에 밀려 찾아뵙는 일이 어려워질 수 있기 때문이다. 이런 규칙은 본인이 정하기도 하지만 부모님이 정해주는 경우도 많다. 같은 도시에 살면 일요일마다 모든 자식들과 모여 함께 점심 식사를 하기 원하는 부모님도 많다. 나의 경우는 부모님이 지방에 계셔서 매달 마지막 주 토요일에 방문해 하룻밤 자고 일요일에 돌아오는 것을 규칙으로 삼았었다. 사회가 정하든 부모님이 정하든 개인이 직접 정하든 목적은 하나다. 효와 도리를 좀 더 잘하기 위해서다.

하지만 예의와 도리라는 이름으로 규칙이 생기면 파생되는 몇 가지 신기한 현상이 있다. 첫째 현상은 정해진 규칙 이상은 절대 하지 않는다는 것이다. 한 달에 한 번 찾아뵙기로 결정하고 나면 아주 특별한 일이 아니고서는 절대로 한 번 이상 찾아뵙는 법이

없다. 한 번 가면 다행이고, 상황에 따라 못 가기도 한다. 조직에서
도 마찬가지다. 윗사람에게 해야 할 도리와 규정이 생기면 아랫사
람은 규칙이 정해놓은 딱 그 수준까지만 한다. 더 이상은 절대 하
지 않는다. 마법과도 같은 법칙이다. 해야 할 일은 하기 싫은 일로
변하기 때문에 꼭 해야 하는 수준 이상으로는 절대 할 수 없다.

둘째 현상은 좋은 목적으로 만들어진 규칙이 부담되고 싫어진
다는 것이다. 한 달에 한 번 찾아뵙기로 결정하는 순간, 양가 부모
님을 찾아뵙는 것은 꼭 해야 하는 일이 된다. 자율적이 아닌 어떤
상황에서도 해야 하는 일이 되는 것이다. 행동의 자유를 잃게 되
고 부담스러운 일로 전락한다. 해야 하는 일을 하기 위해서는 의
무감이라는 무거운 무기가 필요하다. 때에 맞춰 찾아뵈어야 하고,
식사도 대접해야 하고, 용돈도 드려야 하고, 안부 전화도 드려야
하고, 명절 때마다 일찍 내려가서 차례 음식도 준비해야 하고, 중
요한 안건에 대해서는 허락도 받아야 한다. 어느 것 하나 부담스
럽지 않은 일이 없다.

시댁을 방문하는 것이 마냥 좋기만 한 며느리가 이 세상에 어
디 있겠는가. 특별한 날이 아닐 때 남편이 시댁에 가자고 하면 가
지 못할 합리적인 이유는 셀 수 없이 많다. 아이들 학원 일정, 피
곤한 몸, 바쁜 일상 등등. 설령 어쩔 수 없이 찾아뵌다 할지라도 최
대한 빨리 집으로 돌아오는 것이 그 순간에는 지상 최대의 목표일
것이다. 하룻밤을 보내지 않는 것이 가장 훌륭한 방법이고, 설령

하룻밤을 자더라도 다음 날 아침 일찍 떠나고 싶을 것이다. 해야 하는 일은 즐거움과 행복의 대상이 될 수 없다.

만약 이런 규칙이 아예 없었다면 어땠을까? 꼭 해야 하는 일이 아니었다면 어땠을까? 위계와 위계를 유지하기 위한 예의와 도리가 없었다면 상황은 사뭇 달라졌을 것이다. 양가 부모님의 생신에 즐거운 마음으로 맛있는 식사도 대접하고, 좋은 선물도 드리는 자식들이 많았을 것이다. 기꺼이 하룻밤을 함께 지내며 즐거운 시간을 갖고 싶은 자식들도 있었을 것이다. 못 할 이유가 없지 않은가. 친한 친구의 집에 놀러가는 것을 부담스러워하고 싫어하는 사람이 없는 것처럼 말이다.

하지만 위계 구조에서 며느리가 꼭 해야 하는 일이다 보니 상황이 다를 수밖에 없다. 개인적인 상황과 상관없이 때를 맞춰 꼭 해야 하는 일이라면 원래 좋아하던 일이라도 하기 싫고 부담스러운 일이 되는 것은 당연하다. 즐겁게 할 수 있는 일들조차 하기 싫고 부담스러운 일로 바꾸는 것은 예의와 도리라는 이름으로 강요되는 규칙과 규정들이다.

셋째 현상은 규칙이 생기면 규칙을 둘러싼 대상자들의 관계가 안 좋아진다는 것이다. 며느리가 자신의 도리를 잘하지 않으면 어떤 일이 벌어질까? 당연히 시어머니는 마음이 상하고 화가 난다. 시어머니를 무시하고 시어머니에 대한 대우를 하지 않는다고 생각하기 때문이다. 더 재미있는 것은 며느리가 도리를 다했더라도 칭찬받는 경우는 거의 없다. 당연히 해야 할 도리를 다한 것이기 때문이다. 도리를 다 못하면 처벌을 받고, 도리를 다해도 좋은 소리를 못 듣는다면 며느리 입장에서는 손해 보는 장사다. 상을 받으려면 도리를 훨씬 넘는 수준으로 잘해야 하지만 위에서 말한 것처럼 규칙이 정해지는 순간 사람들은 규정 이상은 하지 않는다.

만약 규칙이 없었다면 어땠을까? 꼭 해야 하는 도리와 예의가 없었다면 어땠을까? 며느리가 시부모를 위해 자발적으로 여러 가지 일들을 했다면 며느리의 마음도 즐겁겠지만 시부모도 고마워할 것이다. 규칙이 없으면 규칙을 깰 일도 없다. 며느리와 시부모 사이에는 규칙으로 얻을 수 있는 것이 별로 없다.

위계질서를 유지하기 위해서는 예의와 도리가 꼭 필요하다. 규칙과 도리가 없으면 엉망이 될 사람들을 바로잡기 위함이고, 없어도 잘할 사람들은 더 잘하게 하기 위함이다. 생각이 없는 사람들을 예의와 도리라는 명목으로 어느 정도 바로잡을 수는 있겠지만 그것이 어떤 의미가 있는지는 모르겠다. 어차피 하기 싫은 것을 억지로 할 테니 관계가 좋아질 리도 없지 않겠는가. 더 큰 문제는 규정이 없어도 잘하는 사람들이다. 이들은 즐거운 마음으로 잘하다가도 예의와 도리가 생기는 순간 기본만 하게 될 테고, 즐겁던 일들이 부담스럽고 싫은 일로 느껴질 것이다. 당연히 좋았던 관계마저 위태로워질 수 있다.

내 인생을 가로막는
장애물을 마주하는 법

나는 개인적으로 우리 사회에서 가장 먼저 해결해야 할 문화가 위계질서라고 생각한다. 이 문화가 우리나라 사람들의 삶을 힘들게 했다고 믿는다. 위계질서와 위계질서를 유지하기 위해 만들어놓은 예와 도리들은 명분은 그럴듯해 보이지만 실상은 그렇지 않다.

위계질서를 통해 사회적 관계들이 큰 갈등 없이 잘 지속되고 운영되는 것처럼 보이지만 밖으로 보이는 평안은 사회적 지위가 낮은 사람들의 조건 없는 희생과 침묵을 담보로 하고 있기 때문이다.

이런 위계질서는 많은 사람들로 하여금 매 순간 엄청난 스트레스와 정신적 번민을 경험하게 한다. 그리고 위계질서에서 형성된 수많은 사회적 관계들은 피상적이고 형식적일 수밖에 없다. 사람들 사이에 건널 수 없는 강이 생기기 때문이다. 친밀한 사회적 관계를 형성하는 것이 인간 행복에 가장 중요한 요인이라면, 위계질서는 행복의 가장 강력한 적이 분명하다. 위계질서에서 만들어진 도리와 규칙들은 사람들로 하여금 오히려 동기를 잃게 한다. 거기에는 좋아서 하던 일들조차 하기 싫게 만드는 마술 같은 힘이 있다.

그럼에도 불구하고 위계질서를 강화해야 할 이유가 어디에 있단 말인가. 기업에서 강연하며 이런 이야기를 하면 많은 사람들이 내 이야기에 공감한다. 실제로도 많은 기업들이 위계 문화를 청산하기 위해 노력하고 있다. 위계 문화가 회사의 성장에 도움이 되지 않는다는 것을 잘 알고 있기 때문이다. 하지만 위계 문화를 청산하면 회사가 잘 돌아가겠느냐고 우려하는 사람들도 여전히 있다. 이는 분명히 시대착오적인 생각이다.

이미 세상은 변했고, 우리는 아무리 위계를 강조해도 위계가 세워질 수 없는 세상에 살고 있다. 합리성이라는 대전제 앞에서 위계는 더 이상 설 자리가 없다. 위계는 사람들을 서로 힘들게 할 뿐이고, 궁극적으로는 해야 할 일을 하기 싫게 만든다. 기업에 한정된 이야기가 아니다. 사람과 사람이 만나는 모든 곳에 해당되는 이야기다. 물론 조직의 의사 결정과 운영을 위해 위계와 직급은 반드시 필요하다. 서로 존중하고 배려하는 예의 역시 무척 중요하다. 하지만 이외의 상황에서는 위계는 약하면 약할수록 좋다.

05

---◆---

노력의 배신
모든 일에 노력하지 않아도 좋다

사람은 변할 수 있을까?

우리나라 사람들은 노력에 대한 과한 믿음이 있다. 자유의지를 통해 노력을 행사할 수 있다고 믿기 때문이다. 학생이 공부를 못하는 것은 노력이 부족해서일까, 아니면 지능이 떨어져서일까? 사업을 성공시키지 못하는 것은 노력이 부족해서일까, 재능이 없어서일까, 아니면 경기가 안 좋아서일까? 결혼생활을 제대로 못하는 것은 노력이 부족해서일까, 성격이 좋지 않아서일까, 아니면 경제적인 어려움이 있어서일까?

사실 이런 질문들에 대한 답은 사람이 변할 수 있는가에 대한 철학적 사고에 기초를 둔다. 당신은 사람이 변할 수 있다고 생각하는가, 아니면 변하기 어렵다고 생각하는가?

아마 대학 입시에서 가장 중요한 과목 중 하나는 수학일 것이다. 그래서 수능 시험이 끝나고 나면 수학에 대한 말이 많다. 학생들에게 그만큼 중요하기도 하고 어렵기도 한 수학은 열심히 노력하면 잘할 수 있을까, 아니면 열심히 노력해도 안 될까? 신기하게도 이 질문에 대한 답은 어느 문화권에 사느냐에 따라 크게 다르다. 미국인들은 25퍼센트 이하가 노력하면 잘할 수 있다고 생각하는 반면, 동양인들은 60퍼센트 이상이 노력하면 잘할 수 있다고 생각한다. '똑똑함'을 대부분의 미국인들은 한 개인의 태생적인 특성으로 인식하는 반면, 대부분의 동양인들은 노력에 의해 바뀔 수 있는 것이라고 믿는다.

이런 믿음은 동양인과 서양인들로 하여금 각기 다른 방식으로 세상을 살아가게 한다. 2001년에 문화심리학자 스티븐 하이네 (Steven J. Heine)와 그의 동료들은 동양인과 서양인 학생들에게 창의성 과제를 하게 한 뒤 한 조건에서는 '상당히 잘했다'는 성공 피드백을 제공했고, 다른 조건에서는 '상당히 못했다'는 실패 피드백을 제공했다. 그런 뒤 학생들은 다른 종류의 창의성 과제가 있는 실험실에 남겨졌다. 실험자들은 어떤 조건에서 학생들이 이 창의성 과제에 관심을 보이는지 관찰했다.

신기하게도 동양인들은 실패 피드백을 받았을 때 창의성 과제에 더 오랜 시간을 투자했다. 하지만 서양인들은 성공 피드백을 받았을 때 창의성 과제에 더 오랜 시간을 투자했다. 다시 말해 동양인들은 성공했을 때보다 실패했을 때 과제에 더 큰 관심과 열정을 보였지만, 서양인들은 실패했을 때보다 성공했을 때 과제에 더 큰 관심과 열정을 보인 것이다.

서양인들은 사람은 변하지 않으며 능력은 타고 나는 것이라고 생각하기 때문에 실패한 과제에 집착해 노력을 기울일 필요가 없다고 판단한다. 능력이 없는 일에 관심과 노력을 보이는 것은 시간 낭비일 뿐, 성공한 과제에 더 많은 관심과 노력을 투자하는 것이 훨씬 더 효율적이라고 생각하기 때문이다. 하지만 동양인은 사람은 얼마든지 변할 수 있으며 능력은 노력을 통해 발전시킬 수 있는 것이라고 생각하기 때문에 실패한 과제에 더 집중한다. 성공한 과제는 원래 잘하는 것이니 그대로 두어도 되지만 실패한 과제는 더 열심히 노력해야 잘할 수 있게 된다고 생각하는 것이다.

여기서 우리의 징글징글한 '노력 신드롬'이 시작된다. 사람은 노력을 통해 변할 수 있다는 믿음! 대부분의 일은 노력하면 잘할 수 있다는 믿음! 잘못하는 것은 노력을 하지 않았기 때문이라는 믿음! 모든 문제는 노력의 부재로 야기된다는 믿음! 이런 믿음들은 자기계발서와 긍정 심리학을 표방한 강연들의 단골 메뉴로 등장한다. 하지만 이런 신념과 믿음이 우리의 삶을 더욱 풍요롭게 하는지는 의문이다.

우리나라 학생들뿐만 아니라 홍콩, 중국, 싱가포르, 일본 등 동양의 학생들은 정말 공부를 열심히 한다. 친한 미국 교수에게 나의 초등학생 아들이 새벽 1시까지 공부한다고 했더니 아동학대로 경찰에 신고해야겠다는 농담을 하며, 안타까움을 넘어 도저히 이해할 수 없다는 표정을 지었다. 일찍부터 뜻이 없는 학생이 아니라면 사실상 공부는 포기하기가 어렵다.

공부뿐만 아니라 사업하는 사람들도 밤잠을 줄여가면서까지 정말 열심히 일한다. '포기'라는 단어 자체를 동양에서는 아주 부정적으로 여겨서 많은 선생님들과 현자들은 포기가 실패보다 더 나쁜 것이며, 포기하는 자에게는 미래도 희망도 없다는 메시지를 끊임없이 주입시킨다. 그러면서 실패를 두려워하지 말고 끝까지 노력할 것을 주문한다.

하지만 포기하지 않고 끊임없이 노력한다고 해서 모든 사람이 자기가 원하는 것을 다 얻는 것은 아니다. 세상에는 노력만으로 되지 않는 것이 노력으로 되는 것보다 훨씬 더 많다. 안타깝게도 노력으로 되는 것은 생각보다 그리 많지 않다. 노력이 성공을 보장한다면 우리나라 사람들은 대부분 다 성공했을 것이다. 노력이 인생의 많은 문제를 해결할 수 있다면 대부분의 고민과 문제는 애당초 없었을 것이다. 문제가 문제가 되는 이유는 노력만으로 해결이 안 되기 때문이다. 많은 경우에 있어서 우리는 과감하게 포기하고 다른 길을 찾아야 할지도 모른다. 때에 따라서는 포기가 우리의 삶을 더 풍성하게 할 수도 있다.

그럼에도 불구하고 왜 우리 사회는 지나칠 정도로 노력을 강조할까? 명분이 없는 것은 아니다. 사람들로 하여금 성취동기를 높일 수 있고, 열심히 살도록 독려할 수 있으며, 인생의 의미를 찾게 할 수도 있다. 사람은 변하지 않고 노력을 통해서 이룰 수 있는 것이 없다는 믿음이 편만하면 어떤 일이 벌어질까? 열심히 하고자 하는 동기가 저하될 것이고, 인생을 열심히 살아야 할 이유를 찾지 못할 것이며, 궁극적으로는 인생에 대한 의미를 잃어버릴 것이다. 이런 믿음은 비관적인 결정론적 태도를 고양시키기 때문이다.

하지만 더 중요한 이유는 따로 있다. 노력을 강조하는 것은 또 하나의 사회 운영 방식이다. 노력을 강조하면 성과에 대한 책임을 개인에게 쉽게 전가시킬 수 있기 때문이다. 성공하지 못한 것, 공부를 못하는 것, 가난한 것, 좋은 직장에 못 다니는 것, 건강하지 않은 것, 살찐 것, 행복하지 않은 것, 좋은 대학교에 들어가지 못한 것… 좋거나 나쁜 혹은 성공과 실패가 존재하는 모든 영역에서 부정적인 성과에 대한 책임을 전적으로 개인에게 돌리면 사회 운영이 간결하고 용이해진다.

"네가 열심히 노력하지 않아서 그 모양인 거야. 네가 열심히 노력하고 최선을 다해 살았다면 지금처럼 그 모양은 아니었겠지"라고 쉽게 이야기할 수 있다. 노력으로 사람이 변할 수 있고 성공할 수 있다고 믿으면 모든 실패와 나쁜 일에 대한 책임을 최대한 개인에게 돌릴 수 있다.

노력의 빛과 그림자

모든 실패와 나쁜 일에 대한 책임을 개인에게 돌리는 태도에는 몇 가지 문제점이 있다. 첫째는 인생의 수많은 영역들은 노력만으로 결정되지 않는다는 데 있다. 둘째는 한 개인이 경험하는 실패와 성공은 정당하고 당연한 결과라는 믿음을 심어준다는 데 있다. 성공은 열심히 노력한 결과이고, 실패는 노력하지 않은 결과이니 그에 따른 합당한 처벌과 보상은 정당하다는 것이다. 낮은 계층에 사는 사람들이 무시당하는 것과 높은 계층에 사는 사람들이 존경받는 것은 '콩 심은 데 콩 나고 팥 심은 데 팥 나는 것'과 같은 이치라고 생각한다. 셋째는 낮은 계층의 사람들에 대한 사회적 책임에 면죄부를 준다는 것이다. 선진국으로 나아가면 갈수록 한 개인의 삶에 대한 사회적 책임과 의무가 강해진다. 한 개인의 삶이 개인적인 노력에 의해 결정되는 부분도 있지만 사회적 구조와 환경에 의해 결정되는 부분이 많다는 것을 인정하기 때문이다.

개인적 책임을 묻는 문화가 강해지면 문제 해결의 가장 일반적이고 우선적인 방법은 사람을 해고시키는 것일 수밖에 없다. 수많은 비리와 문제들이 있을 때마다 책임자들을 파면시키고 구속시켰지만 그와 관련된 문제가 완전히 사라졌다거나 사회가 더 정의로워졌다고 믿는 사람은 많지 않다. 개인적 책임도 중요하지만 비리와 문제가 재발하지 않도록 사회적 구조, 형태, 환경, 제도 등을 손보는 것이 훨씬 지혜롭고 효율적인 방법이다. 범죄자들을 구속하면 사건이 마무리되는 것처럼 보이지만 그런 유의 사람들은 또다시 나타날 것이다. 개인의 책임을 넘어 사회적 책임이 더 중요할 수 있는데도 개인의 노력만을 강조하면 이런 사회적 책임에 둔감하게 된다.

개인적 책임을 강조하는 또 하나의 이유는 사회와 집단을 쉽게 통제할 수 있기 때문이다. 사회와 조직을 운영하는 얕은 정치적 수단으로 전락할 수 있다. 낮은 계층의 사람들은 자기들의 지위와 부에 대해 불만을 제기할 수 없다. 노력을 하지 않았기 때문이다. 자신의 위치와 상황에 만족해야 한다. 높은 계층의 사람들이 누리는 부와 권력에 불만을 가져서도 안 된다. 그들이 수많은 혜택을 누리며 낮은 계층의 사람들을 통제하고 지배하는 것은 정당하고 자연스러운 일이라고 생각한다. 피나는 노력을 통해 높은 지위를 획득했다고 믿기 때문이다.

성공과 높은 지위가 노력이 아닌 다른 요인들, 즉 부모와 인맥, 경제적 지위, 사회적 상황, 지인의 도움 등으로 설명된다면 난감한 일이 벌어진다. 누리고 있는 수많은 혜택의 명분을 잃을 수 있기 때문이다. 개인의 선택과 노력에 의해 이루어진 것이 아니다 보니 다른 사람들도 같은 환경이라면 얼마든지 성공과 높은 지위를 얻을 수 있다는 추론이 가능해지는 것이다. 그래서 성공한 사람들과 사회적 지위가 높은 사람들은 더더욱 노력을 강조할 수밖에 없다. 개인의 선택과 결정에 의해 한 일들을 강조해야 하는 것이다. 그래야 자신들이 얻은 것들에 대한 정당성을 보장받을 수 있을 테니 말이다. 부모 탓을 할 수도 없고, 부유한 가정을 언급할 수도 없으며, 금수저임을 자랑할 수도 없다. 이런 것들을 공공연하게 인정하면 우리 사회의 운영 체계가 혼란스러워질 것이다. 그러므로 무엇이든 노력이라는 개인의 책임으로 전가시키면 모든 것이 깔끔하게 정리된다.

노력을 강조하면 성취동기가 높아지고, 더 열심히 주어진 삶을 살며, 인생의 의미를 더 쉽게 발견할까? 지속적으로 성공하면 그럴 수 있겠지만 실패하면 이야기는 달라진다. 현실적으로 성공이 쉽지 않은 일이기 때문에 노력의 강조는 불필요한 아픔을 불러일으킨다.

당신이 최선의 노력을 하고도 성공하지 못했다면 어떤 생각을 하게 될까? 당신은 적어도 두 가지 생각을 할 수 있다. 첫째는 많은 사람들이 믿는 것처럼 당신 스스로도 처절한 노력을 하지 않았다고 생각할 것이다. 그렇게 생각하지 않으면 당신은 정신적으로 힘들어질 수 있다. 최선의 노력을 다했는데도 실패했다면, 이것이 무엇을 의미하겠는가. 당신은 노력해도 안 되는 사람이라는 말이다. 이보다 더 비참한 말이 어디 있겠는가. 최선의 노력을 다하지 않았다고 생각하는 것은 순간적으로나마 당신을 보호할 수 있는 최소한의 방어기제인 것이다. 그런 생각과 함께 당신은 힘들어도 좀 더 많은 노력을 기울여 실패를 이겨내려 할 것이다.

둘째는 당신 자신을 최선의 노력을 해도 되지 않는 사람이라고 생각한다. 이 패배감은 계속된 노력에도 실패할 경우에 더욱 강하게 나타난다. 이 패배감으로부터의 회복은 절대 쉽지 않다. 최선의 노력을 다하면 성공해야 하는데 실패했기 때문이다. 이 상황에서 패배감 외에 또 다른 어떤 생각을 할 수 있겠는가.

그러나 이 두 가지 생각은 모두 착각이다. 대부분의 사람들은 성공하기 위해 자기 나름대로 최선의 노력을 한다. 성공을 가장 원하는 사람은 다름 아닌 자기 자신이기 때문이다. 남의 눈에는 부족해보일 수 있지만 본인의 능력, 처지, 상황에서는 나름대로 최선을 다하는 것이 사실이다. 그리고 더 중요한 것은 노력한 뒤 실패를 경험하더라도 스스로 패배감을 느낄 이유는 없다. 노력한다고 모든 일이 다 잘되는 것은 아니기 때문이다.

내 삶을 더
풍성하게
만드는 법

노력만으로도 가능하고 성공이 보장되는 일이 있지만 일반적으로는 그렇지 않은 일들이 더 많다. 많은 것들이 유기적으로 맞물려 힘을 발휘할 때 좋은 결과도 나온다. 특정 분야에서 성공하려면 그와 관련한 능력과 재능 그리고 환경도 뒷받침되어야 한다.

그리고 여기에 노력이 더해진다면 그 노력이 빛을 보겠지만 그렇지 않으면 퇴색하기 쉽다. '노력은 성공의 열쇠'라는 믿음은 실패하는 사람에게 엄청난 상처와 좌절을 안겨준다. 노력을 더해도 또다시 실패할 확률이 높고, 이런 과정을 몇 번 반복하면 패배감에 사로잡힐 수밖에 없기 때문이다.

노력이 성공의 가장 중요한 열쇠라고 생각하지 않으면 어떨까? 노력 외에도 관련 분야의 재능과 능력 그리고 적합한 환경이 더 중요하다는 것을 인정하면 어떨까? 어떤 사람들은 충분히 노력해보지도 않고 지레 많은 것들을 포기할지도 모른다.

하지만 충분히 경험해보고 노력을 기울였음에도 관련 분야에 재능과 능력이 없다는 것을 알았다면 그 길을 고집할 필요는 없다. 패배감을 느낄 필요도 없고, 불필요한 노력으로 많은 시간을 낭비할 필요도 없다. 재능과 능력 그리고 환경적 뒷받침도 없이 모두가 선망하는 소수의 자리를 차지하기 위해 수십만의 사람들이 달려드는 것은 자신뿐만 아니라 모든 경쟁자들을 서로 힘들게 할 뿐이다. 그 소수의 자리는 재능과 능력을 겸비한데다 거기에 노력까지 더한 친구가 차지할 확률이 높기 때문이다.

본인이 특정한 분야에 능력과 재능이 있는지를 파악하는 일은 어렵지 않다. 충분한 시간을 갖고 경험하면 알 수 있다. 사실 자신이 파악하기도 전에 주위의 전문가나 지인들이 먼저 알아보는 경우가 많다.

특정한 분야에서 성공한 사람들을 관찰해보면 피상적으로는 노력을 많이 하는 것처럼 보이지만 실상은 그 분야에 특출한 재능과 능력을 갖춘 경우가 대다수다. 특정한 분야에서 두각을 나타내려면 노력 외에도 재능과 능력 그리고 환경이 더 중요하게 작용할 수 있다는 사실은 당사자들을 더 비참하게 만들지도 모른다.

하지만 이 부분을 진지하게 인정하고 받아들이지 않으면 이후의 삶이 더 불행해질 수 있다. 실패를 반복하면 성취동기가 낮아질 수밖에 없고 그로 인한 패배감은 삶을 좀먹기 때문이다.

실패의 원인이 노력을 다하지 않아서라고 치부하기보다 각 개인의 능력에 맞는 분야를 찾아 최선의 노력을 다하면 얼마든지 스스로의 삶을 풍성하게 만들 수 있다.

우리가 살고 있는 현실이 특정한 직업을 극단적으로 선호하고, 직업에 따른 대우와 타인의 시선이 매우 차별적이어서 개개인이 잘하는 일을 선택하기가 쉬운 환경은 아니다. 그럼에도 불구하고 개인에게 주어진 능력과 재능을 펼칠 수 있는 곳에서 노력하는 것이 장기적으로는 개인과 사회에 더 큰 유익을 줄 것이다.

06

타인의 배신

사람들은 당신에게 관심이 없다

홀로 밥도 못 먹는 사람들

혼밥, 혼술(혼자 밥을 먹거나 술을 마시는 것)이 유행이다. 혼밥에는
레벨도 있다고 한다. 패스트푸드점에서 햄버거를 먹는 것이 가장
낮은 레벨이고, 고기 집에서 혼자 고기를 구워먹는 정도가 가장
높은 레벨이라고 한다.

2019년을 살고 있는 19세의 대학생들에게도 혼밥은 긴장감을
안겨 준다. 그래서인지 혼밥의 난관을 헤쳐 나가기 위한 전략도
즐비하다. 학교 편의점에서 간단한 식사거리를 준비한 후 화장실
칸막이에서 재빠르게 먹기도 하고, 점심시간 전후로 수업을 몰아
놓은 뒤 바쁜 척하며 쉬는 시간에 김밥을 먹으면서 혼밥의 명분을
찾기도 하고, 아예 점심시간 때를 피해 학교에 다니기도 하고, (밥

을 이미 먹은 친구들이) "밥 먹었어?"라는 인사를 하면 먹었다고 하거나 속이 안 좋다고 하기도 한다. 물론 당당하게 혼자 식당에서 먹는 학생도 있다.

혼밥이 어려운 것은 우리에게 익숙한 일이지만 곰곰이 생각해 보면 참으로 안타까운 일이다. 무엇이 무서워서 혼자 밥도 못 먹는단 말인가. 무서워할 대상이 실질적으로 존재하기는 할까? 이는 대학생만의 이야기가 아니다. 새로운 중학교로 전학을 간 우리 딸아이도 가장 견디기 어려운 하루의 일과가 점심시간이었다고 한다. 모르는 아이들 가운데서 혼자 말없이 점심을 먹어야 할까 봐 걱정이 태산이었다는 것이다.

이런 현상은 남녀노소 모두에게 나타나고, 나이가 들면 더 심해진다. 아는 사람이 아예 없는 곳이라면 혼밥이 조금 덜 부담스러울지 모르지만, 아는 사람들이 더러 있는 곳에서는 장렬하게 밥을 굶는 쪽을 택하는 것이 나을지도 모른다. 남의 시선이 무섭기 때문이다. 혼밥을 한다는 것은 함께 밥 먹을 친구가 한 명도 없는 사회부적응자이거나 왕따임을 드러내는 것이라고 생각하기 때문이다. 다른 사람들이 나를 어떻게 생각할지 두려워서 밥도 마음대로 못 먹는 것이다. 타인의 시선이 얼마나 무섭고 두려우면 혼밥이 유행이라는 사실이 뉴스거리가 되겠는가.

우리가 타인의 시선에 민감해진 것은 어제 오늘의 일이 아니다. 오랜 세월을 그렇게 의식하며 살다 보니 당연히 신경 써야 하는 것으로 여기고 있는지도 모른다. 옷 입는 것도, 양말 색깔을 고르는 것도, 차를 선택하는 것도, 직장에 들어가는 것도, 대학을 정하는 것도, 결혼을 하는 것도, 살 집을 고르는 것도, 말 한마디 하는 것도 어느 것 하나 남의 시선으로부터 자유로운 것이 없다. 그럴 만큼 타인의 시선이 정말 두려운 존재인지, 그리고 타인의 시선이 우리의 삶을 얼마나 파괴시켜 왔는지에 대해 살펴보려고 한다.

누군가 당신에게 "당신은 누구입니까?"라고 묻는다면 어떻게 답하겠는가? 오래전에 배우자 혹은 이성 친구를 찾는 사이트에 올라온 자기소개 글을 본 적이 있었다. 한국 사람이 올린 글도 읽어보았고, 미국 사람이 올린 글도 읽어보았다. 다음은 미국 남성이 쓴 자기소개서다.

자기소개: 백인, 미혼 남성, 나이 28세, 키 180센티미터, 몸무게 75킬로그램, 외향적이고 사교적임, 영화 보는 것을 좋아함, 새로운 것 배우기를 좋아함, 주말에는 친구들과 바비큐 파티 하는 것을 좋아함, 늦은 저녁에 강아지들과 산책하는 것을 좋아함, 연애에 대해서는 약간 보수적임, 종종 잘 웃김

원하는 상대: 백인, 미혼 여성, 24~32세까지 가능, 여행 좋아하고 강아지 좋아하는 사람, 활동적인 사람, 자연을 좋아하는 사람

다음은 한국 남성이 쓴 자기소개서다.

자기소개: 나이 28세, 키 175센티미터, 몸무게 70킬로그램, 혈액형 O형, 2남 1녀 중 막내, 종교 없음, 서울 출생, 용산구 거주, Y대 경영학과 졸업, K회사 다님, 연봉 3500만 원, 담배 안 핌.

원하는 상대: 23~28세까지 가능, 담배 안 피우는 분, 직장 있으신 분, 서울에 거주하시는 분, 호감 가는 외모 선호

같은 지구상에 살면서 어떻게 이리도 다른 자기소개서를 쓸 수 있을까. 더 신기한 것은 최근 3년간 미국 대학생과 한국 대학생을 대상으로 자기소개서를 써보라고 하면, 각기 내용은 조금 다르지만 기본적인 정보의 방향성은 놀라울 정도로 달라진 것이 없다고 한다. 미국 대학생들은 기본 인적 사항을 제외하고는 주로 성격과 취미 그리고 개인적인 특성들을 이용해 자기를 소개하고 상대 이성을 찾는다. 하지만 한국 대학생들은 사회적 관계와 집단적 정보를 이용해 자기를 소개하고 상대 이성을 찾는다. 혈액형, 형제관계, 출생지, 거주지, 출신 대학, 직장, 연봉 등은 모두 집단주의적인 사회적 관계와 위치를 나타내는 정보이지 개인적인 특성을 알려주는 정보가 아니다.

하지만 더 신기한 것은 한국인들은 한 개인의 집단주의적인 사회적 관계와 위치를 알려주는 정보를 제공하면 그 사람이 어떤 사람인지 잘 알지만, 개인적인 특성들만을 알려주면 그 사람이 어떤 사람인지 잘 모른다. 바로 "그래서 뭐하는 사람인데?"라고 되묻는

다. 사회적 지위와 위치 자체가 그 사람이 누구인지를 대변한다. 우리에게 타인의 시선이 중요한 이유가 바로 여기에 있다. 한 개인의 의미와 가치는 집단적 관계와 사회적 위치에 의해 정의되기 때문에 한국인(동양인)에게 타인의 시선과 평판은 혼밥이 두려워 밥을 굶더라도 신경 쓰고 지켜야 할 생명선과 같은 것이다.

"나는 괜찮은 사람인가?"
타인의 시선에 흔들리는 나

2010년, 나와 동료들은 미국(서양) 대학생들과 홍콩(동양) 대학생들이 "나는 괜찮은 사람인가?"라는 질문에 답할 때 타인의 시선에 얼마나 신경 쓰는지를 살펴보았다. 학생들에게 컴퓨터로 제시되는 그림을 보며 그 그림이 무엇을 표현하는지 최대한 창의적으로 묘사하게 했다. 학생들은 창의력 테스트를 하는 것으로 알았고, 테스트 후에는 하버드대학교와 예일대학교에서 만든 창의력 분석 프로그램을 통해 두 개의 창의력 점수를(A와 B) 받을 것이라는 공지도 전해 들었다.

　단 이 실험에는 몇 가지 속임수가 있다. 첫째는 창의력 테스트는 가짜고, 둘째는 테스트 후에 나누어준 창의력 점수 A와 B도 내가 미리 만들어놓은 가짜 성적표이며, 셋째는 네 명의 학생들이 각 실험에 참석했는데 그중 한 명은 연구 보조원으로 피험자인 척 연기하며 실험에 참석했다.

미리 준비해둔 창의력 점수는 A가 92점이고, B가 53점이었다. 92점과 53점이 적힌 두 개의 성적표를 각각 봉투에 넣어 테이블 위에 올려두었다. 네 명의 학생들은 네 개의 봉투 중 자신의 ID가 적힌 봉투를 찾아갔다. 모든 학생들이 92점과 53점의 똑같은 가짜 성적표를 받았다. ID가 적힌 봉투를 건네받았기 때문에 서로의 점수는 알 수 없었다.

그런데 봉투를 열자 재미있는 상황이 발생했다. 봉투에 A와 B 두 장의 성적표가 있어야 하는데 한 장의 성적표만 있었던 것이다. 학생들이 어리둥절하고 있을 때 연구 보조원이 일어나 실험자를 향해 "뭔가 잘못된 것 같아요. 제 봉투에 제 성적표 두 개뿐만 아니라 다른 학생들의 성적표도 하나씩 있어요. 실수가 있었던 것 같은데, 어떻게 하면 될까요?"라고 말했다. 실험자는 당황한 표정을 연기하며 자기는 개인 성적표를 볼 권한이 없으니 직접 학생들에게 실수 없이 잘 나누어주라고 부탁했다. 미리 계획했던 실험적 상황이었다.

이 실험에는 두 가지 조건이 있었는데, 첫 번째 조건에서는 학생들이 봉투에서 A 성적표 (92점의 높은 점수)만 발견했고, 두 번째 조건에서는 B 성적표(53점의 낮은 점수)만 발견했다. 그래서 첫 번째 조건에 있었던 학생들은 연구 보조원으로부터 낮은 성적표인

B를 받았고, 두 번째 조건에 있었던 학생들은 연구 보조원으로부터 높은 성적표인 A를 받았다. 결론적으로 모든 학생들이 동일하게 A와 B 성적표를 모두 받았지만, 두 조건 사이에는 하나의 극명한 차이가 존재했다. 첫 번째 조건에서는 53점인 낮은 성적표가 연구 보조원에게 공개된 것이고, 두 번째 조건에서는 92점인 높은 성적표가 연구 보조원에게 공개된 것이다.

두 성적표를 확인한 학생들에게 최종적으로 본인이 얼마나 창의적이라고 생각하는지 스스로 평가하게 했다. 당신이라면 당신의 창의성을 어떻게 평가하겠는가? 두 개의 성적표를 받았는데 하나는 높은 점수인 92점이고, 다른 하나는 낮은 점수인 53점이다. 그런데 실험자의 실수로 당신의 성적표 하나가 다른 사람에게 공개됐다. 당신이 첫 번째 조건에 있었다면 낮은 점수인 53점이 공개되었을 것이고, 두 번째 조건에 있었다면 높은 점수인 92점이 공개되었을 것이다. 첫 번째 조건에서는 당신의 창의력이 형편 없다고 생각하는 사람이 한 명 있는 것이고(당신의 낮은 점수를 보았기 때문에), 두 번째 조건에서는 당신의 창의력이 뛰어나다고 생각하는 사람이(당신의 높은 점수를 보았기 때문에) 한 명 있는 것이다.

선택에는 몇 가지 방법이 있다. 첫째는 두 점수의 평균을 구해 무난한 수준의 창의력이 있다고 하는 것이다. 타인이 나의 점수를 알고 있다고 해서 변하는 것은 아무것도 없다. 하물며 두 개의 성적표를 다 아는 것도 아니고 하나만 알고 있으니 말이다.

둘째는 타인이 알고 있는 점수에 높은 가치를 두고, 나만 알고 있는 점수에는 낮은 가치를 두는 것이다. 타인이 나를 어떻게 생각하느냐가 중요한 것이지, 타인이 모르는 점수가 무슨 의미가 있단 말인가. 이 방법을 선택하면 첫 번째 조건의 학생들은 창의성이 낮다고 할 것이고, 두 번째 조건의 학생들은 창의성이 높다고 할 것이다. 첫 번째 조건에서는 92점이 본인만 알고 있는 점수였고 53점은 타인에게도 알려진 점수였지만, 두 번째 조건에서는 53점이 본인만 알고 있는 점수였고 92점은 타인에게도 알려진 점수였기 때문이다.

셋째는 두 번째 방법과 반대로 하는 것이다. 나만 알고 있는 점수에 높은 가치를 두고, 타인이 알고 있는 점수에는 낮은 가치를 둔다. 타인이 나에 대해 무엇을 알겠는가. 타인이 알고 있는 점수는 신경 쓸 필요도 없고, 신경을 써서도 안 된다. 타인이 나를 어떻게 생각하는지를 무시할수록 나의 존재 가치는 커지는 것이다. 이 방법을 고른다면 첫 번째 조건의 학생들은 창의성이 높다고 할 것이고, 두 번째 조건의 학생들은 창의성이 낮다고 할 것이다.

실험 결과는 어땠을까? 홍콩 대학생들은 두 번째 방법을 선택했다. 낮은 점수가 공개된 첫 번째 조건에서는 창의성이 낮다고 평가했고, 높은 점수가 공개된 두 번째 조건에서는 창의성이 높다고 평가했다. 타인의 시선을 통해 자기 자신을 판단한 것이다. 자기만 알고 있는 점수는 아무런 영향을 끼치지 않았다. 남들이 자기를 멍청하다고 생각하면 자기를 멍청하다고 판단했고, 남들이 자기를 똑똑하다고 생각하면 자기를 똑똑하다고 판단했다. 내가 어떤 사람인지는 순전히 남들이 나를 어떤 사람으로 보는지에 달려 있었던 것이다.

미국 대학생들은 세 번째 방법을 선택했다. 자기만 알고 있는 점수가 높은 첫 번째 조건에서는 창의성이 높다고 평가했고, 자기만 알고 있는 점수가 낮은 두 번째 조건에서는 창의성이 낮다고 평가했다. 자기가 똑똑하다고 생각하면 자기를 똑똑하다고 판단했고, 자기가 멍청하다고 생각하면 자기를 멍청하다고 판단했다. 본인의 시선을 통해 자기 자신을 판단한 것이다. 타인의 시선은 철저하게 무시했다. 내가 어떤 사람인지는 순전히 내가 나를 어떤 사람으로 바라보는지에 달려 있었던 것이다.

"나는 누구인가?" 혹은 "나는 괜찮은 사람인가?"라는 질문에 어떻게 답하는지는 한 개인의 자존감뿐만 아니라 정신 건강과 삶의 의미에도 중요한 역할을 한다. 아마도 건강하고 합리적인 사람이라면 본인의 평가와 타인의 평가를 함께 고려해 답할 것이다. 하지만 서양 사람들은 타인의 평가와 시선을 억지스러울 정도로 무시하고 본인의 시선으로만 자기 자신을 평가했다. 타인의 시선과 평가는 배척의 대상이다. 본인만이 평가의 주체요, 주관자이고 싶은 것이다.

그러나 홍콩 사람들은 반대 경향을 보였다. 이런 경향은 중국 사람들과 한국 사람들을 대상으로 한 실험에서도 동일하게 나타났다. 본인의 평가는 철저히 무시하고 타인의 평가와 시선을 통해서만 자기 자신을 평가했다. "나는 괜찮은 사람인가?" "나는 누구인가?" "나는 어떤 사람인가?" 이런 질문에 대한 답은 내가 결정하는 것이 아니고 타인의 시선과 평가에 의해 결정되는 것이다. 타인이 나를 괜찮은 사람이라고 생각하면 나는 괜찮은 사람이고, 타인이 나를 괜찮지 않은 사람이라고 생각하면 나는 괜찮지 않은 사람이다. 내가 스스로 판단하고 결정할 수 있는 사항도 아니지만 설령 내가 판단하고 결정했더라도 내가 한 판단은 아무런 의미가 없다. 타인이 나의 가치를 결정하는 주인이기 때문이다.

타인의 시선에 흔들리는 행복

강연이나 수업 중에 "여러분들의 삶 속에서 가장 중요한 것이 무엇입니까?"라는 질문을 자주한다. 남녀노소를 불문하고 나오는 답은 세 가지로 집약된다. 행복, 가족, 건강이다.

타인의 시선과 우리의 행복은 어떤 관계가 있을까? 2010년에 나와 동료들은 이 질문에 대한 답을 찾기 위해 동양인(중국인, 한국인, 필리핀인, 아시아계 미국인 등)과 서양인(미국 백인) 대학생들을 대상으로 행복에 가장 중요하다고 알려진 사회적 관계를 조작한 뒤 얼마나 행복한지를 물었다.

먼저 친구 수를 알아보는 14개의 질문을 했다. 예를 들어 "당신은 지금 당장 전화해서 점심 식사를 같이할 수 있는 친구가 몇 명 있습니까?" "당신은 사전에 특별한 약속 없이 집을 방문할 수 있는 친구가 몇 명 있습니까?" "당신의 생일을 기억하는 친구가 몇 명 있습니까?" 등이었다. 그리고 네 개의 조건이 있었는데, 첫 번째 조건에서는 믿고 의지할 수 있는 친구가 많다고 느끼도록 조작했고, 두 번째 조건에서는 믿고 의지할 수 있는 친구가 적다고 느끼도록 조작했다. 조작 방법은 간단했다.

첫 번째 조건에서는(친구가 많은 조건) 0명, 1명, 2명, 3명, 4명, 5명 이상 이렇게 여섯 개의 선택지를 제공했다. 두 번째 조건에서는(친구가 적은 조건) 5명 이하, 6~7명, 8~9명, 10~11명, 12~13명, 14명 이상 이렇게 여섯 개의 선택지를 제공했다. 질문은 동일했지만 제공한 선택지가 달랐던 것이다. 첫 번째 조건에서는 선택지에 친구의 수가 상대적으로 적었으므로 학생들의 답은 뒤쪽 선택지로 쏠릴 수밖에 없었다. 일반적인 사람이라면 서너 명 정도의 친구는 있기 때문이다. 뒤쪽으로 답이 쏠리는 것을 보면서 학생들은 자기도 모르게 남들과 비교해 '나는 친구가 많다'고 느꼈다.

두 번째 조건에서는 선택지로 제공된 친구의 수가 상대적으로 많았으므로 학생들의 답은 앞쪽 선택지로 쏠릴 수밖에 없었다. 믿고 의지할 수 있는 친구가 열 명 이상이기는 어렵기 때문이다. 원쪽으로 답이 쏠리는 것을 보면서 학생들은 자기도 모르게 남들과 비교해 '나는 친구가 적다'고 느꼈다.

세 번째 조건과 네 번째 조건에서는 질문의 형태를 조금 바꿨다. "당신에게 중요한 사람들이 아래 질문에 대해 답한다고 생각하고 답하시기 바랍니다"라는 지시문과 함께 첫 문항에서 이렇게 물었다. "당신에게 중요한 사람들은 당신이 지금 당장 전화해서 점심 식사를 같이할 수 있는 친구가 몇 명 있다고 생각할까요?" 세 번째 조건에서는 0명, 1명, 2명, 3명, 4명, 5명 이상 이렇게 여섯 개의 선택지를 제공했다. 이 조건에 있던 학생들은 자신들이 선택한 답이 오른쪽으로 쏠리는 것을 보면서 '다른 사람들은 내가 친구가 많다고 생각한다'고 느꼈다.

네 번째 조건에서는 5명 이하, 6~7명, 8~9명, 10~11명, 12~13명, 14명 이상 이렇게 여섯 개의 선택지를 제공했다. 이 조건에 있던 학생들은 본인들의 답이 왼쪽으로 쏠리는 것을 보면서 '다른 사람들은 내가 친구가 적다고 생각한다'고 느꼈다.

위 네 가지 조건을 정리하면 다음과 같다. 첫 번째 조건의 학생들은 '나는 친구가 많다'고 느꼈고, 두 번째 조건의 학생들은 '나는 친구가 적다'고 느꼈으며, 세 번째 조건의 학생들은 '다른 사람들은 내가 친구가 많다고 생각한다'고 느꼈고, 네 번째 조건의 학생들은 '다른 사람들은 내가 친구가 적다고 생각한다'고 느꼈다. 첫 번째와 두 번째 조건에서는 학생들이 자신을 어떻게 생각하는지를 조작했고, 세 번째와 네 번째 조건에서는 다른 사람들이 자신을 어떻게 생각하는지를 조작했다. 그런 뒤 학생들에게 자신의 삶이 얼마나 행복한지에 대해 물었다.

어느 조건에서 동양인과 서양인 대학생들의 행복도가 높았을까? 동양인의 경우는 세 번째 조건과 네 번째 조건에서 행복도에 큰 차이를 보였다. '다른 사람들은 내가 친구가 많다고 생각한다'고 느낀 조건에서는 행복도가 높았지만, '다른 사람들은 내가 친구가 적다고 생각한다'고 느낀 조건에서는 행복도가 낮았다. 하지만 '나는 친구가 많다'고 느낀 첫 번째 조건과 '나는 친구가 적다'고 느낀 두 번째 조건 사이에서는 아무런 차이가 발견되지 않았다. 이는 동양인의 행복을 결정하는 데 있어서 타인의 시선은 절대적이며, 자신의 시선은 아무런 영향도 미치지 못한다는 것을 뜻한다. 다른 사람들이 나를 어떻게 평가하는지에 따라 나는 행복할 수도 있고 불행할 수도 있지만, 내가 나 자신을 어떻게 평가하는지는 나의 행복과 아무런 관계가 없다는 말이다.

서양인은 완전히 반대의 결과가 나왔다. 첫 번째 조건과 두 번째 조건에서 행복도에 큰 차이를 보였다. '나는 친구가 많다'고 느낀 조건에서는 행복도가 높았지만, '나는 친구가 적다'고 느낀 조건에서는 행복도가 낮았다. 하지만 '다른 사람들은 내가 친구가 많다고 생각한다'고 느낀 조건과 '다른 사람들은 내가 친구가 적다고 생각한다'고 느낀 조건 사이에서는 아무런 차이가 없었다.

이는 서양인의 행복을 결정하는 데는 본인의 시선이 절대적이며, 타인의 시선은 아무런 영향을 미치지 못한다는 의미다. 내가 나 자신을 어떻게 평가하는지에 따라 나는 행복할 수도 있고 불행할 수도 있지만, 다른 사람들이 나를 어떻게 평가하는지는 나의 행복과 아무런 관계가 없다는 말이다.

동양인이든 서양인이든 대부분의 사람들은 행복하기를 원한다. 인생 최고의 의미 중 하나도 행복일 것이다. 하지만 동양인과 서양인의 행복을 얻는 방식은 완전히 다르다. 동양인은 남들이 나를 인정해줄 때 행복감을 느낀다. 이는 곧 타인의 인정이 없으면 행복하지 않다는 뜻이기도 하다. 내가 나를 인정하는 것은 아무런 의미가 없다. 유명한 시인 프로스트의 말처럼, 네트 없이 테니스를 치는 것은 쉽지만 별 의미가 없는 것과 같다. 다른 사람의 눈에 내가 성공하고, 좋은 직장을 다니고, 좋은 대학교를 나오고, 친절한 사람이고, 매력적인 외모를 갖고 있고, 좋은 동네에 살고, 좋은 배우자를 얻고, 좋은 집에 살고, 좋은 차를 타고, 높은 사회적 지위를 얻은 것처럼 보여야 행복한 것이다. 다른 사람의 눈에 그렇게 비춰지지 않는다면 나는 불행한 것이다.

우리는 직업을 선택할 때도, 학교를 선택할 때도, 차를 선택할 때도, 집을 선택할 때도, 배우자를 선택할 때도, 거주지를 선택할 때도 내가 좋아하는지를 기준으로 선택한다고 믿고 있다. 하지만 조금만 자세히 들여다보면 이런 믿음은 사실이 아닐 수 있다. 당신이 고심 끝에 선택했더라도 그 고민에는 남들이 어떻게 생각할까에 대한 우려가 스며들어 있기 때문이다. 우리가 하는 선택의 중심에는 늘 타인의 시선이 존재한다. 동양인의 행복은 남들의 시선으로부터 오기 때문이다. 직업, 학력, 경제적 위치, 사회적 위치, 외모에 대한 남들의 시선과 평가로부터 자유로워지면 우리가 과연 행복할까?

서양인의 관점에서 이런 경향들은 납득하기 어려울 수 있다. 남들의 시선과 평판이 나의 삶과 행복에 무슨 상관이란 말인가. 나에 대해 아는 것도 별로 없을뿐더러(사실 알 수도 없지 않은가) 밖으로 드러나는 몇 가지 모습을 보고 안주 삼아 잡답처럼 하는 이야기에 왜 나의 삶과 행복이 흔들려야 하는가. 그들에게는 타인의 시선을 신경 쓰는 자체가 이미 자존심 상하는 일이고 나의 나됨을 스스로 부정하는 일이다.

타인의 시선과 평판을 고려해 안절부절못하며 말과 행동을 극도로 조심하는 우리네 모습을 생각하면 비참해지기까지 한다. 내 삶의 주인이 내가 아니고 타인이라니! 내 삶의 1할도 책임져주지 않는 타인의 시선에 왜 휘둘려야 한단 말인가. 나 스스로 내 삶의 주인임을 천명하는 유일한 방법은 타인의 시선과 평판을 무시하는 것이고, 더 나아가서는 타인의 시선과 평판에 반하는 말과 행동을 하는 것이다. 타인이 나를 멍청하다고 생각하면 나는 나를 똑똑하다고 공표하는 것이고, 타인이 나를 똑똑하다고 생각하면 나는 나를 똑똑하지 않다고 공표하는 것이다. 그것이 나를 '나'이게 하는 가장 효율적인 방법이기 때문이다. 어느 누구도 나를 정의하거나 판단할 수는 없다.

타인의 시선으로 흔들리는 양심

국제투명성기구에서는 매년 국가별로 공무원들과 정치인들의 부패를 조사한다. 2017년, 우리나라는 100점 만점에 54점이라는 최악의 점수를 받았다. 31개 경제협력개발기구 회원국 중 29위고, 전체 조사 대상 180개국 중에서는 51위다. 우리나라의 경제 수준을 생각하면 가히 충격적이다. 아시아 국가들의 순위를 살펴보면 싱가포르가 6위, 홍콩이 13위, 일본이 20위, 타이완이 29위, 그리고 중국은 41점으로 77위였다. 중국과 우리나라가 비슷한 수준이다. 왜 우리나라의 공무원과 정치인들은 다른 나라의 공무원과 정치인들에 비해 더 부패했을까? 우리나라의 정치인들과 공무원들은 정말 나쁜 사람들일까? 애초부터 그들은 나쁜 사람으로 태어난 것일까?

나는 그렇게 생각하지 않는다. 세금 문제, 위장 전입, 부동산 투기, 논문 표절, 병역 문제, 취업 특혜 등은 청문회가 실시될 때마다 우리에게 익숙하게 들려오는 단어들이다. 내가 기억하는 한 어떤 후보자도 이런 문제들에서 자유롭지 않았다. 일반인들 가운데 무작위로 100명을 뽑아 청문회에 세우면 그들은 이런 문제들로부터 완전히 자유로울까? 물론 돈과 권력이 많지 않은 일반인들은 문제의 크기와 범위가 작을 것이다. 공무원이나 정치인들을 두둔할 생각은 전혀 없다. 하지만 이런 사안들을 개인적인 도덕성으로 접근하는 것은 문제를 해결하는 데 큰 도움이 되지 않는다. 나라 간의 차이는 문화의 차이에서 원인을 찾는 것이 더 효율적이고 합리적일 수 있다.

2006년, 첸보 총(Chen-Bo Zhong) 교수와 그의 동료들은 다음과 같은 실험을 했다. 한 그룹의 학생들에게는 과거에 했던 비윤리적인 일에 대해 5분간 에세이를 쓰게 하고, 다른 그룹의 학생들에게는 과거에 했던 윤리적인 일에 대해 5분간 에세이를 쓰게 했다. 에세이 작성이 끝나고 학생들은 선물로 손세정제와 연필 중 하나를 선택할 수 있다. 어떤 그룹의 학생들이 손세정제를 더 많이 선택했을까? 비윤리적인 일에 대해 쓴 학생들은, 윤리적인 일에 대해 쓴 학생들과 비교했을 때 연필보다 손세정제를 더 많이 선택했다. 비윤리적인 일에 대해 글을 쓰면서 죄책감을 느꼈고, 죄책감을 씻기 위해 자기도 모르게 손세정제를 선택했던 것이다.

2010년, 나와 동료들은 첸보 총과 그의 동료들이 한 실험 절차를 이용해 동양인과 서양인들이 언제 양심의 가책을 느끼는지 알아보았다. 먼저 학생들을 상대로 비윤리적인 행동들에 대해 다섯 가지 질문을 했다. 예를 들어 "작년에 거짓말을 몇 번 했습니까?" "작년에 다른 사람들에 대해 비방을 몇 번 했습니까?" 등이었다. 네 개의 조건이 있었는데, 첫 번째 조건에서는 '나는 비윤리적인 사람이구나'라고 느끼도록 조작했고, 두 번째 조건에서는 '나는 윤리적인 사람이구나'라고 느끼도록 조작했다. 위에서 친구 수를 조작했던 행복 실험과 같은 방식으로 비윤리적인 행동의 수를 조작한 것이다.

첫 번째 비윤리적인 조건에서는 질문에 대한 선택지가 0번, 1번, 2번, 3번, 4번, 5번 이상 이렇게 여섯 개였다. 두 번째 윤리적인 조건에서는 질문에 대한 선택지가 12번 이하, 13~16번, 17~20번, 21~24번, 25~28번, 28번 이상 이렇게 여섯 개였다. 질문은 동일했지만 제공된 답에 대한 선택지가 달랐던 것이다. 첫 번째 조건에서는 오른쪽으로 답이 쏠리는 것을 보면서 학생들은 자기도 모르게 남들과 비교해 '나는 비윤리적인 사람이구나'라고 느낀 반면, 두 번째 조건에서는 왼쪽으로 답이 쏠리는 것을 보면서 학생들은 자기도 모르게 남들과 비교해 '나는 윤리적인 사람이구나'라고 느꼈다.

세 번째 조건과 네 번째 조건에서는 "당신에게 중요한 사람들이 아래 질문들에 대한 답을 한다고 생각하고 답하시기 바랍니다"라는 지시문과 함께 첫 문항에서 이렇게 질문했다. "당신에게 중요한 사람들은 당신이 작년에 거짓말을 몇 번 했다고 생각할까요?" 세 번째 조건에서는 질문에 대한 선택지가 0번, 1번, 2번, 3번, 4번, 5번 이상 이렇게 여섯 개였다. 이 조건에서는 오른쪽으로 답이 쏠리는 것을 보면서 학생들은 '다른 사람들은 내가 비윤리적인 사람이라고 생각한다'고 느꼈다. 네 번째 조건에서는 질문에 대한 선택지가 12번 이하, 13~16번, 17~20번, 21~24번, 25~28번, 28번 이상 이렇게 여섯 개였다. 왼쪽으로 답이 쏠리는 것을 보면서 학생들은 '다른 사람들은 내가 윤리적인 사람이라고 생각한다'고 느꼈다.

위 네 가지 조건을 정리하면 다음과 같다. 첫 번째 조건의 학생들은 '나는 비윤리적인 사람이다'라고 느꼈고, 두 번째 조건의 학생들은 '나는 윤리적인 사람이다'라고 느꼈으며, 세 번째 조건의 학생들은 '다른 사람들은 내가 비윤리적인 사람이라고 생각한다'라고 느꼈고, 네 번째 조건의 학생들은 '다른 사람들은 내가 윤리적인 사람이라고 생각한다'라고 느꼈다. 첫 번째와 두 번째 조건에서는 학생들이 자신을 어떻게 생각하는지를 조작했고, 세 번째와 네 번째 조건에서는 다른 사람들이 학생들을 어떻게 생각하는지를 조작했다. 실험이 끝나고 학생들은 선물로 손세정제와 연필 중 하나를 선택했다. 결과는 어땠을까?

동양 학생들의 경우, 세 번째 조건과 네 번째 조건에서 차이를 보였다. '다른 사람들은 내가 비윤리적인 사람이라고 생각한다'라고 느낀 조건에서는 손세정제를 많이 선택했고, '다른 사람들은 내가 윤리적인 사람이라고 생각한다'라고 느낀 조건에서는 손세정제를 많이 선택하지 않았다. 하지만 '나는 비윤리적인 사람이다'라고 느낀 첫 번째 조건과 '나는 윤리적인 사람이다'라고 느낀 두 번째 조건 사이에서는 아무런 차이가 발견되지 않았다. 남이 나를 나쁜 사람이라고 생각할 때는 죄책감을 많이 느꼈지만 남이 나를 좋은 사람이라고 생각할 때는 죄책감을 느끼지 않았던 것이다. 하지만 본인이 자신을 비윤리적인 사람으로 느꼈든 아니면 윤리적인 사람으로 느꼈든 그것은 본인의 죄책감과 아무런 관련이 없었다.

서양 학생들은 반대의 결과를 보였다. '나는 비윤리적인 사람이다'라고 느낀 첫 번째 조건에서는 손세정제를 많이 선택했고, '나는 윤리적인 사람이다'라고 느낀 두 번째 조건에서는 손세정제를 적게 선택했다. 하지만 '다른 사람들은 내가 비윤리적인 사람이라고 생각한다'라고 느낀 조건과 '다른 사람들은 내가 윤리적인 사람이라고 생각한다'라고 느낀 조건 사이에는 아무런 차이가 없었다. 본인이 자기를 비윤리적인 사람이라고 생각할 때는 죄책감을 많이 느꼈지만 윤리적인 사람이라고 생각할 때는 죄책감을 느끼지 않았던 것이다. 하지만 남이 자기를 비윤리적인 사람이라고 생각하든 아니면 윤리적인 사람이라고 생각하든 그것은 본인의 죄책감과는 아무런 상관이 없었다.

죄책감이 들면 비도덕적인 일을 하지 않을 확률이 높다. 한 유부남이 다른 여성과 바람을 피웠다고 하자. 아무에게도 안 들킨 경우가 있고, 아내나 장인장모처럼 중요한 사람들에게 들킨 경우가 있다. 어느 경우에 죄책감을 더 많이 느낄까? 이론상으로는 어떤 경우든 죄책감의 정도가 다를 수 없다. 바람피운 일은 변하지 않기 때문이다. 하지만 위 연구를 통해 추론해보면 동양인과 서양인이 두 경우에 느끼는 죄책감의 강도가 다를 수 있다.

동양인은 남들에게 들켰을 때 더 많은 죄책감을 느낄 것이다. 남이 어떻게 생각할지가 훨씬 더 중요하기 때문이다. 남이 나를 나쁜 놈이라고 생각하면 나는 나쁜 놈이 되는 것이고, 남이 나를 좋은 사람이라고 생각하면 나는 좋은 사람이 되기 때문이다. 내가 나를 개인적으로 어떻게 생각하는지는 별로 중요하지 않다. 하지만 서양인은 들켰을 때나 들키지 않았을 때나 죄책감의 정도에 차이가 없을 것이다. 중요한 것은 스스로 바람을 피운 것에 대해 얼마나 비윤리적이라고 생각하느냐에 달려 있기 때문이다.

그래서 바람을 피울 때 동양인은 안 걸리기 위해 최선의 노력을 다하고, 서양인은 아내와 별거 중이라거나 같이 잠을 안 잔 지 오래되었다거나 서로 대화도 하지 않는다거나 등의 핑계를 대며 자기합리화를 위해 최선의 노력을 다할 것이다. 죄책감을 덜기 위해 노력하는 것이다. 그래서 한국에서는 농담 삼아 "걸리지만 마!"라는 말을 서슴없이 한다. 이 말의 숨은 의미는 걸리는 것과 걸리지 않는 것은 차원이 다르다는 뜻이다. 모르면 영원히 묻힐 수 있는 일이지만, 탄로 나는 순간 엎질러진 물이 된다.

네가 안 볼 때, 나는 다른 사람이 된다

남의 시선과 평판이 동양인이 죄책감을 느끼는 데 중요한 판단 기준이 된다면, 동양인이 언제 비윤리적인 일을 하는지도 추정해볼 수 있다. 첫 번째는 남이 보지 않을 때고, 두 번째는 남들이 비윤리적인 일을 할 때다. 남이 안 보면 모르는 것이니 상관없고, 남들도 하는 일이면 나도 해도 상관없다. 몰래 하거나 남과 같이하면 괜찮을 수 있다고 생각하는 것이다. 밖에서 보면 멀쩡해 보일 뿐만 아니라 훌륭한 사람처럼 보이지만, 자세히 알고 보면 혀를 내두를 수밖에 없는 사람들이 많다. 믿었던 사람이었는데 '관행'이라는 명분으로 하지 말아야 할 일들을 스스럼없이 하는 실망스러운 경우는 쉽게 볼 수 있다. 이 모든 것은 도덕과 윤리의 기준이 타인의 시선과 평판에 있기 때문이다.

나와 동료들은 지난 3년간 한국인과 미국인을 대상으로 실험을 진행했다. 길을 가던 사람들에게 1000원을 주겠다는 약속과 함께 간단한 설문지를 작성해달라고 부탁했다. 설문지 작성이 끝난 뒤 1000원이 아닌 2000원을 안 보이게 종이에 싸주고는 돌려보냈다. 이 실험에는 두 가지 조건이 있었는데, 첫 번째 조건에서는 한 사람씩만 실험에 참여했고, 두 번째 조건에서는 두 사람씩 실험에 참여했다. 이때 한 사람은 진짜 피험자였고, 다른 한 사람은 피험자인 척 연기하는 연구 보조원이었다. 이 두 조건 간의 유일한 차이는 설문지를 작성할 때 피험자가 혼자인지 아니면 다른 또 한 명의 사람이 옆에 있는지 뿐이었다.

우리가 알고 싶었던 것은 어느 조건에서 더 많은 피험자들이 실수로 더 받은 1000원을 돌려줄까에 있었다. 한국인들은 혼자 실험에 참여했을 때 18퍼센트의 사람들만이 가던 길을 돌아와 1000원을 돌려주었지만, 누군가와 함께 실험에 참여했을 때는 두 배에 해당하는 36퍼센트의 사람들이 돈을 돌려주었다. 타인의 시선이 신경 쓰였던 것이다. 아무도 없을 때는 큰 부담 없이 2000원을 그냥 가져갔지만, 누군가 옆에 있을 때는 심리적인 부담감을 느껴 1000원을 돌려주었던 것이다. 미국인들은 두 조건 간에 유의미한 차이가 없었다. 평균적으로 31퍼센트의 사람들이 두 조건에서 돈을 돌려주었다. 옆에 사람이 있거나 없거나 전혀 신경 쓰지 않고 자기들이 하고 싶은 대로 했던 것이다.

이 수치들을 보면 재미있는 현상 하나를 발견할 수 있는데, 한국인들은 미국인들에 비해 누군가 옆에 있을 때 돈을 돌려주는 사람이 더 많았고, 혼자 있을 때는 미국인들에 비해 돈을 돌려주는 사람이 더 적었다는 것이다. '타인의 시선'이 한국 사람들의 행동을 통제하고 규제하는 역할을 하고 있는 셈이다. 혼자 있을 때보다 누군가와 함께 있을 때 사회적으로 바람직한 행동을 더 많이 한다. 타인의 시선에 민감한 사회에서는 법보다 사회적 평판과 체면이 훨씬 더 중요하기 때문이다. 그래서 밖으로 보일 때나 공적인 장소에서는 꽤나 좋은 말과 행동들을 많이 한다. 타인의 시선이 중요하기 때문이다.

하지만 이런 타인의 시선에 대한 민감성은 윤리적인 행동들에 대한 내적 동기를 잃게 한다. 남의 시선에 신경 쓸 필요가 없는 상황에서는 도덕성이 쉽게 무너질 수 있기 때문이다. 겉과 속이 다른 사람들이 많고, 체면이라는 명분 아래 겉과 속이 다른 것이 정당화되고 일반화되기까지 한다. 그래서인지 공적인 장소에서 하는 말과 행동이 믿음을 주지 않는 경우가 많다. 남의 시선을 의식해서 한 언행일 수 있기 때문이다. 남편을 '남의 편'이라고 비꼬아 부르는 것도 유사한 맥락이다. 집 밖에서는 친절하고 존경받는 사람이지만 집 안에서는 전혀 그렇지 않은 경우가 많기 때문이다.

우리의 도덕성이 타인의 시선에 기초를 둔다면 우리가 치러야 할 대가는 크다. 남의 시선과 평판이 CCTV 역할을 하며 사회의 도덕과 윤리를 책임지고 있는 것처럼 보인다. 타인의 시선과 평가를 무시하면 '철면피' 혹은 '안하무인'으로 취급되며 엄청난 제재가 들어올 수 있다. 타인의 시선마저 없어지면 엉망이 되지 않을까 하는 우려도 있다. 하지만 문제는 남의 시선과 평판이라는 CCTV가 있으면 그것이 있을 때만 바른 행동을 할 확률이 높고, 그 바른 행동도 진심인지 의심스럽다. 남의 시선과 평판을 고려한 행동일 가능성이 크기 때문이다. 남의 시선과 평판을 신경 쓸 필요가 없으면 과연 어떤 일이 벌어질지 궁금하다.

진짜 CCTV에 대한 예를 들어보자. 보통 운전자들은 CCTV가 있는 도로에서는 교통법규를 잘 지키지만, 없는 구간에서는 과속도 하고 신호 위반도 한다. 신기하게도 CCTV가 많이 설치되고 강조되면 될수록 CCTV가 없는 구간에서는 법규를 어겨도 된다는 명분을 더해준다. CCTV가 없는 곳에서는 어떻게 운전하든 크게 신경 쓸 필요가 없다고 생각하는 것이다. 누군가 나를 보고 있다는 생각을 토대로 해야 할 일과 하지 말아야 할 일을 결정한다면 우리의 도덕성은 매번 흔들릴 수밖에 없다.

타인의 시선과 입을 다문 사람들

두 개의 시험이 있다. 첫 번째는 꼭 붙어야 하는 시험이고, 두 번째는 절대 떨어지면 안 되는 시험이다. 어떤 시험이 더 중요할까? 한국인을 포함한 동양인들은 두 번째 시험이 더 중요하고, 미국인들은 첫 번째 시험이 더 중요하다고 생각한다. 하지만 이 두 시험은 이론적으로 같다. '이번 면접에는 꼭 붙어야 한다'는 것과 '이번 면접에서는 절대 떨어지면 안 된다'는 것은 이론적으로 같은 내용이다. 첫 번째 면접은 '접근 동기'에 기초해 좋은 일이 있기를 바라는 마음을 표현한 것이고, 두 번째 면접은 '회피 동기'에 기초해 나쁜 일이 없기를 바라는 마음을 표현한 것이다. 좋은 일이 있는 것과 나쁜 일이 없는 것 중에서 하나를 고르라고 하면 한국인은 나쁜 일이 없는 것을 고르고, 미국인은 좋은 일이 있는 것을 고른다.

접근 동기는 성장에 집중하고, 긍정적인 결과에 민감하며, 성공과 획득에 큰 관심을 갖고, 잘되면 즐거움을 느끼고 잘못되면 우울감을 느끼게 한다. 회피 동기는 거꾸로 성장보다 안정에 집중하고, 긍정적인 결과보다 부정적인 결과에 민감하며, 성공과 획득에 대한 관심보다 손실과 실패에 큰 관심을 보이고, 잘되면 즐거움보다 평안함을 느끼고 잘못되면 우울감보다 초조함을 느끼게 한다.

왜 한국인과 동양인들은 접근 동기보다 회피 동기에 집중할까? 꼭 성공해야 할 필요는 없지만 실패해서는 절대 안 되기 때문이다. 꼭 존경받을 필요는 없지만 무시당하는 일은 없어야 한다. 똑똑하다는 소리를 들을 필요까지는 없지만 멍청하다는 소리를 듣고 싶지도 않고, 꼭 예쁠 필요는 없지만 못생겼다는 소리를 듣고 싶지도 않으며, 꼭 행복할 필요는 없지만 불행해서는 안 된다고 생각한다. 이런 경향은 타인의 시선과 깊은 관련이 있다.

'나는 다른 사람들에게 어떤 모습으로 비춰질까?'라는 체면에 대한 우려는 '얻는 것'보다 '잃는 것'과 관계가 깊다. '체면을 얻었다'는 표현은 안 해도 '체면을 잃었다'는 표현은 자주한다. 타인의 시선을 생각할 때는 나쁜 일로 체면을 잃지 않는 것이 좋은 일로 체면을 얻는 것보다 훨씬 더 중요하다. 한번 잃어버린 체면은 다시 회복하기가 거의 불가능하기 때문이다. 체면을 잃는 것은 한 개인에게 치명적인 일이다. 직장에서 일을 잘하면 칭찬을 받아 체면이 서지만 칭찬을 못 받았다고 해서 직장생활에 큰 문제가 생기는 것은 아니다. 하지만 직장에서 일을 제대로 못하거나 잘못해서 체면을 구기면 직장생활은 힘들어진다. 연예인, 정치인, 공무원, 직급이 높은 사람들, 사회적 지위가 있는 공인들에게 한 번의 실수와 잘못은 영원한 은퇴를 뜻하는 경우가 많다. 정말 말 그대로 끝인 것이다.

그래서 타인의 시선과 평판이 강조되는 사회에서는 남들에게 잘 보이는 것보다 찍히지 않는 것이 더 중요하다. 좋은 일을 해보려고 무리수를 두는 것은 현명한 방법이 아니다. 잘못되면 더 이상의 기회가 없기 때문이다. 그러면 타인의 시선을 의식해 체면을 지키려면 어떻게 해야 할까? 제일 대표적이고 효과적인 방법은 입을 다무는 것이다. 문제의 단초를 아예 제거하는 것이다.

그래서 우리나라에는 말과 관련된 속담이 아주 많다. 아니 땐 굴뚝에 어찌 연기가 나겠는가, 낮말은 새가 듣고 밤 말은 쥐가 듣는다, 남의 잔치에 감 놔라 배 놔라 한다, 말이 많은 집은 장맛도 나쁘다, 발 없는 말이 천 리 간다, 화살은 쏘고 주워도 말은 하고 못 줍는다, 웃으라고 한 말에 초상난다, 가루는 칠수록 고와지고 말은 할수록 거칠어진다 등등 다 헤아리기도 어렵다. 누가 보면 국가적으로 '말 말살 정책'이라도 펼친다고 느낄 정도다. 인생을 오래 산 사람들이라면 이런 속담을 두고 우리 조상들이 참 지혜롭고 현명했다고 말할지도 모른다.

하지만 그렇게 느끼는 이유는 우리 사회 자체가 남의 시선에 민감해서 회피 동기를 강조하기 때문이다. 이런 속담들이 전달하려는 메시지는 말을 조심하라는 것으로, 궁극적으로는 말을 아끼고 되도록이면 하지 말라는 의미다. 그래서 말을 조심하고 아끼는 사람들을 지혜롭게 여기기도 하고, 말을 자유롭게 하는 사람들을 우둔하고 조심성 없는 사람으로 여기기도 한다. 그래서 말 한마디 한마디가 참으로 조심스럽다. 이렇게 말하면 다른 사람들이 어떻게 생각하고, 저렇게 말하면 다른 사람들이 어떻게 생각할까에 대해 고민만 하다가 결국 입을 다무는 경우가 허다하다. 잘못 말하는 것보다 말 자체를 안 하는 것이 손해를 줄일 수 있다고 판단하기 때문이다. 그래서 다들 벙어리 흉내를 낼 때가 많다.

회의에서도 입을 다무는 회피 동기 때문에 우스꽝스러운 상황이 연출된다. 안건이 있으면 서로 의견을 내고 토론을 해야 하는데 먼저 의견을 제시하기가 상당히 부담스러운 것이다. 괜한 소리를 해서 체면을 잃을지도 모른다는 부담감 때문이다. 안건에 대해 정확하게 이해하고, 안건이 결정될 때 불러올 결과와 책임을 숙지하며, 안건에 대한 정치적 내분과 권력관계에 대한 이해가 있다면 의견을 내는 것이 괜찮을 수 있겠지만, 그렇지 않다면 의견을 냈다가 체면을 구길 수 있다.

그래서 대부분의 사람들은 먼저 의견을 제시하지 않고 다른 사람들이 말하기를 기다린다. 그러면서 이런 방법을 현명하고 지혜롭다고 여긴다. 아무 의견 없이 꽤 오랫동안 시간이 흘러 어색한 상황이 연출되기도 한다. 의견을 제시하더라도 "제가 잘 모르지만" "제 소견으로는" "제가 이해한 바로는" 같은 말을 덧붙여서 최악의 상황을 막으려고 한다. 한마디 한마디가 조심스러운 것이다. 상황이 이렇다 보니 의사결정도 비합리적으로 이루어지는 경우가 많다. 그래도 가만히 있으면 최소한 손해 볼 일은 없다고 생각하기 때문에 말을 아낀다.

평판과 실패로부터 자유로울 수 없을까

2000년, 안젤라 리(Angela Y. Lee)와 그의 동료들은 미국인들에게 하나의 상황을 상상하게 하는 실험을 했다. 네 가지 조건이 있었는데, 첫 번째 조건은 본인이 마지막 경기에서 이기면 최종 챔피언이 되는 경우였고, 두 번째 조건은 본인이 마지막 경기에서 지면 최종 챔피언이 되지 못하는 경우였고, 세 번째 조건은 본인이 속한 팀이 마지막 경기에서 이기면 본인의 팀이 최종 챔피언이 되는 경우였고, 그리고 네 번째 조건은 본인이 속한 팀이 마지막 경기에서 지면 본인의 팀이 최종 챔피언이 되지 못하는 경우였다.

첫 번째 조건은 본인이 잘하면 성공하는 상황이고, 두 번째 조건은 본인이 잘못하면 실패하는 상황이고, 세 번째 조건은 본인이 속한 팀이 잘하면 본인의 팀이 성공하는 상황이고, 네 번째 조건은 본인이 속한 팀이 잘못하면 본인의 팀이 실패하는 상황이다. 이 중 한 가지 상황을 상상한 뒤 그 경기가 자신에게 얼마나 중요한지 물었다. 각 조건에서 미국인들은 자신들이 상상한 경기가 얼마나 중요하다고 생각했을까?

개인의 경기를 상상한 첫 번째 조건과 두 번째 조건에서는 어떤 결과가 발생했을까? 그들은 '잘하면 성공하는 상황'을 '잘못하면 실패하는 상황'보다 더 중요하다고 판단했다. 개인 경기였을 때는 이겨야 하는 상황을 더 중요하게 생각한 것이다. 미국인들에게는 접근 동기가 회피 동기보다 더 중요하게 작용해서, 성공하고 싶은 동기가 실패를 두려워하는 동기보다 더 강하게 나타났다.

팀의 경기를 상상한 세 번째 조건과 네 번째 조건에서는 어떤 결과가 발생했을까? '본인이 속한 팀이 잘못하면 실패하는 상황'을 '본인이 속한 팀이 잘하면 성공하는 상황'보다 더 중요하다고 판단했다. 본인이 속한 팀의 경기일 경우에는 팀이 지면 안 되는 경기를 더 중요하게 생각했던 것이다. 팀을 생각하면 미국인들에게도 회피 동기가 접근 동기보다 더 중요하게 인식되고, 실패를 두려워하는 동기가 성공하고 싶은 동기보다 더 강하게 나타났다. 미국인들도 팀 경기가 되면 타인의 시선을 의식하는 상황이 되어 회피 동기가 강화되는 것이다. 이 말은 곧 미국인도 팀 경기가 되면 실패와 책임을 두려워하게 된다는 뜻이다. 개인의 경기라면 실패를 두려워하지 않을 수도 있다. 실패에 대한 책임을 혼자 지면 되기 때문이다. 하지만 개인이 속한 팀의 경기라면 입장이 달라진다. 남의 시선을 생각하지 않을 수 없게 되는데, 팀이 실패하면 감당해야 할 책임이 훨씬 더 커지기 때문이다.

이 연구 결과가 우리 사회에 시사하는 바는 아주 크다. 집단주의가 강한 사회에서는 개인보다 '우리' 혹은 '공동체'를 강조한다. 개인의 희생을 담보로 가정, 사회, 국가가 운영되기도 한다. 심지어 개인의 희생을 감수하고서라도 가정과 사회를 위해 일하는 것을 당연하고 바람직하게 여긴다. 가족을 위해 일한다고 생각할 수도 있고, 속해 있는 부서를 위해 일한다고 생각할 수도 있으며, 속한 팀을 위해 일한다고 생각할 수도 있고, 국가를 위해 일한다고 생각할 수도 있다.

하지만 문제는 우리, 팀, 혹은 집단을 강조하면 일하는 사람들의 태도가 수동적이고 보수적으로 나타난다는 점이다. 실수와 실패를 피하기 위해 가능하면 어떤 행동도 하지 않으려고 한다. 꼭해야 할 일이 있다면 최소의 수준에서 마무리하기에 급급할 것이다. "김 대리, 의견은 도전적이고 참신해서 좋은데, 그러다가 실패하면 어떡해? 우리 조금 안전하게 가는 게 어때?"라는 김 부장의 의견에 누가 반대할 수 있겠는가. '우리'와 '안전'이라는 말이 어떤 말보다 설득력 있게 느껴질 것이다. 회피 동기가 강하기 때문이다.

행정 업무에 종사하는 사람들 중 일부를 보면 우리가 얼마나 조심스럽고 회피 동기가 강한지를 알 수 있다. 민원 전화가 오면 다른 부서로 돌리기 바쁘다. 전화를 처음 받은 부서에서 책임지고 해결해주면 좋을 텐데 그렇게 하지 않는다. 다른 부서로 전화를 돌리면서 최소한의 임무를 한 것으로 책임을 회피하려는 것이다.

책임자에게는 이런 현상이 더 강하게 나타난다. 특별한 일이 일어나지 않기를 학수고대한다. 일이 터지는 것도 싫고, 새로운 일을 기획하거나 진행하는 것도 부담스러울 수밖에 없다. 새롭고 도전적인 일을 해보고 싶은 마음도 있지만 잘못되기라도 하면 팀 전체에 대한 책임을 혼자 다 져야 하기 때문이다. 한 단체의 수장에게는 수동적이고 회피적일 수밖에 없는 심리적 기제가 있다. 특히 집단주의와 '우리'가 강조되는 사회라면 피할 수 없는 현상이다.

위험하거나 긴급한 상황에서는 회피 동기를 높여 모든 것을 점검하고 안전하게 일을 진행하는 것이 좋다. 하지만 일반적인 경우에는 회피 동기보다 접근 동기를 높여 진취적이고 적극적으로 일을 계획하고 진행하는 것이 우리의 삶뿐만 아니라 우리 사회의 발전에도 유익하다. 새로운 것을 받아들이기를 꺼려하고 기존의 제도와 관습에 안주하려는 자세는 개인과 사회의 발전에 도움이 되지 않는다. 하지만 타인의 시선이 강조되는 사회나 집단주의 사회에서는 사람들이 보수적이고, 수동적이며, 회피적이 된다. 남들로부터의 평판이 무섭기 때문이다.

타인의 시선과 평가에 민감한 순간, 당신은 이미 당신 삶의 주인이 아니다. 타인이 당신 삶의 주인이다. 당신의 가치와 행복이 남의 시선과 평가에 좌우되기 때문이다. 다른 사람들이 당신을 인정하고 좋게 생각할 때만 의미 있고 가치 있는 사람이며 행복한 사람이라고 느낄 것이다. 시대가 많이 변했지만 우리는 여전히 믿기 어려울 정도로 남의 시선에 민감하다. 좋게 생각하면 타인을 배려하는 착한 사람인 것 같지만 사실은 배려하는 것도 아니고 착한 것도 아니다. 그저 남의 시선이 두렵고 무서울 뿐이다.

다른 사람의
시선에서
해방되는 법

참으로 안타까운 사실은 당신이 남의 시선과 평가에 민감할 때 당신은 행복할 수도 없고, 당신 자신에게 만족할 수도 없다는 것이다. 흔들리는 갈대처럼 늘 휘청거릴 수밖에 없다. 다른 사람들이 당신을 좋게 보고 예뻐하고 인정해주면 행복하고 만족스러운 하루라고 느끼지만, 다른 사람들이 당신을 싫어하고 밉게 보고 인정해주지 않으면 힘든 하루라고 느낀다. 당신이 평가의 주체가 아닌 평가의 대상이기 때문이다.

평가의 대상자는 항상 긴장하고, 눈치를 살피고, 더 좋은 모습을 보이기위해 끊임없이 노력해야 한다. 당신은 당신 자신을 위해서가 아니라 당신을 평가하는 타인들을 위해 살고 있는 것이다.

한 가지 기억해야 할 사실은 타인은 당신에게 별로 관심이 없다는 것이다. 당신이 그토록 신경 쓰는 다른 사람들의 시선과 평가는 당신이 생각하는 것만큼 힘이 세거나 무서운 존재가 아니다. 아무도 관심이 없는데 괜스레 당신 혼자만 신경을 곤두세우고 있는지도 모른다. 당신이 당신에게만 관심이 있듯이 다른 사람도 자기 자신에게만 관심이 있음을 기억하라.

**Part
3**

더 이상
세상에 호구 잡히지
않겠습니다

ㅇ

07

긍정의 배신

긍정은 만병통치약이 아니다

긍정적인 열등생과 부정적인 우등생

"오늘 시험 잘 봤어? 쉬웠어? 이번에는 반에서 몇 등 할 것 같아? 전교에서는?" 중간고사를 마치고 돌아온 중학생 딸과 아들에게 엄마가 한 질문이다. 부담스러운 질문일 텐데도 아이들은 익숙해 보인다. 첫째 딸이 울먹이는 목소리로 먼저 답한다. "아… 이번 시험 완전 망친 것 같아. 실수를 해서 많이 틀렸어. 완전 망했어. 어떡하지?" 듣는 엄마도 마음이 안 좋기는 마찬가지다. "야, 그러니까 엄마가 실수하지 않게 정신 바짝 차리고 시험 보라고 했어, 안 했어?"라고 몰아세우지만 이미 딸이 울기 직전이어서 더 이상 뭐라고 할 수도 없다.

하지만 아들은 다르다. "엄마, 이번 시험 아주 잘 본 것 같아. 반

에서 1등은 문제없을 것 같고, 전교에서도 5등 안에 들 수 있을 것
같은데. 거의 다 맞은 것 같아"라고 답한다. 그러자 엄마는 "진짜?
우리 아들 수고 많았어. 식탁에 간식 있으니 맛있게 먹고 좀 쉬어"
라는 반응을 보인다.

그런데 아주 재미있는 사실은 2주 뒤 성적표가 나오면 집안 분
위기가 완전히 역전된다는 사실이다. 시험을 망쳤다는 첫째 딸은
반에서 항상 2~3등을 하고, 시험을 잘 보았다고 호언장담하는 둘
째 아들은 항상 4~5등을 한다. 알고 보니 딸과 아들의 가채점 방
식이 달랐던 것이다.

수학 시험을 예로 들면 딸은 25개의 문제 중 23개는 풀었고, 2
개는 풀긴 했지만 정답에 대한 확신이 없었다. 그런 상황에서 딸
은 22개 정도 맞혔을 거라고 생각했다. 왜? 2개는 완전히 틀린 것
이고, 풀었다고 생각하는 23개 중에서도 1개 정도는 틀렸을 수 있
다고 생각했기 때문이다. 하지만 딸은 모두 24개를 맞혔다. 23개
는 다 맞혔고, 확신이 없다고 한 2개의 문제 중에서도 하나는 정확
하게 풀었던 것이다.

아들 역시 25개 문제 중 23개는 잘 풀었다고 생각했고, 2개는
풀긴 했지만 정답에 대한 확신이 없었다. 그런 상황에서 아들은
25개 다 맞혔을 거라고 생각했다. 적어도 24개는 거의 확실하다
고 생각했다. 23개는 당연히 맞혔고, 확신이 없는 2개의 문제도
맞았을 확률이 높다고 생각했기 때문이다. 하지만 아들은 21개를

맞혔다. 잘 풀었다고 생각했던 23개 문제 중에서도 2개는 틀렸고, 확신이 없던 2개의 문제도 다 틀렸던 것이다.

딸은 가장 안 좋은 상황을 염두에 두고 성적을 예측했고, 반면 아들은 가장 좋은 상황을 염두에 두고 성적을 예측했다. 이런 상황은 가채점을 할 때뿐만 아니라 인생을 살아가는 태도와도 깊은 관련이 있다.

이 세상에는 딸과 같은 사고방식의 사람들이 많은데, 특히 한국 문화에서는 더욱 그렇다. 피상적으로 보면 약간 부정적인 태도를 갖고 있는 것처럼 보이지만 실상은 치열한 세상 속에서 자기 자신을 보호하려고 애쓰는 사람들이다. 혹시 일어날지도 모르는 부정적인 일들을 미리 예측하고 준비하는 것이다. 그래서 부정적인 일에 더 주의와 관심을 기울이며, 별일 아닌 것에도 항상 걱정하고 우려하며 긴장한다.

또한 세상에는 아들과 같은 사고방식의 사람들도 많다. 매사에 긍정적이고 가능하면 밝은 면을 보려고 노력한다. 이런 태도 역시 험한 세상을 살아가는 하나의 자기보호적 방어기제다. 웬만한 큰 일도 좋게 생각하고 별 일 아닌 것처럼 낙관적으로 바라본다.

당신은 자신이 어느 유형의 사람이라고 생각하는가? 이번 장에서는 이 두 유형의 사람들 중 어느 쪽이 더 성공하고 행복할 수 있는지 알아보려고 한다.

낙관적인 포로와 비관적인 포로, 누구의 생존율이 높을까?

몇 년 전 라디오에서 '포로 생존율'에 관한 감동적인 이야기를 들은 적이 있다. 베트남 전쟁 당시 8년간 베트남 하노이 포로수용소에 수용되었다가 살아 돌아온 미국 장교 제임스 스톡데일(James Bond Stockdale)에 관한 이야기다.

그는 동료들과 함께 1965년부터 1973년까지 포로로 갇혀 있었는데, 동료들을 관찰하며 놀라운 경험을 했다고 한다. 그와 동료들은 불안과 걱정으로 힘든 하루하루를 보냈다. 구출될 수 있을지, 아니면 그곳에 갇힌 채 죽음을 맞이할지 알 수 없는 상황이었다. 죽음과 삶의 기로에서 그와 동료들은 다양한 태도로 위기를 극복하려 애썼다.

그가 관찰한 한 무리는 낙관주의적으로 상황을 극복하려 했다. 아무리 늦어도 올해가 가기 전에는 꼭 구출될 것이라는 믿음과 확신을 갖고 기다리며 버텼다. 그러나 그해에 구출되지 않자 그들은 다시 낙관주의적으로 다음 해에는 꼭 구출될 것이라는 믿음을 갖고 기다렸다.

또 다른 한 무리는 현실주의적인 태도로 위기를 극복하려 노력했다. 올해가 가기 전에 구출될 수는 없겠지만 끝까지 견디면 언젠가는 구출될 것이라는 믿음을 가졌다.

낙관주의적인 무리들과 현실주의적인 포로들 중 어느 쪽이 끝까지 살아남아 8년 후에 구출되었을까? 제임스 스톡데일이 목격한 바로는 다름 아닌 현실주의적이었던 포로들이 끝까지 버텨내 8년 후에 그와 함께 구출됐다. 낙관주의적이었던 포로들은 상심을 이기지 못해 죽어갔다.

자기가 처한 현실을 어떻게 바라보는지에 따라 죽을 수도 있고, 살 수도 있다는 제임스 스톡데일의 경험은 사실일까? 포로가 아닌 일반인에게도 이 결과가 적용될 수 있을까?

사실 이 질문은 지난 30년간 심리학사에서 가장 뜨거운 주제인 동시에 논쟁의 대상이었다. 제임스 스톡데일은 두 부류의 동료들에 대해서만 이야기했지만 포로수용소에는 사실 세 부류의 집단이 있었을 것이다. 포로수용소뿐만 아니라 세상에도 세 부류의 사람들이 존재한다.

첫째는 자신의 모습을 현실보다 더 긍정적으로 보려고 노력하는 낙관주의자들이다. 앞에서 예로 들었던 아들의 경우와 같은 사람들이다. 둘째는 자신의 모습을 현실보다 더 부정적으로 보려고 노력하는 사람들이다. 앞에서 예로 들었던 딸의 경우와 같은 사람들이다. 셋째는 자신의 모습을 있는 그대로 가감 없이 냉철하게 직시하려고 노력하는 사람들이다.

먼저 어떤 부류의 사람들이 주어진 일에서 가장 높은 성과를 내는지 알아보자. 자신의 모습을 현실보다 긍정적으로 보는 사람들일까? 아니면 자신의 모습을 현실보다 부정적으로 보는 사람들일까?

2010년에 나와 동료들은 수백 명의 대학생들에게 10개 문항의 수학 시험을 치르게 한 뒤 자신이 10개의 문제 중 몇 개를 맞혔다고 생각하는지 물었다. 우리는 이 과제를 통해 학생들이 자신의 실력을 현실보다 얼마나 더 긍정적으로 혹은 부정적으로 평가하는지를 측정하고자 했다. 그리고 이런 경향들이 그들의 학점과 어떤 관련이 있는지 조사했다.

예상했던 것처럼 세 부류의 학생들을 발견할 수 있었다. 한 예로, 6개의 문제를 맞혔지만 9개나 맞혔다고 자신의 실력을 과대평가하는 부류도 있었고, 6개의 문제를 맞혔지만 3개밖에 못 맞혔다고 자신의 실력을 과소평가하는 부류도 있었다. 물론 6개의 문제를 맞힌 뒤 정확히 6개 맞혔다고 자신의 실력을 현실적으로 평가하는 부류도 있었다.

그렇다면 어떤 부류의 학생들이 가장 높은 학점을 유지하고 있었을까? 과대평가한 학생도 아니고, 과소평가한 학생도 아니었다. 가장 높은 학점을 유지하고 있는 학생들은 자기 자신의 실력을 현실적으로 직시한 학생들이었다. 객관적이고 정확하게 자기 평가를 한 학생들이 공부를 제일 잘했던 것이다. 더 충격적인 발견은 과대평가를 많이 하면 할수록, 그리고 과소평가를 많이 하면 할수록 학점이 더 낮아졌다는 사실이다.

잿빛 안경, 장밋빛 안경, 투명 안경

주위를 둘러보면 누가 보아도 실력 있고 괜찮은 사람인데 정작 본인은 부족하다고 느끼는 사람들이 있다. 겸손의 표현이면 좋으련만 그들은 정말로 자기 자신이 부족하다고 생각한다. 학교에 있다보면 이런 부류의 학생들을 자주 접하게 된다. 내가 보기에는 아주 똑똑하고 성실한 학생인데 정작 자신은 절대 그렇게 생각하지 않는다. 항상 자신의 실력에 대해 자신 없어 하며 타인의 확인과 인정을 필요로 한다. 처음에는 안타까운 생각이 들었다가 시간이 지나면서 점차 답답하게 느껴질 때가 많다.

회사에서도 마찬가지다. 누가 보아도 능력 있고 성실한데 유독 자신만 그렇게 생각하지 않고 매사에 걱정과 고민을 하는 직원이 있다. 이런 태도는 혹시나 있을지 모르는 부정적인 결과나 사건에 대한 자기방어적인 심리적 기제이기는 하지만 이것이 높은 성과로 이어지기는 어렵다. 실력이 있음에도 불구하고 없다고 생각하는 사람이 어떻게 높은 동기를 갖고 열심히 일하겠는가? 낙담하고 의기소침해져서 포기하기 쉽고, 그 결과 성과가 전반적으로 낮을 수밖에 없다.

또 하나의 부류는 자신의 실제 실력보다 스스로를 더 긍정적으로 보는 사람이다. 우리가 선호하는 부류일 수 있다. 성격도 시원시원하고 매사에 긍정적이기까지 하니 얼마나 보기 좋은가. 늘상 부정적이고 걱정이 많은 친구보다 훨씬 좋아 보인다. 이런 사람들은 사회생활도 잘하고 친구도 많다. 그런데 정작 이런 부류의 사람들이 성과가 낮은 이유는 무엇일까?

실제로는 자신의 실력이 그리 높지 않은데도 불구하고 괜찮다고 생각하거나 실제보다 실력이 높다고 생각해서 열심히 노력해야 할 이유를 찾지 않기 때문이다. 지금도 좋다고 생각하고, 앞으로도 더 좋아질 것이라는 막연한 믿음으로 덮어두는 것이다. 이런 태도는 긍정심리학의 진수가 아니라 애써 현실을 부인하고 회피하려는 태도에 불과하다. 부족한 현실을 직시하지 않고 좋은 것만 보려는 것은 마약이 가져다주는 순간적인 쾌락과 다를 바 없다. 이런 태도로 어떻게 좋은 성과를 만들어낼 수 있겠는가? 이런 삶은 현실에서 점점 멀어져 바닥으로 추락할 수밖에 없다. TV 매체와 많은 자기계발서들은 자기 자신을 좀 더 긍정적으로 볼 것을 주문한다. 하지만 현실에 기초하지 않은 긍정적 자아 평가는 우리 인생에 배신을 안겨줄 뿐이다.

반면 자신의 실력을 현실적으로 직시하고 정확하게 평가하는 부류가 있다. 장점과 단점을 정확하게 파악하고 인지하는 것이야말로 성장과 발전의 기초다. 단점을 회피하고 장점에 마음을 두려는 태도도, 장점은 제쳐두고 단점에 집중하는 태도도 모두 이해할 수 있다. 살아남기 위한 하나의 삶의 방식이니 말이다. '단점을 생각해서 뭐해? 장점에 집중하는 게 옳지!'라고 생각할 수 있다. 반대로 '잘하는 거에 집중할 필요가 뭐 있어? 잘못하는 부분에 마음을 쓰는 게 더 효율적이지 않아?'라고 생각하는 것도 이해할 수 있다. 하지만 한쪽으로 치우친 생각들은 성장을 위한 바른 판단을 방해하고, 필요한 노력을 저지시킨다. 긍정적인 부분이든 부정적인 부분이든 현실을 객관적으로 인식하는 것이야말로 성장을 위한 가장 중요한 밑거름이다.

고대 그리스의 대표적인 철학자 소크라테스는 "너 자신을 알라"는 명언을 남겼다. 그럼에도 불구하고 그 후로 많은 심리학자들은 정확하게 자신을 인식하는 것이 인생에 도움이 되는지, 아니면 환상일지라도 긍정적으로 자신을 보는 것이 인생에 도움이 되는지에 대한 고민을 지속해왔다.

착각일지라도 긍정적인 자아관이 유익하다는 편을 택한 대표적인 심리학자는 미국 캘리포니아대학교 로스앤젤레스캠퍼스(UCLA)의 심리학과 교수 셸리 테일러(Shelly E. Taylor)다. 1988년에 출판한 그의 논문은 지금까지 학계에서 9470번이나 인용됐다. 사회·성격 분야의 심리학 관련 논문 중 이보다 더 많이 인용된 논문은 찾아보기 힘들 정도로 이 논문은 일반인과 학계에 지대한 영향을 끼쳤다.

하지만 1990년대 중후반부터 이 주장에 대한 의문과 반박이 쏟아지기 시작했다. 급기야 몇 년 전에 개최된 세계적인 학회에서는 이 연구에 대한 집중적인 토론이 벌어졌다. 한 발표자가 제시한 제목은 아직도 기억에 선명하다. "테일러는 죽었다. 모든 이론은 20년 후에 거짓으로 밝혀진다"라는 날카로운 비판과 위로가 담긴 제목이었다. 대부분의 발표자들이 현실적인 자아관의 유익을 주장하며 환상적인 자아관의 문제점에 대해 발표했기 때문에 이 제목이 그리 놀라운 것은 아니었지만 제목에 모든 것이 담긴 듯했다.

우리에게는 더 이상 환상과 같은 거짓 긍정이 필요하지 않다. 제임스 스톡데일 장교가 경험했던 것처럼 현실이 힘들고 어려우면 어려울수록 우리에게 필요한 것은 현실을 냉철하게 이해하고 직시하는 태도다. 현실을 회피해서도 안 되고, 현실을 장밋빛 안경 너머로 보아서도 안 된다.

"올 해를 넘기기 어렵습니다" 당신의 반응은?

건강검진을 한 후 의사로부터 당신은 암에 걸렸고 올해를 넘기기 어렵다는 소리를 들었다고 하자. 의사의 말은 거짓이지만 당신은 그 말을 믿고 있다면 어떻게 될까?

의사의 말을 듣고 몇 주 지나지 않아 당신은 정말 아플 것이다. 의사를 말을 듣는 순간 당신은 하늘이 무너지는 것처럼 이루 말할 수 없는 슬픔과 상심을 경험할 것이다. 어쩌면 아무런 슬픔과 상심을 경험하지 않을 수도 있다. 자신이 죽는다는 어처구니없는 이 말이 도무지 이해되지 않기 때문이다. 당신은 엄청난 스트레스를 받고 식사도 제대로 하지 못할 것이며, 친구도 만나지 않고 운동도 안 하고 잠도 거의 못 잘 것이다. 곧 다가올 예기치 않은 죽음 앞에서 많은 것들이 의미를 상실하기 때문이다. 몇 주가 지나지 않아 당신은 진짜 환자가 될 것이다. 왜냐하면 당신은 '인식'에 맞는 행동을 했기 때문이다.

현실에 부합하지 않는 부정적 인식은 우리의 삶을 구렁텅이로 몰아넣을 수 있다. 베트남 하노이 포로수용소에 있던 군인 중에는 그 상황을 현실보다 더 부정적으로 생각한 사람도 분명히 있었을 것이다. 희망이 없다고 생각했을 수도 있고, 남아 있는 것은 죽음밖에 없다고 믿었을지도 모른다. 구출될 확률도 전혀 없으며, 갇힌 상태로 죽거나 곧 비극적으로 처형될 것이라고 생각했을지도 모른다. 이런 태도를 가진 군인들이 어찌 기약 없는 8년을 인내하며 기다릴 수 있겠는가? 어떤 식으로든 중간에 포기할 수밖에 없다.

반대의 경우를 생각해보자. 건강검진을 한 후 의사는 당신의 몸에서 암을 발견했다. 수술을 하더라도 5년 후 생존 확률이 50퍼센트 정도다. 하지만 의사는 당신이 긍정적인 마음과 태도로 암을 잘 이겨내기를 바라는 마음에 "수술하시고 약만 잘 복용하시면 별 문제없이 건강하게 사실 수 있습니다"라고 말했다고 하자. 이런 말들이 환자로 하여금 좀 더 적극적이고 긍정적인 방향으로 암을 대처하게 할까? 이런 말들이 좀 더 운동을 열심히 하게 하고, 좀 더 유익한 식이요법을 따르게 하며, 좀 더 유익한 생활 습관과 행동을 하게 할까?

아니면 수술을 하더라도 5년 후 생존 확률이 50퍼센트라는 사실을 의사에게 직접 전해들었을 때가 이와 같은 유익한 식습관과 운동을 할 확률이 높을까?

당연히 후자다. 수술만 하면 모든 것이 잘될 것이라고 믿는다면 당신은 해야 할 일들을 게을리 할 것이고 최선의 노력을 다하지 않을 것이다. 만약 당신이 해야 할 일들에 최선을 다하지 않는다면 당신의 생존율은 50퍼센트도 안 될 것이다. 현실에 부합하지 않는 긍정적 자아 인식은 당신을 더 쇠퇴하게 할 것이다.

더 좋지 않은 예는 당신이 암인데도 의사가 거짓으로 당신이 건강하다고 말하는 경우다. 이때 당신은 어떻게 될까? 현실을 피하고 아무 것도 하지 않은 채 장밋빛 인생을 꿈꾼다면 어떻게 될까? 아마 얼마 가지 않아 생을 다하게 될 것이다. 그럼에도 불구하고 우리는 하루하루의 삶 속에서 현실을 직시하지 않으며, 자신뿐만 아니라 타인에게까지 비현실적 자아상을 주려고 노력한다. 마냥 긍정적으로 자신을 바라보며 좋은 일이 있을 것이라는 믿음을 놓지 않는다. 그러면서 다른 사람들에게 이런 믿음을 가지라고 격려한다.

그러나 그 믿음은 당신을 배신할 것이다. 곧 구출되리라고 믿었던 군인들은 어떻게 되었는가? 현실에서 믿음이 이루어지지 않자 슬퍼하고 상심하며 낙담했고, 그 다음 해에도 바람이 이루어지지 않자 크나큰 상심에 몸이 쇠약해져 끝내 죽음에 이르고 말았다. 단언컨대 과도한 긍정적 믿음은 현실에서 절대 이루어지지 않는다. 그 믿음은 거짓이며, 당신의 환상일 뿐이다.

환상이어도 행복하기만 하면 되지 않을까?

환상일지라도 행복하기만 하면 되지 않느냐고 반문할 수 있다. 자기 자신을 현실적으로 정확하게 직시하는 것이 성과에는 분명 도움이 될 수 있겠지만 이런 태도가 과연 사람을 행복하게 할까? 아니면 자신을 좀 더 긍정적으로 인식하는 것이 행복에 도움이 될까?

"공부 잘하는 것도 너무 중요하지만 저는 우리 아이가 행복하게 자랐으면 좋겠어요. 현실적이기보다 좀 더 긍정적으로 자기 자신을 바라보길 바라요." 학부모라면 이렇게 말할 수 있다. '현실적인 태도'를 강조하는 나의 이야기가 부담스러울 수 있기 때문이다. 그렇다면 자신에 대해 좀 더 긍정적으로 생각하는 사람은 현실적인 사람에 비해 더 행복할까?

나는 이 질문에 대한 답을 찾기 위해 동료들과 함께 2010년부터 2017년까지 미국 대학생과 중국 대학생, 한국 초등학생을 대상으로 연구를 진행했다. 수학, 영어 혹은 중간고사 시험을 얼마나 잘 치렀는지 물어보았다. 진짜 성적과 비교했을 때 자기 자신의 성적을 더 높게 평가한 학생도 있었고, 더 낮게 평가한 학생도 있었으며, 정확하게 평가한 학생도 있었다. 이런 평가를 기초로 어떤 학생이 가장 행복하고, 우울증이 가장 낮은지를 조사했다. 예상했겠지만 가장 행복하고 우울증이 가장 낮은 그룹은 자기 자신의 실력을 정확하게 인식하고 평가한 학생들이었다. 자기 자신의 실력을 현실보다 더 부정적으로 평가한 학생들과 더 긍정적으로 평가한 학생들은 행복 점수는 가장 낮았고 우울증 점수는 가장 높았다.

자기 자신의 실력을 현실보다 더 부정적으로 보는 사람이 행복하기는 어렵다. 실력이 있는데 없다고 믿고, 괜찮은 사람인데 괜찮지 않다고 스스로를 학대하는 사람이 어찌 행복할 수 있겠으며, 항상 자신감 없는 표정으로 걱정과 우려를 어깨에 짊어지고 사는데 어찌 우울증이 걸리지 않겠는가. 사실 이런 사람들은 본의 아니게 주의 사람들을 힘들게 한다. 정말 실력과 능력이 없어서 걱정하고 고민한다면 충분히 이해할 수 있고 격려해줄 수 있다. 하지만 실력과 능력을 어느 정도 갖춘 사람이 그런다면 주위 사람들은 짜증이 날 것이다.

그런데 왜 자기 자신의 실력을 현실보다 더 긍정적으로 평가하는 사람들도 행복감이 낮고 우울증이 높을까? 선뜻 이해하기 어렵지만 장밋빛으로 포장된 가짜 긍정적 자기평가는 치열한 현장에 놓이면 깨질 위험이 높아 유지되기가 어렵기 때문이다. 당신이 만약 취업준비생이라고 하자. 당신은 오래지 않아 좋은 곳에 취직할 수 있다는 믿음이 있다. 하지만 현실적이고 객관적인 눈으로 판단했을 때 당신은 그런 경쟁력을 갖추고 있지 않다면 어떤 일이 벌어질까? 당신의 믿음을 굳건히 지킬 수 있을까? 실력이 출중하다고 믿으니 계속해서 취업의 문을 두드릴 것이다. 몇 번 떨어질 때까지는 문제의 원인을 최대한 다른 곳으로 돌리겠지만 반복해서 취업에 실패한다면 당신은 낙담할 수밖에 없다.

여기서 주의해야 할 부분은 당신이 낙담하는 이유는 실패 때문이 아니다. 많은 취업준비생들이 오늘도 실패하고 있고 내일도 실패를 경험할 것이다. 당신이 낙담하는 이유는 충분히 취직할 수 있다고 생각했던 당신의 믿음 때문이다. 당신의 믿음이 강하면 강할수록 당신은 오래 버티기 어려울 테고, 결국에는 낙담과 우울을 경험할 것이다.

사업을 준비하는 사람도 마찬가지고 대학원을 준비하는 사람도 마찬가지고 주식을 통해 돈을 벌려는 사람도 마찬가지다. 당신의 능력을 현실보다 과하게 믿는다면 당신의 믿음은 현실에서 깨지기 쉽고 이런 과정이 반복되면 당신은 절망할 수밖에 없다. 과도하게 자신을 평가하는 사람이 우울증에 더 취약할 수밖에 없는 이유다. 남들의 시선과 현실의 한계 속에서 당신의 믿음을 계속해서 방어하며 자신을 보호하는 것은 현실적으로 불가능하다. 안타깝지만 세상이 당신이 그 신념을 지키도록 놓아두지는 않을 것이다.

자기 자신을 현실적인 관점으로 정확하게 평가하는 사람, 즉 실력이 없을 때 실력이 없다고 인정하는 사람은 불행하고 우울증을 많이 경험할까? 흥미롭게도 이런 사람들은 실력이 있을 때 실력이 있다고 생각하는 사람들과 비슷하게 행복을 많이 느끼고 우울증을 적게 경험했다. 신기하게도 가장 행복한 사람은 긍정적인 것이든 부정적인 것이든 현실을 있는 그대로 직시하고 인정하는 사람들이었다.

부족한 것, 약점인 것, 잘하지 못하는 것, 재능이 없는 것, 좋지 않은 성품과 성격 등을 인지하고 인정하며 받아들이는 사람이 정말 행복한 사람이다. 이런 것들을 공공연하게 이야기할 수 있다는 것은 마음이 건강하다는 말과 같다. 그래서 남들이 자신의 단점과 약점에 대해 언급해도 그리 큰 상처가 되지 않는다. 스스로도 이미 그것을 인정하고 있기 때문이다.

하지만 과도한 긍정적 자아를 지키려는 사람들은 현실에서 힘든 투쟁을 할 수밖에 없다. 단점이 드러나는 것을 최대한 피해야 하기 때문이다. 이런 태도와 전략들은 당사자의 정신 건강을 취약하게 할 수밖에 없다.

08

칭찬의 배신
칭찬은 고래의 인생을 망친다

아내의 요리 앞에서 고민에 빠지다

나는 결혼하고 3일 뒤, 아내와 함께 미국으로 건너가 신혼생활을 시작했다. 박사과정을 시작하던 터라 간단하게 살림살이를 정리하고 드디어 아내가 준비한 첫 저녁 식사를 맞이했다. 아내는 오후 내내 식사 준비로 분주해 보였다. 몇 가지 반찬과 김치찌개가 식탁에 정갈하게 차려졌다. 아내는 웃고 있었지만 긴장감을 감추지 못했다. 나의 음식 평을 기대하는 눈치였다. 고마움의 눈빛을 살짝 보내며 나는 경건하게 김치찌개의 국물을 한 숟갈 떠 맛을 보았다. 그리고 1초, 2초, 3초. 나는 지금껏 그 3초의 순간을 잊을 수가 없다. 그 3초는 나의 인생에서 가장 긴 시간이었다.

아내는 나름 열심히 식사를 준비했고 예쁜 그릇에 정성껏 담아

냈지만… 김치찌개는 정말 맛이 없었다. 여러 가지 양념이 뒤섞여 만들어낸 조화는 처음 경험하는 맛이었다. 짜다, 맵다, 싱겁다 같은 말로는 형용할 수 없는 야릇한 맛이었다. 그렇더라도 결혼해서 아내가 처음으로 준비한 음식에 대해 나는 분명 멋진 한마디를 해야 했다. 하지만 무슨 말을 해야 할지 떠오르지 않았다. 그냥 "와, 너무 맛있다!" 하고 식사를 계속할 수도 있었지만 주저한 데는 몇 가지 이유가 있다.

나는 어렸을 때부터 교회를 다녔다. 일요일 예배를 마치고 나면 항상 교인들과 함께 식사를 했는데, 아직도 잊지 못하는 추억이 하나 있다. 나는 교회에서 먹는 밥을 참 맛있게 그리고 많이 먹었다. 그럴 때마다 식사를 준비한 여자 집사님들이 나에게 마구 칭찬을 해주었다. "어쩜 저렇게 밥을 맛있게 먹을까? 누군지 모르지만 영훈이랑 결혼하는 여자는 진짜 좋겠다. 남자가 저렇게 밥을 맛있게 먹어야 여자들이 흥이 나서 더 열심히 잘해주는데 우리 집 남자는 왜 그러는지 몰라!" 나는 이 말을 귀에 딱지가 생길만큼 들었다.

나는 밥이 맛있기도 했지만 칭찬을 듣는 것이 너무 좋아서 내가 먹을 수 있는 양보다 항상 더 많이 먹었다. 식사라고 해보아야 국과 밑반찬 몇 가지뿐이었지만 나는 밥을 세 그릇씩 먹었다. 사실 세 그릇째는 좀 무리여서 토할 것 같기도 했지만 나는 그럴수록 더 맛있게 먹는 척했다. 식사 후 깔끔하게 비운 밥그릇 세 개와

국그릇 두 개 그리고 반찬 그릇들을 주방으로 가져가면 식사를 준비한 여자 집사님들은 무척이나 행복해했고, 나는 그 행복한 얼굴을 보는 것이 좋았다. 그분들뿐만 아니라 나의 어머니도 "네 아버지는 아직까지 한 번도 반찬 투정을 해본 적이 없어. 남자가 반찬 투정하면 안 돼. 뭐든지 차려주는 대로 맛있게 먹으면 아내가 힘이 나서 더 맛있는 음식을 해주는 법이거든. 너도 결혼하면 반찬 투정 같은 거 절대 하면 안 된다!"라는 말을 하고 또 했다.

아내의 김치찌개에 대해 내가 취할 수 있는 반응은 세 가지밖에 없었다. 첫째 반응은 맛있다는 선의의 아름다운 거짓말을 하고 밥을 두 그릇 비우는 것이다. 내가 지금까지 인생을 살면서 배워온 지혜의 방법이다. 둘째 반응은 음식에 대해 특별한 말을 하지 않고 그냥 한 그릇만 먹는 것이다. 셋째 반응은 솔직하게 맛이 없다고 말하는 것이다. 사실 두 번째 반응은 있으나마나한 방법이었다. 결혼해서 아내가 처음으로 정성스럽게 식사를 준비하고 나의 반응을 기다리고 있는데 어찌 모른 척하고 밥만 먹을 수 있겠는가. 물론 세 번째 반응 역시 현실적으로 불가능에 가까운 방법이었다. 잘못 이야기했다가 본전도 못 챙기고 관계만 악화될 수 있기 때문이다. 하지만 첫 번째 방법 역시 그렇게 달갑지만은 않았다. '무턱대고 칭찬하는 게 좋을까?' 하는 의구심이 들었기 때문이다.

그 순간 내가 고민한 진짜 이유는 어떤 반응을 보였을 때 아내의 음식 솜씨가 점차 좋아질까 하는 것이었다. 많은 사람들이 믿고 행동하는 것처럼 맛있다고 선의의 거짓말을 하며 밥을 두 그릇이나 먹으면 정말 아내의 음식 솜씨가 점차 좋아질지 확인하고 싶었다. 다른 두 개의 가능성도 존재했다. 맛없는 음식을 맛있게 먹으면 아내의 음식 솜씨는 비슷한 수준으로 유지될 수도 있고, 그것도 아니면 아내의 음식 솜씨가 점점 더 안 좋아질 수도 있다.

더 궁금한 것은 내가 어떤 선택을 했을 때 우리의 관계가 더 좋아질까 하는 것이었다. 내가 선의의 거짓말을 하고 김치찌개를 맛있게 먹으면 부부관계가 더 좋아지고, 사실대로 맛없다고 말하면 부부관계가 급속도로 나빠질까? 어떤 선택이 아내로 하여금 요리에 대한 동기를 높이고, 그리고 우리의 관계를 더 돈독하게 만들지 알고 싶었다.

거짓 칭찬과 꾸중은 공부를 더 잘하게 할까?

사실 내가 하려는 이야기는 음식에만 국한되지 않는다. 이런 상황은 우리가 인생을 살아가면서 매일 직면하는 딜레마다. 아이의 성적이 별로 좋지 않으면 무슨 말을 어떻게 해야 아이가 더 열심히 공부할 수 있을지, 직원의 영업 성과가 떨어지면 어떤 피드백을 어떻게 주어야 직원이 더 열심히 영업을 할 수 있을지, 남편이 집안일에 소홀하면 어떤 말을 어떻게 전달해야 남편이 집안일을 더 열심히 할 수 있을지 우리는 매 순간 고민한다.

잘하는 일을 집중적으로 칭찬할까, 배우자의 힘든 직장생활을 이해하고 더 편히 쉴 수 있도록 도울까, 성관계에 만족하는 척할까, 어차피 본인이 더 힘들 텐데 그냥 놔둘까, 그래도 내가 어떻게 생각하는지에 대해서는 이야기해야 하지 않을까 등등 수많은 질문들이 항상 우리 주위를 맴돈다.

나는 지난 15년 동안 수천 명의 어린이들과 대학생 그리고 성인들을 대상으로 수많은 실험을 진행하며 칭찬과 꾸중의 효과에 대한 답을 찾아왔다. 먼저 나와 동료들이 2010년에 미국 대학생들을 대상으로 진행한 하나의 실험을 소개하겠다. 실험에 참석한 대학생들에게 25개 문항의 수학 문제를 풀게 했다. 그런 뒤 그들에게 각각 칭찬과 꾸중을 해주었다. 첫 번째 조건에서는 "지금까지 이 수학 문제를 푼 800명의 학생과 비교했을 때 당신의 수학 성적 수준은 상위 10퍼센트에 속합니다"라며 거짓 칭찬을 했다. 두 번째 조건에서는 "지금까지 이 수학 문제를 푼 800명의 학생들과 비교했을 때 당신의 수학 성적 수준은 하위 10퍼센트에 속합니다"라며 거짓 꾸중을 했다. 그런 뒤 다시 대학생들에게 또 다른 25개 문항의 수학 문제를 풀게 했다. 어떤 조건에 있었던 대학생들이 이 두 번째 수학 시험에서 더 높은 성적을 얻었을까? 거짓 칭찬을 들은 학생들의 성적이 더 높았을까? 그러면 거짓 꾸중을 들은 학생들의 성적은 더 낮았을까? 흥미롭게도 우리의 이런 예상은 모두 빗나갔다.

두 번째 수학 시험에서 가장 높은 성적을 얻은 대학생들은 다름 아닌 본인의 실력에 맞는 정확한 칭찬과 꾸중을 들은 대학생들이었다. 처음 수학 시험에서 성적이 저조했던 학생들 중 꾸중을 들은 학생들은 두 번째 수학 시험에서 높은 성적을 얻었고, 반면 거짓 칭찬을 들은 학생들은 낮은 성적을 얻었다. 다시 말해 실력이 없는 친구들에게 '잘못했다'고 꾸중하면 다음 과제에서 성적이 높게 나온 반면, '잘했다'고 거짓 칭찬을 하면 다음 과제에서 성적이 더 낮게 나온 것이다.

그럼 첫 번째 수학 시험에서 성적이 높았던 학생들에게서는 어떤 결과가 나왔을까? 이 친구들 중 '잘했다'는 칭찬을 들은 학생들은 두 번째 수학 시험에서 성적이 높게 나온 반면, '못했다'는 거짓 꾸중을 들은 학생들은 두 번째 수학 시험에서 성적이 낮게 나왔다. 성과가 높은 친구들에게는 '잘했다'고 말하고, 성과가 낮은 친구들에게는 '잘못했다'고 말했을 때 차후 과제에서 높은 성과를 낸다는 것이다.

나는 이 실험을 통해 평가와 피드백 그리고 칭찬과 꾸중은 진실하고 정확할 때만 긍정적인 효과가 있다는 것을 알았다. 잘한 사람에게는 꼭 잘했다는 피드백을 주어야 하고, 잘못한 사람에게는 꼭 잘못했다는 피드백을 주어야 한다.

그럼에도 왜 사람들은 거짓 칭찬과 꾸중을 할까? 재미있게도 이에 대한 이유는 동양과 서양에서 다르게 나타난다. 특히 미국에서는 칭찬 문화가 아주 강하다. 미국에서 공부하는 유학생들이 가장 힘들어하는 문화적 충격 중에 하나는 과도한 칭찬과 피드백이다. 칭찬의 단어들도 헤아릴 수 없을 정도로 많다. 정말 성과나 성적이 안 좋으면 그냥 "오케이!"라고 한다. 꾸중이나 부정적인 피드백을 받는 것은 쉽지 않다. 이런 칭찬 문화는 어떻게 만들어졌을까?

그 이유는 그들이 갖고 있는 두 가지 가치에서 찾을 수 있다. 첫 번째 가치는 성과가 낮더라도 용기를 주고 칭찬을 하면 사람들이 더 열심히 노력할 것이라는 믿음이다. 두 번째 가치는 정확하고, 현실적이며, 사실적이더라도 꾸중은 사람을 정신적으로 힘들게 한다는 믿음이다.

동양에서는 칭찬과 꾸중에 대해 어떤 태도를 갖고 있을까? 미국에서 들여온 긍정심리학과 함께 칭찬을 하려는 노력이 사회 곳곳에서 발견되기도 하지만 회사나 현장에서는 여전히 채찍과 날카로운 비판이 주를 이룬다. 가정이나 회사, 학교 등에서 밀접한 관계일수록 칭찬보다 꾸중과 채찍을 훨씬 선호한다. 이런 문화의 기조는 사람은 누구나 부족한 점이 있으며 이 부족한 점은 노력과 훈련을 통해 채울 수 있다는 유교적 믿음에 뿌리를 두고 있다. 그래서 칭찬보다 꾸중이 더 효과적이라고 믿는 사람들이 많다. 함부로 칭찬했다가 노력을 게을리 할지도 모른다는 우려 때문이다. 그래서 성과가 어느 정도 높은 수준인데도 계속해서 다그치는 경우가 많다.

동양이든 서양이든 사람들은 상대방에게 적절한 칭찬과 꾸중을 제공함으로써 성취동기를 올리려고 한다. 하지만 동양과 서양은 칭찬과 꾸중을 사용하는 방법이 서로 다르다. 미국을 중심으로 하는 서양 문화권에서는 성과가 낮은 사람에게 칭찬이라는 피드백을 사용하고, 동양 문화권에서는 성과가 높은 사람에게 꾸중이라는 피드백을 사용해 성취동기를 높이려고 한다.

하지만 첫 수학 시험에서 성적이 높았던 학생들 중 잘했다는 칭찬을 받은 학생들은 쉬는 시간에 수학 연습 문제를 더 많이 풀었고, 거짓 꾸중을 들은 학생들은 연습 문제를 적게 풀었다. 왜 그들은 더 노력하지 않았을까? 잘했건 못했건 꾸중을 해야 더 열심히 노력할 것이라는 동양인들의 믿음은 왜 깨진 것일까?

거짓 꾸중은 학생들로 하여금 포기를 선택하게 했다. 잘했다고 생각했는데 꾸중을 듣는 순간 무력감을 느껴 더 열심히 노력해야 할 필요성을 못 느낀 것이다. 잘하는 학생들에게 다그치고 꾸중하면 더 분발해서 열심히 하기보다 쉬운 방법인 포기를 선택해버리는 것이다. 거짓 꾸중의 함정이 여기에 있다.

남편이 나름 최선을 다해 집안일을 분담한다고 하자. 이때 더 잘하라는 의미로 칭찬을 했다가 도리어 나태해질 수 있을 것 같아 부족한 점을 지적했다고 해보자. 지적당한 남편이 더 열심히 집안일을 할까? 절대 아니다. 남편은 자기가 할 수 있는 것이 없다고 판단해 더 쉬운 포기를 선택한다. 그리고는 집안일은 역시 자기보다 아내가 훨씬 더 잘한다고 생각해 그것에서 자유로울 수 있는 길을 적극적으로 찾을 것이다.

첫 수학 시험에서 성적이 낮았던 학생들 중 꾸중을 들은 학생들은 쉬는 시간에 연습 문제를 많이 풀었고, 거짓 칭찬을 들은 학생들은 연습 문제를 많이 풀지 않았다. 왜 그들은 더 노력하지 않았을까? 칭찬을 하면 사람들은 더 열심히 노력할 것이라는 미국인들의 믿음은 왜 깨진 것일까? 거짓 칭찬이 학생들로 하여금 현실에 안주하고 만족하게 했기 때문이다. 별로 잘한 것 같지도 않은데 잘했다는 칭찬을 듣는 순간 학생들은 '그럼, 잘했나보네!'라고 생각하며 더 열심히 노력해야 할 필요성을 못 느낀 것이다. 거짓 칭찬의 함정이 여기에 있다.

영업사원의 실적이 신통치 않아 칭찬과 격려로 동기를 끌어올리려고 "김 대리, 영업을 자주 잘하는 것 같아!"라고 칭찬을 했다고 해보자. 실험 결과 김 대리는 이 거짓 칭찬을 듣고 '이 정도면 잘하는 거구나'라고 생각해 그 수준에 만족하며 더 이상 노력하지 않는다.

또 집안일에 소홀한 남편에게 한마디 하려다가 비난보다 거짓 칭찬과 격려로 동기부여를 해보기로 했다. "당신 정도면 집안일 열심히 하는 편이야. 내 친구 남편들은 정말 손 하나도 까딱 안 한대. 당신은 아주 피곤하지 않으면 그래도 나 잘 도와주잖아." 아내의 계획은 성공했을까? 단언컨대 절대 성공할 수 없다. 거짓 칭찬과 격려에 혹시라도 아내에게 가졌을지 모를 일말의 미안함조차 먼지처럼 흩어져 남편은 전보다 더 당당하게 소파에 누워 TV 리모컨을 눌러댈 것이다.

오늘날 우리는 행복하고 더 좋은 사회를 만들기 위해서는 칭찬과 격려가 필수인 것처럼 느껴지는 사회에 살고 있다. 안타깝게도 이런 믿음은 사실이 아닐 수 있다. 더 심각한 문제는 이런 믿음은 우리로 하여금 진심어린 꾸중을 주저하게 한다는 데 있다. 긍정심리학의 창시자인 펜실베이니아대학교의 심리학과 교수 마틴 셀리그먼은 부족한 부분을 잘했다고 칭찬하라고 이야기하지 않는다. 그보다는 잘하는 것을 더 잘할 수 있도록 도와주는 것이 긍정심리학의 핵심이다.

위 연구 결과는 칭찬을 하지 말라는 것이 아니다. 칭찬은 할 만할 때, 그리고 사실에 기초해 정확하게 해야 한다는 것이다. 더 중요한 것은 정확하고 객관적이며 현실적인 꾸중과 비판은 한 개인의 성취동기를 높일 수 있다는 점이다. 칭찬은 정당할 때 해주어야 하고, 꾸중은 꼭 필요할 때만 해야 한다. 칭찬을 해야 할 때 하지 않고, 꾸중을 해야 할 때 하지 않으면 사람들은 열심히 노력하지 않아 궁극적으로는 성과가 떨어질 수밖에 없다.

스스로 무덤을 파게 만드는
거짓 칭찬과 꾸중

한 초등학생이 어머니의 권유로 학원에서 피아노를 배우기 시작했다. 또래보다 피아노를 잘 치자 어머니는 아이에 대한 기대가 높아졌다. 드디어 기다리던 피아노 콩쿠르가 다가왔다. 어머니는 아이가 입상은 물론 운이 좋으면 최우수상도 받을 수 있을 것이라고 믿었다. 아이 역시 어머니의 기대를 잘 알고 있었다.

하지만 아이는 자신이 입상조차 못할지도 모른다고 생각했다. 자기는 어머니가 생각하는 것만큼의 실력이 되지 않는다고 믿었기 때문이다. 하지만 그런 생각을 어머니에게 내비치지 않았다. 어머니의 기대를 저버리고 싶지 않아서였다. 그러나 한편으로는 콩쿠르에서 정말로 입상조차 못하게 된다면 어머니의 기대는 산산조각 날 테고, 그런 상황은 자신에게도 여러모로 큰 상처가 될 것이라는 걱정이 앞섰다. 그래서 이제라도 속내를 털어놓아 어머니의 기대를 낮추는 것이 어머니와 본인에게도 좋은 선택일 것이라는 생각도 들었다.

이런 경우 아이들은 어떤 결정을 할까? 많은 심리적 부담감을 가진 채로 그냥 피아노 콩쿠르에 참석할까? 아니면 어머니에게 미리 이야기할까? 신기하게도 아이들은 이보다 훨씬 더 창의적이고 효율적인 선택을 만들어낸다.

첫 번째 선택은 피아노가 치기 싫어졌다면서 피아노 학원을 안 가겠다고 하는 것이다. 이 말은 거짓말이다. 사실은 피아노 치는 것을 좋아한다. 하지만 더 이상 피아노를 치지 않고 학원도 가지 않는 것은 당면한 모든 문제를 한 방에 날릴 수 있는 최고의 선택이다. 최우수상은커녕 입상도 못해서 어머니의 기대를 저버릴 일도 없고, 그로 인해 자신이 상처받을 일도 없어져버리기 때문이다. 다만 이 선택을 하면 안타깝게도 앞으로는 피아노를 치던 즐거움을 누릴 수 없게 된다.

두 번째 선택은 첫 번째 선택에 실패했거나 여의치 않을 경우에 채택된다. 콩쿠르 하루 전이나 당일, 아이는 실력 발휘를 하기 어려울 정도의 몸 상태로 돌입한다. 스트레스를 많이 받고, 아프겠다고 굳게 결심하며 관련된 행동들을 하다 보면 실제로 몸이 반응해서 몸 상태가 안 좋아진다. 콩쿠르에 나가지 않는 것이 제일 좋지만 혹시 나가게 되더라도 입상을 할 수 없는 이유와 상황을 미리 전략적으로 만들어놓는 것이다. 그렇게 되면 입상하지 못하더라도 어머니와 본인의 자존심을 지킬 수 있을 것이다.

이런 두 가지 경우를 심리학 용어로 자기불구화(self-handicapping) 현상이라고 한다. 이는 '자기불구화'라는 단어에서도 알 수 있듯이 스스로 실패할 수 있는 상황을 적극적으로 창조하는 것을 말한다. 피아노 치는 것을 좋아하던 아이가 갑자기 싫어졌다면서 피아노 치는 것을 그만두거나 피아노를 못 칠 수밖에 없는 상황을 적극적으로 창조하는 것이다. 자기 무덤을 스스로 파는 것과 같다고 해서 자기불구화 현상이라고 한다. 재미있게 잘할 수 있는 일인데도 스스로 안 하거나 혹은 잘하지 않기로 결심하는 것이니 당사자에게 얼마나 큰 손해인가.

자기불구화에 대해 이야기하는 이유는 거짓 칭찬과 꾸중이 이런 현상으로 이어질 수 있기 때문이다. 이 가능성을 확인하기 위해서 나와 동료들은 한 가지 실험을 진행했다. 앞에서 했던 실험처럼 수학 시험을 보게 한 뒤 한 조건에서는 잘했다는 거짓 칭찬을 했고, 다른 조건에서는 잘못했다는 가짜 꾸중을 했다. 그런 뒤 이렇게 이야기했다.

"비슷한 유형의 수학 시험을 하나 더 볼 예정입니다. 시험 보는 동안 소음이 들릴 것입니다. 저희 연구에서는 소음이 시험 성적에 어떤 영향을 미치는지 알아보려고 합니다. 기존 연구에 의하면 시끄러운 소음 환경에서는 실력과 상관없이 학생들의 성적이 떨어진다고 합니다. 연구 진행을 위해서 일곱 개의 소음 레벨을 준비했습니다. 첫 번째 것은 가장 낮은 소음이고, 일곱 번째 것은 가장 높은 소음입니다. 자유롭게 소음 레벨을 선택하고 두 번째 시험을 보기 바랍니다."

이 실험에서 소음 레벨은 두 번째 시험에서 받을 수 있는 낮은 성적에 대한 핑계거리로 설정됐다. 각각의 학생들은 어떤 소음 레벨을 선택했을까?

첫 수학 시험에서 성적이 낮았지만 잘했다는 거짓 칭찬을 들었던 학생들은 어떤 소음 레벨을 선택했을까? 첫 수학 시험에서 저조한 점수를 받은 학생들은 잘했다고 칭찬해준 실험자의 높은 기대를 저버릴지도 모른다는 생각에 높은 소음 레벨을 선택했다. 자신의 진짜 실력보다 과분한 칭찬을 받으면 사람들은 상대방의 칭찬과 기대를 저버리고 싶지 않은 마음에 관련한 과제를 피하거나 과제를 못할 수밖에 없는 상황을 스스로 만들어버리는 것이다. 높은 소음 레벨을 선택하면 두 번째 수학 시험에서 성적이 낮아도 높은 소음 때문이라는 강력한 핑계거리가 있으니 실험자를 실망시킬 일도 없고, 본인이 실망할 일도 없다.

첫 수학 시험에서 성적이 높지만 잘못했다는 거짓 꾸중을 들은 학생들은 어떤 소음 레벨을 선택했을까? 첫 수학 시험에서 높은 점수를 받았지만 거짓 꾸중을 들은 학생들은 두 번째 시험에서도 낮은 점수를 받아 실험자를 또다시 실망시킬 수 있다는 우려에 높은 소음 레벨을 선택했다. 자신의 실력이 괜찮은데도 꾸중을 들으면 사람들은 그 꾸중이 잘못되었다는 것을 증명하려고 노력하기보다 현실을 회피하는 것으로 자기방어를 할 확률이 높다. '회피'라는 쉬운 방법을 두고 굳이 어렵게 노력해서 자기의 능력을 증명할 필요가 없다고 생각하는 것이다. 그렇기 때문에 설령 두 번째 수학 시험에서 낮은 성적이 나와도 본인이 실망할 일도 없고, 실험자를 실망시킬 일도 없다. 높은 소음 때문이라는 강력한 핑계거리가 있기 때문이다.

정리하면 과도한 칭찬을 받은 사람들은 칭찬한 사람을 실망시키지 않기 위해 과제를 더 이상 안 할 수 있는 상황을 만들고, 과도한 꾸중을 들은 사람들은 같은 꾸중을 또다시 듣지 않기 위해 그 과제를 회피한다는 것이다. 과도한 칭찬과 꾸중이 당사자로 하여금 자기 무덤을 파게 하는 것이다.

거짓 칭찬과 꾸중의 배신

거짓된 칭찬과 꾸중은 한 사람을 완전히 망가트릴 수 있다. 위로든 격려든 상관없다. 잘못하는 사람에게 잘한다고 거짓 칭찬을 하면, 그 사람은 그 일을 피하거나 잘해보고 싶은 마음이 없어져서 궁극적으로 그 일을 더 못하게 될 수 있다. 누군가를 망가트리는 방법 중에 좋은 사람인 척 생색내며 떳떳하게 할 수 있는 유일한 방법이 과도하게 거짓 칭찬을 하는 것이다. 역설적이게도 과도한 칭찬은 모든 것을 쉽게 앗아가는 꿀 바른 마약과도 같다.

더 잘하라는 의미든, 더 노력하라는 의미든 과도한 꾸중 역시 한 사람을 완전히 망가트릴 수 있다. 과도한 꾸중은 나름 열심히 그리고 잘하고 있는 사람으로 하여금 그 일을 회피하거나 잘해보고 싶은 마음을 저버리게 해서 궁극적으로 그 일을 못하게 한다.

우리가 아무리 좋은 동기와 의도를 가지고 꾸중을 했다 할지라도 그 꾸중이 과도하면 우리의 기대와 예상은 배신당할 수 있다. 과도한 칭찬과 꾸중은 또 다른 종류의 폭력이다. 정확한 꾸중을 하지 않는 것은 배려도 아니고 사랑도 아니다. 잘못된 긍정심리학을 부추기고 이를 적용하는 사회적 분위기는 진심어린 꾸중을 주저하게 만든다. 이런 문화는 무관심과 이기심의 산물일 뿐이다.

칭찬과 꾸중은 언제나 정확하고 현실적이며 객관적이어야 한다. 객관적인 꾸중은 한 개인이 성장하고 발전하는 데 가장 유익하고 중요한 교육 방법이다. 이런 정확한 꾸중 없이는 우리는 스스로를 신중하게 파악하고 진단할 수 없다. 객관적이고 사실적인 칭찬 역시 사람들로 하여금 잘하는 일을 더 열심히 하게 해서 궁극적으로 더 높은 성과를 얻을 수 있다.

그렇다면 한국에서도 거짓 칭찬이 해로울까? 이 질문의 답을 찾기 위해 2017년, 나와 동료들은 한국에 거주하고 있는 수백 명의 초등학교 학생들과 그 부모들을 대상으로 거짓 칭찬이 학생들의 성적에 어떤 영향을 끼치는지 알아보았다.

먼저 부모들에게 자녀의 학업 성취에 대해 얼마나 과대 혹은 과소 칭찬하는지 물었다. 7점 척도로 답하게 했는데, 1점으로 내려갈수록 자녀의 학업 성취 수준에 비해 과소 칭찬하는 것을 의미했고, 7점으로 올라갈수록 자녀의 학업 성취 수준에 비해 과다 칭찬하는 것을 의미했다. 그리고 중간에 위치한 4점은 자녀의 학업 성취 수준에 딱 맞게 칭찬하는 것을 의미했다.

부모가 자기 자녀에게 어떤 칭찬을 했을 때 자녀들의 성적이 가장 높았을까? 학업 성취 수준이 저조하더라도 과대 칭찬을 했을 때 성적이 높았을까? 아니면 학업 성취 수준이 높더라도 과소 칭찬을 했을 때 성적이 높았을까? 둘 다 틀렸다. 4점일 때 성적이 가장 높았다. 즉 부모가 정확하고 현실적인 칭찬을 했을 때 자녀들의 성적이 가장 높았고, 과대 혹은 과소 칭찬을 하면 할수록 자녀들의 성적은 낮아졌다. 자녀들의 학업 성취 수준이 낮을 때 더 열심히 하라는 의미와 마음을 담아 칭찬을 해줄 수도 있다. 또한 자녀들이 학업 성취 수준이 높더라도 자만하지 말고 더 잘하라는 의미와 마음을 담아 도리어 꾸중을 해서 더 많은 노력을 독려할 수도 있다. 방법은 다르지만 둘 다 더 열심히 노력하기를 바라는 부모의 마음일 것이다.

하지만 이런 방식의 칭찬과 꾸중은 자녀들의 성적 향상에 아무런 도움이 되지 못한다. 도움이 안 되는 것이 아니라 성적을 더 떨어지게 한다. 학업 성취 수준이 낮은 자녀들에게 칭찬을 하면 그들은 그 정도 수준이면 괜찮다고 생각하고 더 열심히 노력해야 할 이유를 찾지 못하는 것이고, 학업 성취 수준이 높은 자녀들에게 칭찬을 아끼고 도리어 꾸중을 하면 더 할 수 있는 것이 없다고 판단해 포기할 것이다. 동양인이든 서양인이든 그리고 어른이든 어린이든 칭찬과 꾸중은 최대한 객관적이고 현실적이어야 한다. 그렇지 않으면 의도했던 것과 반대되는 결과를 보게 된다.

미국에 오랫동안 살면서 만성 인후염과 감기를 몸에 달고 살았다. 한 달에 적어도 일주일은 컨디션이 안 좋았다. 그런 나에게 돌아온 한국은 말 그대로 천국이었다. 미국에서는 의사 한 번 만나려면 적어도 이주일을 기다려야 했다. 웬만한 인후염과 감기 몸살은 일주일이면 낫기 때문에 병원을 예약하는 것 자체가 아무런 의미가 없었다. 귀국 후에 비슷한 증상으로 우연찮게 방문한 동네 이비인후과는 나에게 신세계를 경험하게 했다. 남자 의사와 여자 의사 각각 한 명씩 있었는데, 나는 여자 의사에게 치료를 받았다.

몸이 아프면 언제든지 방문할 수 있었고 조금만 기다리면 바로 진료를 받을 수 있었다. 의사는 이미 나의 증상에 대해 나보다 더 많이 알고 있는 것처럼 보였다. 사실 매일 나와 비슷한 환자를 수백 명씩 진료하니 그럴 만도 했다. 증상을 이야기함과 동시에 치료가 시작됐다. 의사는 "많이 아팠겠네. 많이 부었네요"라고 내게 따뜻한 말을 건네며 목 깊은 곳에서 노란색의 가래를 빼내고 그 자리에 몇 번씩 약을 발랐다. 양쪽 코에 기구를 넣어 약을 뿌리고 동시에 막힌 코도 시원하게 뚫어주었다. 그리고 증기 치료도 받았다. 이 치료 과정이 다 합쳐 3분이면 끝났다. 그리고 처방전을 들고 바로 옆 약국에서 약을 구입했다. 이렇게 병원을 방문하고 치료를 받는 것 자체가 내게는 무척이나 행복하고 즐거운 일이 됐다.

그런데 한 가지 문제가 있었다. 나는 병원을 방문하는 일에 조금씩 중독되어가고 있었다. 나는 이제 한 시간도 아프기가 싫었다. 그래서 목이 조금이라도 따끔거리는 것 같거나 감기몸살 기운이 있는 것 같으면 바로 병원으로 향했다. 치료를 받고 약을 먹어야 마음이 편했다. 가끔은 "이 정도로 병원을 가도 되나?" 하는 생각이 들 정도였다. 의사가 아무렇지도 않다고 하면 조금 민망할 것 같아서였다. 그러던 어느 날 의사가 내게 아주 부드럽게 배려의 말을 했다. "이 정도는 아침에 물 좀 마시고 시간 지나면 괜찮아져요." 무슨 의미인지 나는 잘 알고 있었다. 내가 생각해도 지나치다 싶게 병원을 방문했기 때문이다. 그럼에도 나는 몸이 조금만 이상하면 꿋꿋하게 병원에 갔다. 미국에서 편도선이 붓고 열이 심한 채로 누워 있던 기억들이 나를 괴롭혔다.

그러던 어느 날 의사가 내게 정밀 검사를 해보자고 권유했다. 별로 심하지 않은 것 같은데 계속해서 병원을 찾는 내가 신경 쓰였던 모양이다. 며칠 뒤, 나는 남자 의사에게 정밀 검사를 받았다. 정밀 검사를 마친 남자 의사는 지금까지 진료할 때마다 여자 의사가 찍어 둔 목의 사진들을 검토하더니 퉁명스럽고 화난 어투로 이렇게 말했다. "우리 병원에 왜 오세요? 왜 이렇게 자주 와요? 아무 이상도 없고 다 정상이에요. 지나치게 민감한 게 심리적인 문제가 있는 것 같아요. 이제 우리 병원 안 오셔도 돼요. 알았죠?"

심리학자에게 심리적 문제가 있다니. 그 후로 난 정말 아프지 않으면 병원을 방문하지 않았다. 여자 의사는 내게 많은 위로를 주었지만 나의 문제를 해결하고 현실을 직시하게 도와준 것은 남자 의사가 한 30초간의 정확한 꾸중이었다.

우리가 바른말을 못하는 이유

"선생(교수), 의사, 성직자의 공통점이 뭔지 아세요?"

같은 학과 H 교수님이 내게 한 질문이다. 답은 이들은 직업의 특성상 평생을 완전한 '갑'으로 살기 때문에 현실적으로 다른 사람에게서 바른말을 들을 일이 거의 없다는 것이다. 하늘과 동급인 선생은 학생들을 가르치고 훈계하며, 의사는 환자의 생명과 건강을 좌지우지하는 절대적인 권력을 갖고 있고, 성직자는 신을 대신해 신도들에게 신의 말씀을 전한다. 학생이 선생에게, 환자가 의사에게, 신도가 성직자에게 바른말을 하는 것은 현실적으로 불가능해 보인다.

이런 현실이 비단 특정 직업을 가진 사람들에게만 해당 되는 것 같지는 않다. 이 장에서 반복적으로 강조하지만 정확한 꾸중은 우리에게 유익한 면이 반드시 있다. 하지만 많은 사람들이 바른말을 하는 것에 대해 큰 부담감을 갖고 있다. 여기에는 두 가지 이유가 있다. 첫째 이유는 "오지랖 넓게 바른말했다가 관계가 깨지면 어떡하지?" 하는 생각 때문이다. 성과도 중요하지만 사회에서 정말 중요한 것은 관계이기 때문이다. 관계에 구멍이 나면 성과는 큰 의미가 없다. 둘째 이유는 "내가 바른말한다고 저 사람이 듣기나 할까?" 하는 생각 때문이다. 듣지도 않을 텐데 부담감을 감수하면서까지 굳이 바른말을 할 필요가 없다고 생각하는 것이다. 아주 현실적이고 중요한 의구심이다.

관계에 대한 두려움과 말해보았자 듣지도 않을 것이라는 생각 때문에 다른 사람들도 당신에게 바른말하기를 어려워 할 것이다. 특히 가까운 친구나 가족이라면 바른말을 하는 것이 더 어렵다. 너나없이 힘들게 살아가는 사람들한테 따뜻한 말 한마디 못할망정 솔직함을 핑계로 바른말을 하는 것을 눈치가 없거나 매정하다고 생각할 수 있다.

취업, 사업, 연애, 결혼, 시험, 면접 등 열심히 노력하지만 번번이 실패하는 친구나 가족이 있다고 하자. 그들에게 "너는 잘하고 있어. 힘들어도 조금만 더 열심히 하면 잘될 거야"라고 격려할 수 있다. 술 한 잔 하며 아무 말 없이 그들의 이야기를 들어주는 것이 큰 위로가 될 수도 있다.

하지만 계속해서 실패할 때는 분명히 이유가 있다. 개인적인 능력이 부족하거나 성격적으로 맞지 않는 일일 수도 있고, 충분히 노력하지 않았거나 사회성이 부족할 수도 있으며, 방법에 문제가 있거나 사회적 환경이 안 좋아서 그럴 수도 있다. 신기하게도 제 3자의 입장에서는 그 실패에 대한 객관적인 이유가 잘 보인다. 하지만 열심히 준비하고 노력하는 모습에 차마 바른말을 하지 못한다. 매정한 말이나 하는 악역을 맡고 싶지 않은 이기적인 동기가 앞서서 그럴 수도 있다.

그렇다면 "오지랖 넓게 바른말했다가 관계가 깨지면 어떡하지?"라는 첫 번째 우려는 과연 맞는 생각일까? 반은 맞고 반은 틀리다. 2011년에 나와 동료들이 진행한 한 연구 결과를 보면 과장된 꾸중, 즉 잘하고 있는데 잘못한다는 꾸중을 들으면 사람들은 우울과 좌절을 경험한다. 관계가 나빠질 확률이 아주 높아지는 것이다. 하지만 정확한 꾸중, 즉 잘못하고 있을 때 잘못한다는 꾸중을 들으면 사람들은 생각처럼 우울과 좌절을 느끼지 않는다. 스스로도 자기의 상태를 어느 정도 인식하고 있기 때문이다.

사람은 감정의 동물인 만큼 바른말이나 꾸중을 들으면 설령 그것이 정확한 피드백이라 할지라도 기분이 상할 수 있다. 하지만 그것이 사실이고 궁극적으로 도움이 되는 정보라면 순간 기분이 나빠도 바른말을 해준 사람을 더욱 신뢰하게 된다. 더군다나 사람들은 위험을 감수하고서라도(때로는 상처가 될 수 있을지라도) 내가 어떤 사람인지 정확하게 알고 싶은 동기가 높다. 정확한 자기인식이 생존에 절대적으로 유리하기 때문이다. 그래서 역설적으로 사람들은 바른말을 해줄 사람을 찾기도 한다. 결론적으로 과장된 꾸중은 관계를 멀어지게 할 수 있지만 정확한 꾸중은 오히려 신뢰를 두텁게 할 수 있다.

"내가 바른말한다고 저 사람이 듣기나 할까?"라는 두 번째 우려는 맞는 생각일까? 이것 역시 반은 맞고 반은 틀리다. 두 번째 역시 첫 번째 우려와 큰 의미에서는 같은 질문이다. 반은 맞는 이유는 안타깝게도 사람들은 꾸중을 극도로 싫어하는 경향이 있기 때문이다. 자기의 나쁜 점을 말하는데 어느 누가 좋아하겠는가. 자기 자신을 정확히 알고 싶은 동기 못지않게 강한 것이 자기 자신을 좋게 보고 싶은 동기다.

그래서 사람들은 누가 자기에게 꾸중이나 바른말을 하면 듣는 척할 뿐 진심으로 귀담아 듣지 않는다. 그 순간 따지고 반항하고 공격하고 싶은 마음이 자동적으로 생성되는데, 생존을 위한 자기 방어 본능이 발동하는 것이다. 이런 마음을 드러낼 수 없는 상황에서는 속으로 '너나 잘하세요'라고 중얼거리며 어서 잔소리가 끝나기만을 기다릴 것이다. 이런 마음 앞에서는 아무리 정확한 꾸중이라도 힘을 얻지 못한다.

그런데 한 가지 더 고려할 사항이 있다. 사람들은 꾸중과 바른말을 들을 때 그것의 내용보다 더 관심을 두는 부분이 있다. "나한테 왜?"이다. 꾸중하는 이유에 따라 그 의미가 완전히 달라지기 때문이다. 인간은 영악해서 상대방이 꾸중하는 이유를 아주 빨리 알아차린다. 나를 아끼고 돕기 위해 하는 꾸중인지, 아니면 비판을 목적으로 하는 꾸중을 위한 꾸중인지를 쉽게 파악한다.

그래서 후자인 경우 그 속내를 들키기 않기 위해 꾸중에 앞서

"내가 너를 위해서 하는 말인데" "내가 너 아끼는 거 알지? 그래서 하는 말인데" "내가 웬만하면 이런 말 잘 안 하는데 너를 위해서 하는 거야"와 같은 말들을 늘어놓기도 한다. 하지만 듣는 입장에서는 이런 말들이 상대방의 진심을 더 의심하게 한다. 사람들은 "나한테 왜?"를 판단해 나를 아끼고 돕기 위해 꾸중한다는 마음이 들면 그것을 진심으로 받아들이고, 비판이 목적인 것처럼 느껴지면 듣지 않는다. 즉 꾸중하는 사람의 마음을 저울질하는 것이다.

사람들이 흔히 갖는 두 가지 우려를 정리하면 이렇다. 정확하지 않거나 사랑하는 마음 없이 하는 것처럼 보이면 사람들은 절대 꾸중을 듣지도 않을뿐더러 둘의 관계도 멀어질 수 있다. 하지만 사랑하는 마음으로 하는 정확한 꾸중이라고 판단하면 그 꾸중을 달갑게 받아들여 둘의 관계도 멀어지지 않는다.

정확하게
꾸중하는 법

어려운 질문처럼 느껴질 수 있다. 앞에서 이야기했던 것처럼 많은 우려가 있기 때문이다. 하지만 우려는 우려일 뿐이다. 정확한 꾸중은 상대방의 성과를 높일 수 있고, 성취동기를 올릴 수 있으며, 정신적으로 건강한 삶을 영위하게까지 할 수 있다.

하지만 정확한 꾸중을 해야 할 때 도리어 칭찬을 한다면 당신은 상대방의 삶을 엉망으로 만들어버릴지도 모른다. 부적절한 상황에서 칭찬하는 것은 사랑도 배려도 아닌 좋은 사람으로 남고 싶은 당신의 어설픈 이기심일 뿐이다. 하지만 정확한 꾸중을 할 때도 일의 특성과 상대방과의 관계적 친밀도를 고려해 전달해야 한다.

첫째, 상대방과의 관계와 상관없이 성과가 중요한 환경이라면 반드시 정확하고 현실적인 꾸중이 이루어져야 한다. 이런 꾸중 없이는 성과도 낮고 성취동기도 낮을 수밖에 없다.

둘째, 매일 보는 사람이지만 당신이 아끼고 위하는 마음이 없는 경우라면, 당신 마음대로 해라. 정확한 꾸중을 하면 상대방은 꾸중의 정보를 통해 자신을 돌아보는 계기를 가질 수도 있겠지만 당신의 정확한 꾸중을 겸허히 받아들일지 말지는 그 사람의 몫이다. 하지만 그 사람과의 관계는 어려워질지도 모른다.

셋째, 매일 보는 사람이며 당신이 아끼고 위하는 마음이 있다면 꾸중해도 좋다. 당신의 꾸중을 감사히 받아들일 것이고 둘 사이에 신뢰가 더 쌓일 것이다.

09

보상의 배신
호의가 계속되면 권리인 줄 안다

좋아하던 일도 싫게 만드는 보상의 마력

미국의 농구 역사에서 가장 훌륭한 센터로 불리는 선수는 빌 러셀 (Bill Russell)이다. 평론가들은 그가 농구에서 센터의 역할이 무엇인지를 정의했다고까지 극찬한다. 한 게임에서 50개 이상의 리바운드를 기록한 선수는 미국 NBA 역사상 빌 러셀을 포함해 두 명뿐이다. 흑인으로서는 미국 프로농구 역사상 처음으로 감독을 지내기도 했다. 하지만 이런 화려한 경력이 있기까지 그의 어린 시절은 혹독한 가난과 인종차별로 얼룩져 있었다. 12세 때는 어머니마저 세상을 떠났다.

그런 그에게 농구는 인생의 의미이며 유일한 기쁨이었다. 잠시나마 가난과 인종차별의 고통에서 벗어나게 해준 것은 다름 아닌 농구였다. 농구가 주는 기쁨 때문이었을까. 그는 고등학교 때부터 농구에 탁월한 능력을 보이기 시작했고, 대학 졸업 후에는 보스턴 셀틱스에 스카우트되면서 프로 선수로서의 멋진 인생을 살게 된다.

그러나 프로 선수 시절을 기억하며 그가 남긴 한마디는 많은 사람들을 당황하게 했다. "농구를 직업으로 할 때부터 농구가 주었던 마술과 같은 기쁨은 모두 사라졌다. 코트에 들어갈 때마다 게임의 결과가 내게 어떤 영향을 미칠지 계산하기 시작했다. 각 게임의 결과에 따라 달라질 돈과 명예에 대한 생각이 나의 머릿속을 떠나지 않았다. 시간이 갈수록 농구 게임은 내게 점점 비즈니스가 되어가고 있었다." 타고난 신체적 능력과 농구에 대한 즐거움과 기쁨은 그를 훌륭한 프로 선수로 데뷔시켰지만 안타깝게도 그는 프로 선수가 된 이후 더 이상 농구를 즐기지 못했다. 왜 그는 농구를 싫어하게 되었을까?

1973년, 스탠퍼드대학교 심리학과 교수 마크 레퍼와 그의 동료들은 역사에 남을 중요한 실험 하나를 진행했다. 4세부터 6세의 어린이들에게 예쁜 크레용으로 그림을 그리게 했다. 아이들은 세 가지 조건에 배정되었는데, 첫 번째 조건에서는 미리 그림을 다 그리고 나면 상을 주겠다고 말했다. 그리고 그림을 그리고 난 뒤 정말로 상을 주었다. 두 번째 조건에서는 미리 상에 대한 이야기를 하지 않고 아이들이 그림을 다 그리고 난 뒤에 그에 대한 보상으로 상을 주었다. 세 번째 조건에서는 미리 상에 대해서도 언급하지 않고, 그림을 다 그리고 난 뒤에도 그에 대한 보상으로 상을 주지 않았다.

실험이 끝나고 일주일 뒤 담임선생님은 다시 예쁜 크레용과 종이를 교실 탁자 위에 올려놓았다. 그러고는 쉬는 시간에 어떤 조건에 배정되었던 아이들이 가장 많이 그림을 그리는지 관찰했다. 쉬는 시간이었으므로 아이들은 자유롭게 시간을 보낼 수 있었다. 화장실도 가고, 친구와 교실에서 놀기도 하고, 운동장에서 운동도 하고, 공부를 할 수도 있었다. 물론 쉬는 시간에 그림을 그린다고 해서 특별한 보상이 있는 것은 아니었다. 그러므로 이런 상황에서 그림을 그린다는 것은 그림 그리기를 좋아한다는 뜻이었다.

일주일 전에 그림을 그리고 그에 대한 보상을 받은 아이들이 쉬는 시간에 그림 그리기를 제일 많이 했을까? 아니다. 신기하게도 세 번째 조건, 즉 미리 상에 대해 언급하지도 않았고, 그림을 그리고 난 뒤에도 그에 대한 보상으로 상을 주지 않았던 조건의 아이들이 쉬는 시간에 가장 그림을 많이 그렸다. 거꾸로 이야기하면 그림을 그린 뒤 보상으로 상을 받은 첫 번째 조건과 두 번째 조건의 아이들은 쉬는 시간에 그림 그리기를 별로 하지 않았다. 역설이 아닐 수 없다. 하는 일에 대해 보상을 받았는데, 왜 아무 보상도 받지 않은 아이들보다 그 일을 안 좋아할까?

첫 번째 조건을 기준으로 설명하면 그 이유는 이렇다. 상에 대한 공지를 미리 들은 아이들은 예쁜 크레용으로 그림을 그리면서 '나는 상을 받기 위해 그림을 그리고 있다'는 생각을 하게 된다. 상을 주겠다는 이야기를 듣지 않고 자유롭고 즐겁게 그림을 그리고 있었다면 '나는 왜 그림을 그릴까?'라는 생각은 할 필요도 없었을 것이다. 이 생각을 한 아이들은 또 다른 중요한 추론을 하게 된다. 그것은 '고로 나는 그림 그리는 것을 좋아하지 않는다'이다. 상 때문에 하는 일이니 좋아하는 일이 될 수 없는 것이다. 그래서 상을 받은 아이들은 쉬는 시간에 그림을 그리지 않았다.

빌 러셀이 농구에 흥미를 잃게 된 것도 프로로 전향한 뒤 돈을 받기 시작하면서부터다. 프로 선수가 되면서부터 그에게는 '나는 돈 때문에 농구를 한다'는 생각이 들었고, 이 생각은 그로 하여금 '고로 나는 농구를 좋아하지 않는다'는 추론을 하게 했던 것이다. 만약 그에게 돈이라는 보상이 따르지 않았다면 그는 '나는 돈 때문에 농구를 한다'는 생각을 하지 않았을 테고, '고로 나는 농구를 싫어한다'는 추론도 할 필요가 없었을 것이다.

그의 경우뿐만 아니라 돈을 받고 일을 하는 대부분의 사람들은 '돈을 벌기 위해 일한다'는 생각을 할 수밖에 없고, 이런 생각은 '고로 일은 재미없고 싫다'는 추론이 따를 수밖에 없다. 좋아하던 일도 돈벌이가 되면 당연히 하기 싫고 피하고 싶고 재미없고 힘들고 고단한 것이 된다.

이 이론의 핵심은 한 개인이 좋아하는 일을 하고 있을 때 그것에 대한 보상이나 상을 주면 더 이상 그 일을 좋아하지 않게 된다는 것이다. 보상을 받으면 사람들은 그 일을 하는 이유가 보상 때문이라고 생각하게 된다. 그렇다면 보상이 왜 필요할까? 보상을 주는 사람 입장에서 생각해보면 열심히 일한 것에 대한 격려이기도 하고, 더 중요한 이유는 더 분발해서 열심히 하라는 마음의 표현이기도 하다.

하지만 안타깝게도 이런 목적과 기대는 쉽게 무너진다. 특정한 일에서 가장 높은 성과가 나올 때는 아무런 보상 없이 그 일을 좋아서 할 때다. 즉 내적 동기가 높아야만 최고의 실적과 성과를 만들어낼 수 있다. 역설적이게도 보상은 높은 성취를 보장하는 내적 동기(좋아하는 마음)를 떨어트리는 마법 같은 힘을 갖고 있다.

"야채주스 마시면 상 줄게!"

2010년 11월, EBS에서 방영한 교육대기획 10부작 〈학교란 무엇인가〉라는 다큐멘터리는 여러 상을 휩쓸며 시청자들로부터 큰 사랑을 받았다. 그중 방영된 6부에는 보상과 상에 대한 내용이 담겨 있었는데, 잠시 소개해보자. 두 곳의 유치원에 다니는 어린이들을 대상으로 진행한 간단한 실험이다. 아이들에게 야채주스를 잘 마시게 하려면 어떻게 해야 할까 하는 생각에서 실험이 진행됐다. 먼저 실험을 하기 전에 각 유치원에 다니는 일곱 명의 어린이가 마시는 야채주스의 양을 측정했다. A 유치원 아이들의 총량은 330밀리리터였고, B 유치원 아이들의 총량은 375밀리리터였다.

각 유치원에서는 정해진 시간에 아이들에게 야채주스를 마시게 했는데, A 유치원에서는 야채주스를 잘 마실 때마다 아이들의 옷에 '칭찬 스티커'를 붙여주었다. 그러자 평소 야채주스를 한 모금도 안 먹던 아이들이 토하면서까지 야채주스를 마시기 시작했다. 결과적으로 아이들은 단 하루만에 1275밀리리터의 야채주스를 마셨는데, 이는 평소 먹던 330밀리리터의 네 배 가까운 양이었다. 특별한 보상이 아닌 단지 칭찬 스티커를 붙여주었을 뿐인데 그 효과는 상상을 초월했다. B 유치원에서는 칭찬 스티커 없이 그냥 정해진 시간에 야채주스를 마시게 했다.

그렇게 일주일이 지난 후 어떤 변화가 있었는지 확인하기 위해 A 유치원과 B 유치원을 방문해 아이들에게 동시에 야채주스를 마시게 했다. 물론 이날은 A 유치원에서도 아이들에게 칭찬 스티커를 주지 않는다고 이야기했다. 이날 A 유치원과 B 유치원에 있던 아이들은 총 몇 밀리리터의 야채주스를 마셨을까?

A 유치원 아이들은 총 655밀리리터를 마셨다. 칭찬 스티커를 받은 첫날과 비교해 그 양이 50퍼센트나 줄어든 것이다. 왜일까? 아이들은 야채주스를 마시면서 '칭찬 스티커를 받기 위해 야채주스를 마신다'는 생각을 했을 것이다. 이 생각은 아이들에게 또 하

나의 추론을 가능하게 했다. 바로 '야채주스를 마시는 게 싫다'는 생각이다. 칭찬 스티커를 받기 위해 야채주스를 마신 것이니 좋을 리가 없었다. 더군다나 더 이상 칭찬 스티커를 주지 않는다고 하자 더더욱 야채주스를 마실 이유가 없었던 것이다.

그래도 655밀리리터는 칭찬 스티커를 받기 전에 마신 330밀리리터보다 두 배 정도 많은 양이니 칭찬 스티커의 효과가 있는 것이 아니냐고 반문할 수도 있다. 하지만 이 질문에 대한 답은 B 유치원 아이들이 마지막 날 먹은 야채주스의 총량을 확인하고 답해야 한다. 이 아이들은 1110밀리리터의 야채주스를 마셨다. 375밀리리터의 야채주스만 마셨던 아이들이 아무런 보상 없이 7일 후에는 세 배에 해당하는 양을 마신 것이다. 칭찬 스티커를 받았던 아이들은 아무 것도 받지 못한 아이들보다 450밀리리터나 적게 마셨다. 칭찬 스티커는 아이들의 행동 변화에 아무런 효과가 없는 것이 아니라 칭찬 스티커를 받지 않은 아이들과 비교했을 때 오히려 부정적인 효과를 낳았다.

몇 년 전에 모 방송국으로부터 인터뷰 요청을 받았다. 인터뷰 내용은 이랬다. 당시 유명한 여자 연예인이 한 남성과 결혼하게 되었는데, 나이 차가 띠동갑을 훨씬 넘는 재력가이자 사업가였다. 인터뷰 질문은 왜 이 젊은 여자 연예인이 굳이 나이 차가 많이 나는 남자와 결혼하느냐는 것이었다. 인터뷰 요청을 많이 받아왔지만 그렇게 난감하고 당황스러운 질문은 처음이었다. 정말 이유를 알고 싶은 것인지, 이유는 이미 자명하지만 방송을 위해 심리학과 교수의 입이 필요했던 것인지 의문스러웠다.

내가 뭐라고 답을 했을까? 나는 모른다고 했다. 내가 그 이유를 어떻게 알겠는가? 개인적으로 그 여자 연예인을 만난 적도 없을 뿐더러 스쳐 지나가듯 본 적도 없다. 이유를 알고 싶으면 그 여자 연예인에게 직접 물어보아야 하지 않겠는가. 나는 대신에 사람들이 '왜 그 여자 연예인이 띠동갑이 훨씬 넘는 나이 차가 나는 남자 사업가와 결혼했는가?'에 대해 어떻게 생각하는지는 안다고 답했다. 이 상황에서 일반인들이 추론할 수 있는 이유는 딱 두 가지다. 하나는 사랑하기 때문이라는 내적인 이유고, 다른 하나는 돈이 많기 때문이라는 외적인 이유다. 사람들은 어떤 이유를 선택할까? 당신도 짐작하듯이 이 상황에서 사람들은 결혼의 이유를 '사랑'이 아닌 '돈'으로 돌린다.

왜일까? 모든 행동에는 내적인 이유와 외적인 이유가 있을 수 있는데, 사람들은 외적인 이유가 보이면 내적인 이유를 무시하고 외적인 이유를 믿는다. 내적인 이유는 눈에 보이지 않고 외적인 이유는 선명하게 보이기 때문이다. 그래서 사랑하기 때문에 결혼한다고 해도 그 나이 많은 사람이 돈이 많다면 사람들은 돈이 결혼의 이유라고 생각한다. 사랑은 보이지 않지만 돈은 보이기 때문이다. 반대로 외모가 아주 매력적인 여자가 사회적으로나 경제적으로 그리고 외모적으로 그저 그런 남자와 결혼한다면 사람들은 그 여자의 결혼 이유가 무엇이라고 생각할까? 이 경우에는 사랑이다. 외적인 이유를 찾을 수 없으니 내적인 이유인 사랑으로 설명하는 것이다.

이 이야기의 핵심은 무엇일까? 다른 사람의 행동을 설명할 때 눈에 보이지 않는 내적인 이유는 무시하고 확연하게 드러나는 외적인 이유로 설명한다는 것이다. 내적인 이유가 사실이라 할지라도 안타깝게도 사람들은 그렇게 생각하지 않는다. 더 놀라운 것은 이런 경향이 자신의 행동을 설명할 때도 적용된다는 것이다. 분명히 좋아서 하는 일인데도 불구하고 누군가가 내가 하는 일에 보상을 준다고 하면 갑자기 이 일은 내가 좋아서 하는 일이 아니고 보상 때문에 하는 일이라고 생각하게 된다. 그러고는 보상을 받은 뒤에 가능한 그 일을 회피하고 안 하게 된다. 좋아서가 아니라 보상 때문에 하는 일이기 때문이다. 보상에는 좋아하는 일을 싫어하는 일로 바꾸어버리는 마력이 숨어 있다. 이 얼마나 무서운가!

"우리 딸, 세계적인 화가가 되겠는걸?"

우리 딸아이가 다섯 살 정도 되었을 때의 일이다. 아이는 어느 날부터 그림 그리기를 시작하더니 완전히 푹 빠졌다. 아침에 눈 뜨면서부터 그리기 시작해 밤늦게까지 그렸다. 그림도 꽤나 잘 그렸다. 나의 눈에는 아이가 그림에 천부적인 소질이 있는 것처럼 보였고, 나는 아이의 재능을 보면서 새로운 꿈을 꾸기 시작했다. 아이의 흥미와 재능을 더 격려하고 자극해서 미술에 대한 능력을 마음껏 펼칠 수 있도록 돕고 싶었다. 그래서 그림을 더 잘 그릴 때마다 멋진 스케치북과 크레용을 사주기로 약속했다.

나의 예상이 적중했는지 아이는 선물로 받은 스케치북과 크레용을 무척이나 좋아했다. 모든 것이 순조롭게, 나의 계획에 따라 진행되는 듯했다.

그런데 며칠 지나자 아이가 내게 불필요한 질문을 하기 시작했다. "몇 장 더 그리면 스케치북 사줄 거야?" "크레용도 사줄 거야? 언제 사줄 거야?" "이번엔 어떤 거 사줄 거야?" "오늘 사주면 안 돼?" 아이는 이미 그림을 그리는 것보다 선물에 더 관심이 있는 것 같았다.

어느덧 선물로 받은 스케치북과 크레용들이 쌓여 필요 이상으로 많아졌다. 그래서 딸에게 당분간 스케치북과 크레용은 사줄 수 없다고 이야기했다. 이후 아이에게 어떤 일이 발생했을까? 아이는 더 이상 그림 그리기에 전념하지도 않았고, 그림 그리기를 좋아하지도 않았다.

시간이 지난 뒤 대개 그 나이 또래의 여자 아이들이 그림 그리기를 좋아한다는 사실을 알게 됐다. 처음부터 우리 아이가 그림에 크게 소질이 있었던 것이 아닐 수 있다. 그러나 내게는 신기하고도 유익한 경험이었다. 딸아이의 흥미와 재미를 한순간에 날려버리는 방법을 배웠으니 말이다. 기분을 상하게 하지도 않고, 오히려 당사자가 좋아하는 방법을 이용해 그 사람의 흥미와 동기를 없애는 방법을 배운 것이다.

보상과 상은 우리 생활에 널리 퍼져 있는 대표적인 동기 강화 방법이다. 자녀를 양육할 때도, 학생들을 교육할 때도, 회사를 운영할 때도 곧잘 사용하는 방법이다. 하지만 조심스러울 수밖에 없는 이유는 이런 보상과 상이 사람들의 내적 동기를 가차 없이 떨어트린다는 것이다. 보상은 좋아하던 일도 싫어하게 만드는 대단한 마력이 있기 때문이다.

일반적으로 많은 학생들이 수학을 재미없어 하고 힘들어 하지만 컴퓨터 게임은 좋아한다. 1976년, 데이비드 그린(David Greene)과 그의 동료들은 초등학생들을 대상으로 유명한 실험 하나를 진행했는데, 수학을 컴퓨터 게임 형식으로 배우는 프로그램을 개발한 것이다. 학생들은 컴퓨터 게임으로 배우는 수학을 좋아했다. 이 프로그램으로 학생들은 약 20분 정도의 시간을 수학에 투자하게 되었으니 프로그램은 성공적이었다.

그들은 이 프로그램을 더 활성화하기 위해 묘안을 냈다. 그것은 '포인트 적립 제도'를 실시하는 것이었다. 컴퓨터 게임으로 수학을 공부한 시간만큼 포인트를 적립해주고 적립된 포인트는 선물로 바꾸어주는 제도였다. 물론 포인트 적립 제도를 실시한 후에

학생들은 더 많은 시간인 약 25분을 수학 공부에 투자했다.

며칠 후 그들은 포인트 적립 제도를 없앤 뒤 학생들이 컴퓨터 게임으로 수학에 투자하는 시간을 관찰했다. 포인트 적립 제도가 없어지자 학생들은 컴퓨터 게임으로 수학 공부를 열심히 하지 않았다. 포인트가 주어지자 학생들은 '포인트를 얻기 위해 컴퓨터 게임으로 수학을 공부한다'고 생각했던 것이고, 이 생각은 학생들에게 '컴퓨터 게임으로 수학을 공부하는 것이 싫다'는 추론을 만들어냈다. 포인트를 얻기 위해 한 것이니 좋을 리 없었다. 더군다나 더 이상 포인트를 적립해주지 않자 컴퓨터 게임으로 수학을 공부할 이유가 더더욱 사라진 것이다.

여기서 한 가지 중요한 질문은 포인트 적립 제도의 폐지가 가져온 부정적 효과가 얼마나 큰가에 관한 것이다. 포인트 적립 제도가 아예 존재하지 않았을 때는 20분이었고, 포인트 적립 제도가 있었을 때는 25분이었다. 그렇다면 포인트 적립 제도가 있다가 없어졌을 때 학생들이 컴퓨터 게임을 이용해 수학을 공부하는 데 얼마의 시간을 투자했을까? 답은 13분이다. 포인트 적립 제도가 있을 때의 25분보다 공부 시간이 적어진 것은 두말 할 것도 없고, 포인트 적립 제도가 아예 없던 때의 20분보다도 훨씬 적은 13분을 투자했다. 이 결과가 의미하는 것은 무엇일까? 좋은 의도로 만든 제도였지만 포인트 적립 제도가 학생들이 원래 갖고 있던 수학에 대한 재미와 흥미까지 모두 앗아가고 말았다.

보상이 반복되면 권리라고 착각한다

어쩌면 당신은 이번 장을 읽으면서, 보상의 역효과가 생기는 것은 보상을 빼앗았기 때문인 만큼 보상을 지속한다면 상황이 달라지지 않을까 하고 반문할 수 있다. 하지만 안타깝게도 당신의 기대는 몇 가지 이유에서 현실적으로 이루어지기 힘들다.

첫째 이유는 다시 한번 말하지만 보상을 주는 순간 사람들은 하던 일을 보상을 받기 위한 '일'로 자각해 흥미를 잃어버리기 때문이다. 중간에 보상이 끊기든 지속되든 변하지 않는 사실은 처음 보상을 받는 순간부터 일에 대한 흥미와 내적 동기를 잃는다는 것이다. 앞서 이야기했던 프로 농구 선수 빌 러셀의 경우를 돌이켜보라. 보상이 계속되었음에도 그는 예전에 갖고 있던 농구에 대한 열정과 흥미를 잃어버린 지 오래였다. 보상이 주어지지 않았을 때 사람들이 하던 일을 열심히 하지 않는 근본적인 이유는 '이미' 흥미와 재미를 잃어버렸기 때문이다.

둘째 이유는 보상 체계 아래에서는 현실적으로 보상을 받지 못할 가능성이 항상 존재한다는 것이다. 일반적으로 보상은 각 사람의 성과에 따라 그 양이 달라지고, 때에 따라서는 특별한 성과가 있는 사람에게만 주어진다. 예를 들어 인센티브는 성과에 비례해 주어지기도 하고, 특별한 목표를 달성했을 때 주어지기도 한다.

어떤 회사의 사장이 특정 수준을 달성한 사람에게 인센티브를 제공하는 제도를 마련했다고 하자. 분명 모든 직원들이 인센티브를 받기 위해 열심히 일할 것이다. 하지만 실제로 인센티브를 받는 사람은 극히 제한적일 것이다. 그러면 인센티브를 받지 못한 사람들에게는 어떤 일이 벌어질까? 앞으로 더 열심히 해서 인센티브를 받으려고 노력할까? 아니면 그냥 포기할까? 경험해본 사람은 알 것이다. 대개의 직원들은 전자가 아닌 후자를 택한다.

왜 그럴까? 자신이 생각하기에 인센티브를 받을 확률이 그리 높지 않다고 판단하기 때문이다. 문제는 인센티브를 받지 못하면 그 제도가 있기 전에 갖고 있던 일에 대한 동기마저 잃어버리게 된다. 인센티브 없이도 나름대로 성실하게 일해오던 직원이 제도가 생긴 뒤 인센티브를 못 받게 되면 갑자기 일하기가 싫어지게 되는 것이다.

어느새 중학생이 된 딸아이가 일 년째 사달라고 조르는 물건이 있다. 꿈에서도 나타난다는 '아이폰'이다. 만약에 내가 이런 좋은 기회를 그냥 날릴 수 없어서 한 가지 조건을 내걸었다고 해보자. 이번 학기 성적이 전교 10등 안에 들면 사주겠다고 말이다. 물론 쉽지 않은 조건이다. 쉽게 달성할 수 있는 수준으로 조건을 내세울 이유는 없으니, 이 기회를 이용해 딸아이의 공부에 대한 동기를 올려보겠다는 얄팍한 수다. 오매불망 아이폰을 손에 쥘 날을 꿈꾸며 아이는 열심히 공부할 것이다. 여기까지는 괜찮은 전개다.

하지만 딸아이가 전교 10등 안에 못 들었다고 해보자. 그러면 나는 아이폰을 사주지 않을 것이다. 이때 아이는 어떤 마음을 갖게 될까? "좀 더 최선을 다했어야 했는데 너무 아쉽군. 다음 학기에는 더 열심히 해서 꼭 전교 10등 안에 들고 말 거야! 파이팅!" 이렇게 외칠까? 그런 여중생들이 어딘가에 있다면 꼭 한 번 만나보고 싶다. 딸아이는 극심한 좌절감을 느낄 것이다. 아이폰을 갖기 위해 열심히 공부했던 모든 노력들이 한순간에 날아가버렸기 때문이다. 더 심각한 문제는 이 일이 있은 후 아이는 공부에 대한 흥미와 내적 동기를 잃게 될 것이다. 아이폰에 대한 희망이 사라졌으니 열심히 공부할 이유도 더 이상 없지 않겠는가.

셋째 이유는 보상을 똑같은 수준으로 계속하면 그 효과가 지속될까에 관한 것이다. 만약에 우리 딸아이가 전교 10등 안에 들어서 정말로 아이폰을 사주었다고 해보자. 이제 다음 학기부터는 어떻게 해야 할까? 더 이상 보상을 안 줄 수는 없다. 이미 아이폰을 보상으로 받았기에 아이는 공부에 대한 순수한 흥미와 내적 동기를 잃었다. 실험 결과처럼 이 시점에서 보상을 철수해버리면 딸아이는 예전보다 훨씬 못한 상태로 돌아갈 확률이 높다. 다음 학기에도 전교 10등 안에 들면 아이폰과 비슷한 가치의 물건을 사준다고 할까? 그러면 이번 학기처럼 열심히 할까?

이번 달에 상위 10퍼센트의 영업 실적을 달성해 현금 100만 원의 인센티브를 받은 직원에게 다음 달에도 상위 10퍼센트의 영업 실적을 달성하면 똑같이 100만 원을 준다고 하자. 그러면 그 직원은 그만큼 열심히 할까?

'호의가 계속되면 그것이 권리인 줄 안다'는 말이 있다. 인센티브로서의 현금 100만 원이 매력적으로 느껴져야 하는데 처음의 기쁨과 달리 더 이상 그렇게 느껴지지 않을 것이다. 같은 수준의 인센티브를 반복해서 받으면 시간이 지날수록 그 효과는 떨어질 수밖에 없다. 보상의 효과도 없이 받는 것만 당연시 되고, 못 받으면 좌절해 동기가 저하된다. 같은 수준으로 인센티브를 제공하면 더 이상 얻을 것이 없게 된다. 월급이 오르면 열심히 하고자 하는 동기가 올라갈까? 이 또한 오래가지 못한다.

그렇다면 어떻게 해야 할까? 방법은 하나다. 다음 달에는 200만 원 주면 되고, 그다음 달에는 300만 원 주면 되고, 그 다음 달에는 400만 원 주면 되고… 중간에 멈추면 도루묵이다. 아이폰을 사주면 되고, 그다음에는 최신형 노트북을 사주면 되고, 그다음에는 차를 사주면 되고, 그다음에는 집을 사주면 된다. 중간에 실패하면 모든 것이 무의미로 돌아간다. 보상을 주기 시작하는 순간 많은 것들이 이미 걷잡을 수 없는 나락으로 빠져든다.

보상에 대해 간단하게 정리하면 다음과 같다. 재미있게 하던 일에 보상을 주기 시작하면 사람은 하던 일에 흥미와 내적 동기를 잃게 된다. 이유는 보상을 받기 위해 그 일을 했다고 생각하기 때문이다. 그리고 그 일은 재미없고 하기 싫은 진짜 '일'로 전락한다. 보상을 주다가 안 주면 더 큰 낭패를 보게 된다. 이전에 하던 만큼의 노력도 기울이지 않기 때문이다.

그렇다고 같은 수준의 보상을 지속한다고 해서 동기가 올라가거나 유지되지도 않는다. 보상에 익숙해지면서 당연시하기 때문이다. 더 이상 매력을 못 느끼는 것이다. 현실적으로 보상의 수준을 매번 올릴 수도 없는 노릇이다. 보상을 제공하는 입장에서 보상은 무용지물을 넘어 엄청난 손해를 불러일으키는 주범이 될 수 있다. 가장 큰 문제는 보상이 재미있게 하던 일을 갑자기 싫어지게 한다는 데 있다.

한 사람이 어떤 일에 큰 흥미를 갖고 열심히 일한다고 하자. 성과도 높다. 그 사람이 당신의 경쟁자라면, 그래서 꼭 이기고 싶다면 어떻게 하면 될까? 간단하다. 그 사람에게 하는 일에 대한 보상을 주면 된다. 보상을 주다가 안

주면 더 큰 효과를 볼 것이다.

그럼에도 불구하고 보상, 상, 인센티브는 우리 사회에서 가장 빈번한, 어쩌면 유일한 동기 강화 방법이다. 왜 이런 일이 발생하는 것일까? 물론 앞에서 이야기했던 것처럼 잘못된 믿음에 기초한 경우가 대다수지만, 몇몇 경우에는 보상이 효과적일 수 있다.

아마 주의력이 높은 독자들이라면 이 장을 읽으면서 또 하나의 의문점을 발견했을 것이다. 앞에서 소개한 실험과 예시들은 모두 하나의 공통된 조건을 갖고 있는데 그것은 피험자들이 좋아하거나 흥미를 갖는 일에 보상을 주었다는 점이다. 더 엄밀하게 이야기하면 보상의 부정적인 효과는 그 일을 좋아하거나 흥미가 있을 때 더 강하게 나타난다.

그렇다면 이 말은 결국 특정한 일을 끔찍하게 싫어하는 경우라면 보상이 긍정적인 효과도 있다는 뜻이다. 운동을 끔찍하게 싫어한다거나 책 읽기를 꽤나 싫어한다면 보상이 효과가 있을 수 있다. 어차피 하지 않을 운동이고 읽지 않을 책이니 보상으로 인해 딱히 잃을 것도 없는 셈이다. 다시 말해 처음부터 내적인 동기가 없다면 보상은 도움이 될 수 있다. 꼭 해야 하는 일이지만 대부분의 사람들이 하기 싫어하는 일이라면 보상을 주면 된다. 그러면 열심히 하게 된다.

이 경우 한 가지 더 기대할 수 있는 것은 처음에는 내적 동기가 없었지만 보상을 통해 운동과 책을 읽다가 흥미를 발견할 수도 있다는 점이다. 운동을 아주 싫어하는 사람이지만 보상 때문에 운동을 시작했다가 운동을 좋아하게 되는 경우다. 돈을 많이 벌 수 있어서 시작했다가 그 일을 사랑하게 되는 경우도 많다. 처음부터 좋아하지 않은 것은 경험해보지 않은 일이라서 그럴 수 있다. 이런 측면에서 본다면 싫어하는 일일 경우 보상을 주는 것이 도움이 된다. 일을 열심히 하게 되고, 경우에 따라서는 열심히 일하는 가운데 내적인 기쁨과 흥미를 발견할 수도 있기 때문이다.

또 한 가지 보상이 긍정적인 효과를 거둘 수 있는 경우는 앞에서 이야기했던 크레용 실험의 두 번째 조건과 관련이 있다. 두 번째 조건에서 그림을 그리기 전에는 아이들에게 상에 대한 이야기를 하지 않고 그림을 다 그리고 난 뒤 그에 대한 상을 주었다. 그러니까 아이들은 그림을 그리는 순간에는 상을 받을 것이라는 사실을 알지 못했으므로 상을 받기 위해 그림을 그렸다고 생각할 수 없는 상황이다.

이 두 번째 조건의 아이들은 첫 번째 조건의 아이들에 비해 일주일 뒤 쉬는 시간에 그림을 많이 그렸다. 그림을 그리는 것에 대한 내적 동기를 잃지 않았던 것이다. 이는 일이 보상을 받기 위한 조건이었다고 생각하면 일에 대한 내적 동기가 떨어지지만 이미 끝난 일에 대한 예상치 않은 격려와 감사의 표시라면 좋은 의미가 될 수도 있다는 뜻이다. 기대하지 않았는데 보상이 주어진다면 얼마든지 긍정적인 효과를 만들 수 있다.

10

자유의지의 배신

내 뜻대로 살고 있다는 착각

선택과 결정의 순간들

직장인들에게 하루 중 가장 행복한 시간은 언제일까? 물론 오매불망 기다리는 최고의 시간은 퇴근이다. 그러면 두 번째로 행복한 시간은 언제일까? 바로 점심시간이다. 그런데 이 행복한 점심시간에 피할 수 없는 한 가지 난제가 있다. 바로 메뉴 선택이다. 수많은 식당이 거리에 즐비해 있지만 그중 하나를 고르기란 고역에 가깝다. 차라리 열 명의 이성 가운데 한 명의 배우자를 고르는 일이 더 쉬울지도 모른다. 하루를 보내면서 이보다 더 힘든 고민과 선택도 없다.

하지만 이런 선택은 우리의 절대적인 자유의지가 아닐 수 있다. 우리는 매일매일 크고 작은 선택과 결정을 수없이 한다고 생각하지만, 심리학자들은 그것은 우리의 인지적 환상이며 착각일 수 있다고 말한다. 느끼고 싶은 대로 느끼고, 생각하고 싶은 대로 생각하고, 행동하고 싶은 대로 행동하는 자유의지라는 것은 애초부터 인간에게 존재하지 않았는지도 모른다.

2002년 조사 결과, 우리나라에서 30만 6600쌍이 결혼했고, 14만 5300쌍이 이혼했다. 결혼한 사람의 수의 절반이나 그 해에 이혼을 하여 사회적 이슈가 되기도 했다. 우리나라의 이혼율은 아시아 국가 중 1위고, 34개 경제협력개발기구 회원국 중 상위권이다. 이혼이 과거에 비해 사회적으로 좀 더 용인되고 있기는 하지만 여전히 많은 사람들이 이혼한 사람들에 대해 좋지 않은 시선을 갖는다. 이혼에 대한 부정적인 사회적 시선은 결혼 파탄의 책임이 전적으로 개인에게 있음을 전제로 한다.

그런데 2008년에 사회학자 야프 드론커스(Jaap Dronkers)와 그의 동료가 18개국에서 4만 3071명의 결혼한 여성들을 대상으로 진행한 연구에 따르면, 이혼한 가정에서 자란 아이들은 그렇지 않은 가정에서 자란 아이들과 비교해 이혼할 확률이 3.62배까지 높았다. 18개국 중 폴란드를 제외한 17개 국가에서는 이혼한 가정에서 자란 여성들이 그렇지 않은 가정의 여성들과 비교해 이혼율이 높았다. 기존의 많은 학자들은 이런 결과들을 불행한 가정 환경으로 설명했다. 부모의 갈등과 이혼을 지켜보면서 자녀들은 결혼에 대해 부정적인 태도를 형성했고, 이 태도는 그들로 하여금 결혼에 충실하지 못하게 했다는 것이다.

하지만 2018년에 발달심리학자 제시카 살바토레(Jessica Salvatore)와 그의 동료들은 이혼의 책임이 이혼한 부모가 만든 불행한 가정 환경이 아니고, 이혼한 부모 당사자라고 주장했다. 더 정확하게 이야기하면, 이혼의 결정적 사유 중 하나가 가정 환경이 아니고 유전적 영향이라는 것이다. 제시카 살바토레와 그의 동료들은 입양된 아이가 이혼할 확률은 입양한 부모의 이혼 경력과 아무런 상관관계가 없고, 같이 살지는 않았지만 자신을 낳아준 생물학적 부모의 이혼 경력과 높은 상관관계가 있다는 것을 밝혀냈다. 피가 섞이지 않은 입양 부모의 이혼 여부는 입양된 아이의 이혼에 아무런 영향을 미치지 않았지만, 피가 섞인 진짜 부모가 이혼했을 경우에는 입양된 아이의 이혼 확률이 더 높았다는 것이다. 또한 입양된 아이가 이혼할 확률은 같이 살고 있는 입양한 부모의 자녀들의 이혼 여부와 아무런 상관관계가 없지만, 생물학적 형제의 이혼 경력과는 높은 상관관계가 있다는 것을 밝혀냈다.

이 연구의 가장 큰 의미는 한 개인이 이혼할 확률은 가정 환경과 같은 환경적 요인보다 유전적 요인이 더 클 수 있다는 데 있다. 제시카 살바토레와 그의 동료들은 위의 연구 결과를 토대로, 첫째 부정적인 정서를 많이 느끼는 유전적 특성과, 둘째 선천적으로 물려받은 낮은 자기절제력과 참을성이 결혼생활에서 발생하는 갈등 상황을 잘 대처하지 못하게 만들었다고 주장한다. 다시 말해 이혼은 세대 간에 대물림될 수 있고, 이 대물림은 환경적 영향이기보다 유전적 영향이라는 주장이다.

그렇다면 이혼한 당사자들에게 이혼의 책임을 물을 수 있을까? 이혼에 미친 유전학적이고 성격적인 특성을 고려한다면 쉽게 그렇다고 답하지 못할 것이다. 이 세상의 어느 누구도 부모와 유전자를 자유롭게 선택할 수 없기 때문이다. 우리의 의지와는 아무런 상관없이 태어나면서 각각 주어지는 것이므로 책임을 묻기에는 명분이 부족한 측면이 있다.

그러면 범죄자들은 왜 범죄를 저지를까? 이 질문에 가장 일반적이고 보편적인 답은 '나쁜 사람이라서'일 것이다. 분명 나쁜 사람이고 합당한 처벌을 받아야 한다는 데는 아무런 의문이 없다. 그럼에도 불구하고 한 가지 생각해보아야 할 질문은 '왜 범죄자들은 나쁜 사람이 되기로 결정했을까?'에 있다. 평범한 사람들은 대개 좋은 사람이 되고 싶어 한다. 남들에게 좋은 사람으로 인정받고 싶은 것은 동서양을 막론하고 인간의 가장 기초적인 열망이자 동기다. 이 질문에 대한 답은 재범률을 기초로 추론해볼 수 있다.

2014년, 미 연방 법무부에서는 2005년에 30개 주에서 출소한 40만 4638명의 재소자들을 대상으로 한 재범률 통계를 발표했다. 통계 자료에 의하면 67.8퍼센트는 3년 이내에 다시 범법 행위로 체포되었으며, 76.6퍼센트는 5년 이내에 다시 범법 행위로 체포됐다. 더욱 놀라운 일은 다시 체포된 사람의 56.7퍼센트가 1년 이내에 체포되었다는 것이다. 미국뿐만 아니라 우리나라 역시 재범률이 상당히 높은 편이다.

이 통계 수치로 추론할 수 있는 하나의 사실은 안타깝게도 사람은 쉽게 변하지 않는다는 것이다. 이런 높은 재범률은 연구자들로 하여금 인간의 자유의지와 교도소의 의미에 대해 의구심을 갖게 한다. 교도소의 목적은 처벌, 교화, 격리라고 한다. 하지만 이렇게 높은 재범률을 생각해보면 적어도 교화의 목적은 쉽게 달성되는 것 같지 않아 보인다. 재범률이 높은 이유를 설명하는 환경적 요인들은 많다. 취업의 어려움, 사회와 이웃으로부터 오는 부정적인 시선과 격리, 불우한 가정 형편, 좋지 않은 경제적 상황, 낮은 사회적 지지 등 아주 많을 것이다. 하지만 오랫동안 축적된 연구를 종합해보면 유전적 영향 역시 지대하다는 것을 쉽게 알 수 있다.

'죄는 미워해도 사람은 미워하지 말라'는 말이 의미하는 바는 무엇일까? 인간의 행동에 대한 개인의 책임 전가는 인간에게 자유의지가 있을 때만 유효하다. 인간에게 자유의지가 없고 많은 것들이 태어나면서 정해졌다면 책임 전가는 정당하지 않을 수 있다. 위험에 처한 사람을 구하기 위해 뻔히 예상되는 자기희생을 감수하면서까지 자기 몸을 던진 사람을 칭찬하고 포상한다면, 이 칭찬과 포상의 근거는 어디에 있는가? 이때는 인간에게 자유의지가 있다는 것을 전제로 한다.

하지만 이런 상황에서도 어떤 사람들은 기꺼이 위험을 감수하며 몸을 던지지만 대개의 사람들은 위험을 감수하지 못한다. 왜 그럴까? 여러 요인이 있지만 절대 무시할 수 없는 요인 중 하나는 성격적 특성이다. 세상에는 몸을 던질 수 있는 사람이 존재하고, 몸을 던질 수 없는 사람이 존재하는 것이다. 노력으로 몸을 던지기에는 한계가 너무 자명하다. 그렇다면 우리는 타고난 유전적 특성을 칭찬하거나 처벌하는 것인지도 모른다. 자유의지의 결과가 아닌 유전적으로 이미 결정된 성격적 특성과 품성 그리고 능력을 포상하고 처벌하는 것이다. 이런 포상과 처벌에 마음 편할 사람이 얼마나 있을지 모르겠다.

개인의 능력은 선천적일까, 노력 덕일까?

이혼이나 범죄라는 큰 이슈를 예로 들지 않더라도 인간에게 자유의지가 없을 수 있다는 과학적 증거는 일상생활에서도 쉽게 찾을 수 있다. 1996년에 사회심리학자 존 바그(John Bargh)와 그의 동료들은 심리학 역사에 길이 남을 실험을 진행했다. 피험자들은 제공된 다섯 개의 단어 중 네 개의 단어를 이용해 올바른 문장을 만드는 '문장 완성 과제(scrambled-sentence task)'를 했다. 예를 들어 주어진 다섯 개의 단어가 '파랗다, 그, 로부터, 참으로, 하늘은'이라고 하자. 이 중 네 단어를 이용해 만들 수 있는 문장은 '그 하늘은 참으로 파랗다'이다.

피험자들은 30개의 문장 완성 과제를 했다. 이때 두 개의 조건이 있었는데, 첫 번째 조건에서는 주로 노인과 관련된 단어들이 (예: 플로리다, 나이 많은, 외로운, 고집이 센, 주의 깊은, 회색) 제공되었고, 두 번째 조건에서는 노인과 관련 없는 단어들이(예: 목마른, 깨끗한, 사적인) 제공됐다. 실험이 끝난 뒤 피험자들은 실험실 앞에 있는 복도를 지나쳐 그 끝에 있는 엘리베이터를 타고 귀가했다. 그리고 연구원들은 몰래 피험자들이 실험실에서 복도 끝에 있는 엘리베이터까지 걸어가는 데 걸리는 시간을 관찰했다.

실험실에서 복도 끝의 엘리베이터까지의 거리는 9.75미터였다. 놀랍게도 피험자들이 9.75미터를 걸어가는 데 소요된 시간은 실험 조건에 따라 달랐다. 노인과 관련되지 않은 단어들을 이용해 문장 완성 과제를 한 피험자들은 평균 7.30초의 시간이 걸렸고, 노인과 관련된 단어들을 이용해 문장 완성 과제를 한 피험자들은 평균 8.28초의 시간이 걸렸다. 왜 노인들과 관련된 단어들을 이용해 과제를 한 피험자들은 복도를 더 천천히 걸어갔을까? 그들은 자기들이 평소보다 더 천천히 걷는다는 사실을 알고 있었을까?

두 번째 질문부터 답하면, 그들은 자신이 평소보다 유난히 천천히 걷는다는 사실을 알지 못했다. 이 조건에서 95퍼센트의 피험자들은 자기들이 한 과제가 노인의 개념과 관련 있다는 것조차 알아차리지 못했다. 그러면 왜 그들은 복도를 더 천천히 걸었을까? 노인과 관련된 단어들을 이용해 과제를 하면서 자신도 모르게 '노인에 대한 고정관념'이 점화되었고, 이는 그들로 하여금 평소보다 복도를 더 천천히 걷게 했던 것이다.

다시 말해 우리는 스스로 의식조차 하지 못하는 자극으로 인해 특정한 방식으로 행동을 하게 되고, 더 중요한 것은 그런 행동을 했다는 것조차 모를 수 있다는 것이다. 우리는 일상생활을 하면서 알게 모르게 많은 자극과 정보 그리고 환경들을 접한다. 흘려듣는 뉴스, 아무 생각 없이 듣는 음악, 길을 가다 스치듯 본 그림, 옆 사람이 보고 있는 동영상, 거리에 널려 있는 간판과 광고, 주위 사람들의 이야기, 같은 전철을 타고 있는 잘생긴 남학생 등등 그 양은 헤아릴 수도 없다.

이런 자극과 정보 그리고 환경들은 우리도 모르는 사이 우리를 특정한 방식으로 행동하게 한다. 나쁘게 이야기하면 우리는 항상 수많은 자극과 정보 그리고 환경에 의해서 특정한 방식으로 생각하고 행동하도록 조작당하고 있는 것이다. 어쩌면 당신은 당신의 자유의지로 특정한 영화를 선택하고, 특정한 여행지를 선택하고, 특정한 대학을 선택하고, 특정한 배우자를 선택하고, 하물며 지금 이 책도 자유의지로 선택해 읽고 있다고 생각할지도 모른다. 하지만 관련한 자극과 정보 그리고 환경이 없었다면 당신은 그런 결정을 하지 않았을 것이다. 노인과 관련 없는 단어들을 이용해 과제를 했던 피험자들은 복도를 천천히 걷지 않았다.

부모들의 공통된 소원이 있다면 그것은 아마도 자녀들이 공부를 잘하는 것이리라. 물론 학생 자신이 제일 간절하게 바라는 바일 것이다. 그러면 공부는 누가 잘할까? 공부를 잘하는 이유는 사실 그렇게 많지 않다. 생각할 수 있는 이유는 딱 세 가지뿐이다. 첫째 이유는 똑똑함이고, 둘째 이유는 높은 성실성과 노력이며, 셋째 이유는 부모가 제공하는 경제적·교육적으로 높은 수준의 집안 환경이다. 첫째 이유와 둘째 이유가 전부였는데, 근래에 와서 셋째 이유가 하나 더 늘어난 셈이다.

이 세 가지 요인들은 한 개인이 자유롭게 선택할 수 있는 것들일까? 똑똑함은 유전적으로 태어난다는 견해에 특별한 이견이 없기 때문에 한 개인의 자유로운 선택과는 거리가 멀다. 한 개인이 스스로 결정권을 갖고 선택할 수 있는 분야가 아니다. 부모가 제공하는 경제적·교육적으로 높은 수준의 가정 환경 역시 한 개인의 자유로운 선택과는 거리가 있다. 대부분의 가정 환경은 이미 태어날 때 정해지기 때문이다. 약간의 유동성은 존재하지만 이런 환경이 변하는 경우는 별로 없다.

하지만 높은 성실성과 노력은 개인이 자유롭게 선택할 수 있는 것이기 때문에 개인이 책임져야 한다고 믿는다. 하지만 이런 믿음 역시 설득력이 높지 않다. 성실하게 열심히 하면 공부를 잘할 수 있다. 하지만 문제는 성실하게 열심히 공부하는 것이 생각만큼 쉽지 않고, 모든 학생이 그렇게 할 수도 없다는 데 있다. 노력이라는 것은 심리학적 입장에서 보면 더 큰 상위 개념인 자기조절 능력의 한 측면이자 산물이기 때문이다. 타고나는 성격적 특성이고, 더 솔직하게 이야기하면 능력이다. 자기조절 능력을 후천적으로 발전시키려는 시도가 많지만 쉽지 않고 효과도 미비하다. 자기조절 능력은 선천적으로 주어지는 성격적 특성 중 하나이기 때문이다. 노력과 성실성도 한 개인의 자유로운 선택과는 거리가 멀 수 있다는 의미다.

자식들을 키우다 보면 재미있는 현상을 발견하게 된다. 한 아이는 한번 책상에 앉으면 집중해서 몇 시간을 꿈쩍도 하지 않고 공부하는 반면, 또 다른 아이는 책상에 10분을 앉아 있기가 힘들고 앉아 있는 그 순간에도 집중하지 못하고 딴 짓을 하느라 몸과 마음이 분주하다. 남매를 자식으로 둔 부모라면 경험했을 현상인데, 일반적으로 여자들이 남자들보다 자기조절 능력과 집중력이 뛰어나다.

펜실베이니아대학교의 심리학과 교수인 안젤라 리(Angela Lee Duckworth)뿐만 아니라 내가 진행한 연구 결과에서도 여학생들이 남학생들보다 공부를 잘하는 이유는 여학생들의 높은 자기조절 능력 때문이었다. 노력을 이런 성격적 특성으로 이해하지 않고 단순히 두 아이가 보이는 행동만을 관찰하면 한 아이는 자율적으로 열심히 노력하는 아이처럼 보이고, 다른 한 아이는 자율적으로 노력을 거부하는 아이처럼 보일 것이다. 하지만 성실성과 노력은 성격적 특성이며 개인적 능력이므로 한 개인의 자유로운 선택과 거리가 멀다. 이미 타고난 부분이 강한 것이다.

공부를 잘해서 성공하면 그 공은 누구에게 돌아가야 할까? 성공한 개인에게 돌아가야 할까? 공부를 잘할 수 있는 조건들이 선천적으로 주어졌거나 가정 환경에 의해 결정된 것이라면, 성공의 대가로 얻은 모든 혜택은 정당한 것일까? 거꾸로 공부를 잘하지 못해서 성공하지 못했고 경제적으로 어렵게 산다면, 그것이 열심히 노력하지 않는 것에 대한 책임이고 대가여야 할까?

한 개인이 선택하고 결정한 것이 아니라면 책임 소재에 대한 해석은 조금 달라져야 할 것이다. 소득이 많을수록 세금을 더 많이 내게 하는 누진세에 대해 불만을 갖는 사람들이 있다. 정부에 대한 불신 등과 같은 다양한 이유들이 있겠지만, 그중 하나는 한 개인이 이룬 모든 업적과 재산은 그 사람의 자율적인 노력과 열심히 한 대가라고 믿기 때문이다. 한 개인의 성과와 업적이 유전적 특성과 환경적 요인에 의해 결정되는 것이라면 부의 분배에 대한 정의는 다시 생각해볼 필요가 있다.

세상에 수많은 차별이 존재하지만 뚱뚱한 사람에 대한 차별만큼 비정한 것도 없다. 취업은 물론이고 이성 친구를 사귈 때뿐만 아니라 일반적인 인간관계에서도 많은 차별을 당한다. 드러내지 않고 은근히 진행되는 차별까지 고려한다면 이보다 광범위하게 차별받는 대상이 또 있을까 싶다. 장애인이나 여성, 노인, 학벌 등에 행해지는 차별보다 비만인 사람에 대한 차별이 더욱 아프게 느껴지는 이유는, 사람들은 뚱뚱한 것에 대한 책임이 당사자에게 있다고 믿기 때문이다. 그래서 뚱뚱한 사람들은 차별에 대해 강하게 항의하거나 불만을 제기할 수도 없다. 본인들도 책임에 공감하기 때문이다.

뚱뚱한 사람들은 흔히 게으르고 자기관리에 소홀하다고 판단한다. 뚱뚱한 사람들은 날씬한 사람들에 비해 절대적으로 많이 먹기도 하고, 먹는 것 자체를 좋아하기도 한다. 그래서 게으르고 자기관리에 소홀하다는 판단이 어느 정도 합리적으로 느껴질 수 있으며, 뚱뚱한 것에 대한 책임이 개인에게 있는 것처럼 생각된다. 물론 표면적인 행동만 보면 그렇다. 그러면 뚱뚱한 사람들은 왜 먹는 것을 좋아하고, 또 많이 먹을까? 이 문제 역시 유전적인 특성들을 고려한다면 책임 소재가 어려워진다.

나는 평생을 살면서 단 한 번도 뚱뚱한 적이 없었다. 날씬하다 못해 너무 말라서 고민한 적이 많았다. 20대에는 친구들이나 지인들이 나를 볼 때마다 어디 아프냐고 묻거나 왜 이렇게 말랐느냐는 말을 잊지 않았다. 겉으로는 웃어넘겼지만 매번 그런 말을 들으면 기분이 좋지 않았다. 그래서 앙상한 종아리와 팔뚝을 드러내야 하는 여름이 너무 싫었다. 날씬한 몸을 유지하기 위해 음식을 조절한다거나 절제한 적은 평생에 단 한 번도 없다. 좀 더 먹고 싶은데 살이 찔까 봐 참은 적도 없다. 오히려 살이 찌고 싶어서 토해가며 억지로 많은 음식을 먹어본 적은 있다. 마른 사람들은 나의 이야기에 충분히 공감할 것이다. 몸무게를 늘리는 것이 몸무게를 빼는 것 못지않게 어렵다는 것은 경험해본 사람만 알 수 있는 고충이다.

내가 만나본 날씬한 사람들의 90퍼센트 이상은 운동을 하지도 않고, 음식을 조절하지도 않는다. 태어날 때부터 날씬했고, 음식에 대한 애착과 욕심도 별로 없으며, 신진대사가 활발해서 먹어도 상대적으로 살이 잘 찌지 않는다. 나의 부모와 형제들은 그 어느 때도 살이 찐 적이 없다. 자기조절을 하지 못하고 많이 먹어서 뚱뚱하다고 생각하는 것은 겉으로 드러나는 표상만 보는 것이다. 사실은 유전적 특성과 음식에 대한 애착이 자기조절을 방해해 뚱뚱해지는 것이다. 유전적 특성과 식탐이 뚱뚱함의 선행 조건인 셈이다.

음식을 너무 좋아해서 먹고 싶은 욕구를 평생 참으며 살아가야 하는 사람도 있고, 살기 위해 그냥 먹는 사람도 있다. 배가 불러도 보는 것마다 침이 고이는 사람이 있고, 아무리 맛있는 음식이라도 몇 젓가락 먹고 나면 음식에 별 생각이 없어지는 사람도 있다. 여기에 신진대사(metabolism) 능력까지 유전적 특성으로 가세하면 상황은 더 심각해진다. 같은 양의 음식을 먹어도 살이 쉽게 찌는 사람이 있고 그렇지 않은 사람이 있으니 더 이상 무슨 말이 필요하겠는가.

수많은 사람들이 다이어트에 도전하지만 거의 실패하고, 일부 성공한 사람들도 요요 현상으로 대부분 원래의 모습으로 돌아간다. 다이어트를 직업으로 하는 연예인이 아니고서는 쉽지 않은 일이다. 이유는 개인의 노력으로 유전적 체질과 성향을 극복할 수 없기 때문이다. 유전이 노력을 앞선다는 것은 뚱뚱한 것에 대한 책임을 개인에게 돌리기에는 억울한 점이 많다는 사실이다.

보험금 책정은 합리적인가?

마이클 샌들의 『정의란 무엇인가』를 보면 유전자 검사를 기초로 보험금을 산정하는 것에 대한 의견을 묻는 대목이 있다. 의학과 과학의 발달로 요즘에는 유전자 검사를 통해 한 개인이 언제까지 살 수 있는지, 그리고 어느 때 어떤 병에 걸릴지를 어느 정도 추정할 수 있나보다. 이 추정치를 기초로 보험금을 차별적으로 청구하겠다는 것이다. 건강하게 살 사람에게는 보험금을 적게 청구하고, 많은 병에 걸릴 사람에게는 보험 자체를 거부하거나 보험금을 많이 청구할 수 있다는 것이다. 보험회사 입장에서는 상당히 합리적인 접근이다.

그러나 보험을 드는 소비자 입장에서는 찬반양론이 생길 수밖에 없는 제안이다. 건강하게 살 확률이 높은 사람들은 이보다 더 합리적인 보험금 책정이 없을 것이라며 반기겠지만, 많은 병에 걸릴 확률이 높은 사람들은 억울함을 감출 수 없을 것이다. 합리적이라고 믿는 이유는 한 개인의 건강 상태가 그 사람의 노력과 자기관리의 결과라고 믿기 때문이다. 건강 상태에 대한 책임이 전적으로 본인에게 있다고 생각하는 것이다.

반면 억울하다고 생각하는 이유는 한 개인의 건강 상태가 노력에 의해서만 이루어지지 않는다는 것을 병약한 사람들은 잘 알고 있기 때문이다. 병원에서 진찰을 받을 때 가장 먼저 확인하는 사항은 가족력이다. 친부모는 말할 것도 없고 친가와 외가의 조부모까지 확인한다. 한 개인의 건강 상태가 유전적으로 결정되는 부분이 매우 크다는 것을 잘 알고 있기 때문이다. 암과 같은 큰 병은 말할 것도 없고, 비염이나 축농증 같은 일상생활에서 경험하는 작은 질환과 병까지도 유전을 제외하고 설명하기는 어렵다.

사실 현재도 보험회사들은 소비자의 과거 병력을 기초로 보험금을 책정하고 보험 자체를 거절하기도 한다. 피상적으로 보면 건강을 잘 관리하지 않은 개인에게 책임을 묻는 것처럼 보여 합리적으로 느껴지지만, 한 개인의 건강 상태가 개인의 노력보다 유전적 요인들에 의해 더 많이 좌우되는 것을 고려한다면 정말로 합리적인 방법인지 의문이 들 수밖에 없다. 이런 것을 운명이라고 여겨기꺼이 받아들일 수도 있겠지만 분명한 사실은 나의 몸 상태는 나스스로 자유롭게 선택하고 결정할 수 있는 부분이 그리 많지 않다는 것이다.

당신이 오늘 점심으로 자장면을 먹었다고 해보자. 당신은 왜 자장면을 먹었을까? 과거의 식습관 때문일까? 어렸을 때부터 자장면을 즐겨 먹었기 때문일까? 자장면을 좋아하기 때문일까? 동료가 먼저 고른 음식이 자장면이었기 때문일까? 누군가가 어제 방송에서 본 자장면 이야기를 했기 때문일까? 쿠폰을 한 장만 더 모으면 공짜로 자장면을 먹을 수 있기 때문일까? 경제적 사정으로 자장면이 가장 가성비가 높았기 때문일까? 동료가 점심을 사준다며 데려간 곳이 자장면으로 유명한 식당이었기 때문일까? 동료가 "우리 오늘 자장면 어때?"라고 이야기했기 때문일까? 직장 근처에 있는 식당 중에서 가장 가성비가 뛰어나기 때문일까?

내가 생각해낼 수 있는 이유는 여기까지다. 하지만 이 많은 이유 중 어느 것도 당신이 적극적으로 자장면을 선택했다는 것을 대변해주지는 않는다. 그냥 자장면을 먹을 수밖에 없었는지도 모른다. 당신은 당신 스스로 자장면을 선택했다고 믿을 수 있다. 하지만 그런 믿음은 결과적으로 자장면을 먹은 당신의 행동을 회상하며 내린 인지적 착각이고 환상일 수 있다. 당신의 최후 행동을 보고 당신이 선택했다고 추론하는 것이다. 하지만 그런 행동을 하게 한 원인에 대해서는 생각하지 않는다. 그런 행동을 한 이유는 인지할 수도 없고, 하더라도 그것을 원인이라고 생각하지 못한다.

위의 모든 이유는 유전적인 생물학적 특성과 환경적 특성, 경제적 상황들과 깊은 관련이 있다. 먼저 유전적 특성부터 살펴보

자. 나는 중식당에 가면 반드시 자장면을 먹는다. 짬뽕은 절대 먹지 않는다. 나는 자장면이 짬뽕보다 백 배 더 맛있다. 타고난 입맛과 어렸을 때부터 자장면이 중심이었던 식습관 때문일 것이다. 식구들과는 짬뽕을 같이 먹어본 적이 없다. 중국집 메뉴로는 항상 자장면이었다. 내가 자장면을 선택한 것처럼 보이겠지만 사실 중식 메뉴에 아무런 선택권이 없다. 무조건 자장면을 고를 수밖에 없다. 자장면은 맛있고 짬뽕은 맛없기 때문이다.

그러면 환경적 영향은 어떨까? 내가 매일 점심으로 자장면만 먹는 것은 아니다. 칼국수도 먹고, 돌솥비빔밥도 먹고, 냉면도 먹고, 김치찌개도 먹고, 쌀국수고 먹고, 한정식백반도 먹고, 파스타도 먹고, 카레도 먹는다. 이 식당들은 모두 내가 근무하는 학교 근처에 있다. 신기한 것은 이 수많은 식당 중 처음부터 내가 선택한 곳은 단 한 군데도 없다. 이 식당들은 같은 학과에 근무하는 동료들이 오래전부터 다니던 곳이며, 그런 그들이 나를 그곳에 데려간 것이다. 나의 선택은 이미 지형적이고 사회적이라는 환경적 요건에 의해 어느 정도 결정되어 있었다. 이 식당 중에서 하나를 선택하는 기준은 그날그날의 나의 입맛에 따라 결정되기도 하지만 대체로는 함께 식사하는 동료들의 의견과 상황에 의해 결정된다.

타고난 식성만큼 처한 상황이 선택에 중요한 이유는 내가 물냉면을 먹는 것을 보면 알 수 있다. 나는 선천적으로 달고 맵고 짠 음식을 좋아한다. 냉면은 당연히 비빔냉면을 먹는다. 물냉면은 이해할 수 없다. 입사 전에는 돈 주고 물냉면을 사먹어본 적이 없다. 입사한 뒤 점심때면 동료들 사이에 끼어 서울에서 유명하다던 평양냉면집을 찾았다. 가게 앞에서 적어도 30분은 기다려야 식당 안으로 들어갈 수 있을 정도로 손님이 많았다. 그때 물냉면을 먹으면서 느낀 첫맛을 지금도 잊을 수 없다. 정말로 아무런 맛이 없었다. 말 그대로 그냥 맹물이었다. 짜고 맵고 단것을 좋아하는 나는 맛있다며 그릇을 통째로 들고 국물 한 방울까지 다 마시는 사람들을 이해할 수 없었다.

하지만 신기하게도 시간이 흐르면서 나는 서서히 그 맛에 중독되어갔다. 안 먹어보아서 그런 것이지 계속해서 먹다 보면 입맛과 상관없이 좋아진다. 외국인이 어찌 김치를 좋아하겠는가. 한국인이 어찌 김치 없이 며칠을 버틸 수 있겠는가. 선천적으로 김치 맛을 좋아해서가 아니라 어릴 적부터 끼니때마다 먹어온 환경의 힘때문이다.

개인적 책임과 사회적 책임

우리는 어릴 적부터 "책임 있는 행동을 해라" "너의 행동과 인생에 대해서 책임을 져야 한다" "책임 있는 행동은 문명화된 시민이 가져야 할 가장 기본적인 자세다"라는 말들을 들어왔고, 그것을 바람직한 가치로 여겼다. 동서양을 막론하고 많은 사회 제도와 운영은 책임을 강조하는 철학에 기초를 둔다. 성공과 실패에 따르는 보상과 처벌도 책임을 강조하는 사회 운영 체계의 한 종류다. 공부를 잘하면 좋은 직장을 얻을 확률이 높고, 공부를 못하면 좋은 직장을 얻기가 쉽지 않다. 죄를 저지르면 그에 합당한 처벌로 감옥에 가거나 벌금을 내야 하고, 반대로 특출한 공을 세우거나 모범적인 행동을 하면 표창이나 보상을 받기도 한다.

대부분의 문화와 사회에 만연해 있는 운영 체계로서의 이 책임 윤리는 한 가지 중요한 가정을 기초로 한다. 그것은 바로 인간에게는 자유의지가 있다는 것이다. 만약 이 가정이 무너지면 위 문단에서 예로 들었던 멋진 말들은 정당성을 잃을 수밖에 없다. 많은 학자들에 의하면 자유의지(free will)라는 것은 인간에게 있어서 가장 중요한 자산이자 가치이며, '다른 사람 혹은 다른 어떤 것에 의해 침해당하거나 영향받지 않고 자신이 느끼고 싶은 대로 느끼고(정서), 생각하고 싶은 대로 생각하고(인지), 행동하고 싶은 대로 행동할 수 있는 것'을 의미한다. 만약 인간에게 이런 자유의지가 있다면 우리는 당연히 우리의 행동과 결과에 대해 전적으로 책임을 져야 할 것이다.

하지만 앞에서 살펴보았던 것처럼 우리에게는 생각하고 싶은 대로 생각하고, 느끼고 싶은 대로 느끼며, 행동하고 싶은 대로 행동할 수 있는 자유의지가 많지 않다. 우리의 인지, 정서, 행동은 유전적 영향으로부터 절대 자유로울 수 없다. 품성도, 성격도, 능력도, 외모도 어느 것 하나 우리가 자율적으로 선택한 것은 없다. 바꾸는 것도 사실 불가능하다. 또한 우리의 인지, 정서, 행동은 수많은 환경적 요인들에 의해 결정되고 선택되어진다.

가정, 부모와 형제, 친구와 동료, 직장, 종교, 문화(예: 뉴스, 미디어, 영화, 음악, 가치 등등), 국가, 그리고 매일의 삶 속에서 마주하는 수많은 상황들은 대부분 우리가 적극적으로 선택한 것이 아니다. 대부분의 환경들은 태어나면서 그리고 삶을 살아가면서 자연스럽게 결정된다. 더 중요한 것은 이런 환경들은 우리가 인식하지 못할 뿐 우리의 삶을 주장하며 간섭한다. 소극적인 측면에서는 우리의 생각과 정서 그리고 행동을 제한하고, 적극적인 측면에서는 그것들을 결정한다.

그러면 우리는 자신의 행동에 대한 책임이 없다는 말일까? 이번 장의 논지는 나쁜 일을 하는 사람, 성실하지 않은 사람 그리고 성과가 낮은 사람들에게 정당성을 부여하고자 하는 것이 아니다. 열심히 노력할 필요가 없다는 비관주의적인 결정론적 태도를 지향하는 것도 아니다. 물론 좋은 일을 하는 사람, 성실하게 열심히 사는 사람 그리고 성과가 높은 사람을 폄하하기 위한 것도 아니다. 하고 싶은 이야기는 두 가지다. 첫째는 각 개인의 행동과 결과는 의식적이든 무의식적이든 그 개인이 소유한 유전적 특성과 성격적 기질 그리고 그 개인이 속한 사회적 상황과 다른 사람들에 의해 결정되는 부분이 상상 이상으로 크다는 것이다. 둘째는 이런 것들은 각 개인이 자율적으로 선택한 것이 아니고 선천적으로 부모에게 물려받았거나 우리의 의지와 상관없이 살면서 주어지는 것이라는 점이다.

이 두 가지 사실은 '개인적 책임'뿐만 아니라 '사회적 책임'도 중요하다는 것을 알게 한다. 철학자 존 롤스(John Rawls)는 '무지의 베일(veil of ignorance)'이라는 개념을 들어 부와 자원을 어떤 방식으로 분배해야 정의로울 수 있는지를 설명했다. 부와 자원을 어떻게 나누어야 할지 모를 때는 각 개인이 처한 현재의 상황과 위치에 대해 아무 것도 모른다고 가정해야 한다는 것이다. 당신이 아직 이 세상에 태어나지 않았다고 가정해보자. 당신은 훌륭한 유전자를 받아 똑똑하고 재능이 많은 사람으로 태어날 수도 있다. 부유하고 학력이 높으며 인격이 훌륭한 부모를 만날 수도 있다. 아니면 지능이 아주 낮게 태어날 수도 있고, 형편이 어렵고 불우한 가정에서 태어날 수도 있다. 태어날 때부터 장애가 있을 수도 있고, 아주 매력적인 외모를 가질 수도 있다.

어떤 유전자를 갖고 태어날지, 어떤 환경에서 태어날지 전혀 모르는 상태에서 사회의 자원과 부에 대한 분배 원칙을 만들어야 한다면 당신은 어떤 원칙을 만들겠는가? 존 롤스는 이 원칙이 가장 정의로울 수 있다고 했다. 이런 상황 속에서 대부분의 사람들은 가장 안 좋은 상황을 염두에 두고 분배 원칙을 정할 것이라는 것이다. 안 좋은 조건과 환경에서 태어난다 할지라도 큰 불편 없이 잘살 수 있는 분배 원칙을 만들 것이다. 당신이 안 좋은 조건과 환경에서 태어날 수도 있기 때문이다. 만약 그런 원칙이 없다면 당신의 삶은 처참할 것이다. ◆

◆ 이 장은 2018년에 한국심리학회에서 출판한 『더 알고 싶은 심리학』에 필자가 쓴 글인 "인 간에게 자유의지가 있는가"를 수정 보완했음을 밝힌다.

나와 다른 사람을
이해하는 법

언제부터인가 우리는 학력, 재산, 명성, 사회적 위치, 건강, 외모 등 우리가 갖춘 조건을 우리의 것이라고 믿었다. 믿음의 근거는 정확하지 않지만 우리가 갖고 있는 것이기 때문이고, 또한 그중의 몇 개는 노력해서 얻은 결과처럼 보이기 때문에 당연히 나의 것이라고 생각해왔을 것이다.

따라서 모든 것에 대한 책임은 개인에게 있다고 믿었다. 가진 자에게는 마음껏 누릴 권리와 자유가 있어야 했고, 갖지 못한 자는 힘들게 고생해야 하는 책임이 있다고 믿었다. 또한 그렇게 사회가 운영되는 것이 바람직하고 책임 있는 사회라고 믿었다.

하지만 이런 믿음은 사실이 아닐 수 있다. 우리 개개인이 책임지기에는 태어나면서부터 결정된 유전적 특성과 가정적·사회적 환경의 영향력이 너무나 지대하기 때문이다. 더욱 심각한 문제는 이런 믿음이 우리를 점점 둘로 나뉘게 하고 서로 대치하며 반목하게 한다.

유전적 영향력과 가정적·사회적 환경을 이해하고 인정하는 것이 도덕적 해이와 무책임을 양성할 것이라고 우려하는 사람도 있다. 동물의 왕국처럼 약육강식의 법칙이 자연스러운 섭리이고 세상의 이치라고 주장할지도 모르겠다.

하지만 개인의 삶을 결정하는 유전적 요인, 성격적 요인 그리고 환경적 요인을 인정하는 것이야말로 우리가 서로를 더 잘 이해하고 더 좋은 사회를 만들 수 있는 기초가 될 수 있다. 이런 이해 없이는 사회적 갈등과 계층 간의 갈등만 증폭될 뿐이다. 나의 인생도 내가 전적으로 택한 것이 아니고, 타인의 인생도 그들이 전적으로 택한 것이 아니라면 우리의 성패와 타인의 성패를 바라보는 시각은 달라져야 할 것이다.

천재 작가 스콧 피츠제럴드가 1925년에 집필한 『위대한 개츠비』라는 소설의 첫 페이지 두 번째 문장은 이렇게 시작한다. "당신이 누군가를 판단하고 싶은 생각이 든다면, 세상에 있는 모든 사람들이 당신이 지금까지 소유했던 유리한 것들을 소유하지 않았다는 것을 기억하라."

좋은
사람이
되지 않겠습니다

11

진심의 배신
진심은 절대로 통하지 않는다

끝없는 전쟁, 유산 다툼

어머니의 장례를 치르고 큰아들과 작은아들 그리고 막내딸이 모였다. 어머니의 재산을 정리하기 위해서다. 남겨진 재산은 5억 원 정도의 아파트 한 채다. 편치 않은 이야기였지만 큰아들이 먼저 아파트를 팔아 3등분으로 나누자고 입을 열었다. 큰아들은 자신이 장자임을 고려하면 많이 양보한 것이라고 생각했다. 하지만 작은아들의 생각은 달랐다. 지난 15년간 홀로된 어머니의 생활비와 막대한 병원비를 모두 담당했던 작은아들은 본인이 유산의 50퍼센트를 받고, 남은 50퍼센트는 형과 여동생이 나누는 것이 합리적이지 않겠느냐고 했다.

그러자 작은아들의 말에 마음이 상한 막내딸이 하소연을 했다.

지난 15년간 어머니를 보살피고 병원에서 살다시피 한 사람이 누군데 그런 소리를 하느냐며 기다렸다는 듯이 작은아들에 대한 불만을 쏟아냈다. 지난 15년간 작은아들 내외는 직장을 핑계로 명절이나 생신 외에는 한 번도 어머니를 찾아뵙지 않았다는 것이다. 막내딸은 큰아들에게도 작심한 듯 쏘아붙였다. 큰아들이 결혼할 당시에는 가정 형편이 그리 나쁘지 않아 부모님이 아파트 전세 얻는 데 1억 원을 보태주었다. 그러니 큰아들은 이미 유산을 받은 셈이고 집안에 아무런 기여도 하지 않았으니 3등분은 말도 안 된다는 주장이었다.

들고 있던 큰아들이 반론을 제기했다. 어머니의 병원비를 보태고 싶었지만 외벌이로 수입이 많지 않아 도울 수 없었다고 했다. 하지만 자주 찾아뵈었고 적은 돈이나마 용돈도 정기적으로 드렸다고 했다. 그는 작은아들에게도 한마디 했다. 어려운 가정 형편 속에서도 부모님의 도움으로 박사 학위까지 받고 대기업에 취직해서 돈도 많이 벌면 어머니를 돕는 것이 마땅하지 그런 일로 쪼잔하게 유산을 더 받으려고 하느냐는 것이다. 그러고는 막내딸에게도, 가정주부라서 시간도 많고 하면 딸로서 어머니 간호도 하고 살피는 것이 당연한 일이지 그것이 무슨 생색낼 일이냐고 했다.

그러자 들고 있던 작은아들이 막말을 하기 시작했다. "누가 형보고 외벌이하라고 했어? 왜 형수는 일 안 해? 일 안 하는 게 자랑이냐? 우리 아내는 일하고 싶어서 하는지 알아? 우리가 돈 좀 번다고 우리 돈은 우습게 보이나봐? 일주일에 6일간 새벽부터 밤까지 죽도록 일하고 번 돈 아끼고 아껴서 지난 15년간 어머니 생활비랑 그 많은 병원비 다 책임졌으면 고맙다고 절을 해도 모자랄 판에 이제 와서 그걸 말이라고 하냐? 그러고도 네가 장남이고 형이야? 그거 다 맏이가 해야 하는 일 아냐?"

처음에는 작은아들을 공격했던 막내딸도 이제는 작은아들 편을 들기 시작했다. "큰오빠는 아직도 정신 못 차리는 것 같아. 작은오빠랑 나한테 고마워하는 마음이 하나도 없어. 계속 핑계만 대고 있잖아. 오빠가 장남으로서 한 일이 도대체 뭐야? 새언니 이야기는 안 하려고 했는데, 새언니가 우리 집에 와서 한 일이 뭐가 있어? 있으면 하나만 말해봐. 내가 가정의 평화를 위해서 참으려고 했는데, 부모님 다 돌아가시고 유산 갖고 싸우게 된 마당에 못할 말이 뭐 있겠어. 그래도 맏아들이면 맏아들답게 기본은 해야 하는 거 아냐? 아무리 사회가 변했다고 해도 맏며느리가 해야 할 일이 있는 거 아니냐고? 자기도 가정주부면서 뭐가 그렇게 바쁘다고 엄마 병원에도 제대로 안 오고 항상 아이들 핑계를 대냐고? 난 도대체 새언니 이해가 안 돼. 그냥 시댁이 싫은 거 아냐?"

갑자기 웬 막장 드라마 이야기인가 싶겠지만 실제로 우리 주변에서 심심찮게 접하는 유산 다툼으로 인한 형제들 간의 이야기다. 안타깝게도 부모가 유산을 완벽하게 정리해두지 않으면 형제들의 우애는 쉽게 깨진다. 설령 부모가 유산을 정리해두었더라도 형제들의 우애가 좋기는 어렵다. 차라리 남겨진 유산이 없다면 형제들의 우애가 지켜질 수 있을지도 모르겠다. 유산은 왜 끝없는 전쟁을 유발할까? 인간의 욕심과 탐욕은 끝이 없어서일까? 살아가면서 돈이 중요한 요소인 것은 분명하지만 너나없이 모든 사람이 유산 문제로 상처받고 관계에 금이 가는 것을 보면 더 중요한 다른 이유가 있는 듯하다.

당신 생각에는 위의 3남매 모두 이기적으로 보이는가? 돈에 정신이 나간 사람들처럼 보이는가? 만약 당신이 작은아들이면 똑같이 3등분하자는 큰아들의 제안을 순순히 받아들이겠는가? 당신이 막내딸이라면 작은아들의 제안대로 순순히 따르겠는가? 당신이 큰아들이라면 어떻게 유산을 나누자고 제안하겠는가? 작은아들에게 50퍼센트를 주고 당신은 25퍼센트만 받겠는가? 아니면 막내딸에게 반을 주고 나머지 반을 작은아들과 나누겠는가?

3남매의 주장은 나름대로 설득력이 있고 합당한 이유와 사정이 있다. 고로 어떤 제안도 모든 형제들을 만족시킬 수는 없다. 유산 다툼을 하다 보면 결국에는 서로에 대한 미움과 상처로 얼룩지고 만다. 3남매 모두 진심으로 억울하고 분하고 서운할 것이다. 두 가지 이유 때문이다. 첫째 이유는 3남매 모두 본인이 가장 큰 희생자라고 생각하기 때문이고, 둘째 이유는 다른 사람의 주장은 전부 유산을 더 받기 위한 핑계일 뿐이라고 생각하기 때문이다. 왜 이런 현상이 일어날까?

우리의 상황적 판단은 얼마나 정확할까?

내가 강연 때마다 잊지 않고 하는 게임 하나가 있다. 일종의 '상식 게임'으로, 사람들에게 어떤 것도 상관없으니 본인이 잘 아는 분야에서 아주 어려운 문제 열 개를 종이에 적으라고 한다. 이때 게임을 설명하면서 적어도 세 번 이상 언급하는 주의 사항이 두 가지 있다.

첫째는 아무 분야여도 상관없다는 것이다. 역사, 영화, 종교, 드라마, 음악, 만화, 전자기기, 스포츠, 골프, 요리, 소설, 만화, 뉴스, 세계사, 의류, 신발, 올림픽, 부동산, 소설, 경제, 경영, 등산, 여행, 교통 등 아무 분야여도 상관없다. 본인이 잘 아는 분야를 골라서 문제를 만들면 된다. 열 문제를 한 분야에서 만들어도 되고, 열 개의 분야에서 만들어도 된다. 둘째는 최대한 어려운 문제를 만들어서 다른 사람들이 맞출 수 없게 하라는 것이다. 그런 뒤 모든 사람에게 10분의 시간을 준다.

10분 뒤 나는 청중 가운데 무작위로 두 명을 뽑아서 앞으로 나오게 한다. 두 명 중 한 명에게는 본인이 만든 문제를 내게 하고, 나머지 한 명에게는 그 문제들을 맞히라고 한다. 질문자와 답변자의 역할을 지정하는 것이다. 그리고 나머지 청중들은 이 두 명이 하는 상식 게임을 구경한다. 답변자는 질문자가 만든 열 개의 문제 중 몇 개를 맞힐 수 있을까? 만약 한 문제를 맞혔다고 해보자.

질문과 답변이 끝난 뒤 나는 모든 청중들에게, 질문자와 답변자의 상식이 얼마나 풍부한지 7점 척도로 답하도록 한다. 1점은 상식이 거의 없음을 의미하고, 7은 상식이 아주 풍부한 것을 의미하며, 4는 보통의 상식 수준을 의미한다.

청중들은 어떻게 질문자와 답변자를 평가했을까? 당신이 청중 가운데 한 사람이라면 질문자와 답변자의 상식 수준을 어떻게 평가하겠는가?

청중들은 질문자의 상식 수준을 6점으로 평가했고, 답변자의 상식 수준을 3점으로 평가했다. 질문자는 상식이 풍부하고 답변자는 상식이 부족하다고 판단한 것이다. 아마 당신도 청중들과 같은 평가를 했을 것이다. 이유는 간단하다. 답변자는 열 개 문제 중한 문제만 맞혔기 때문에 상식 수준이 낮고, 질문자는 그런 어려운 문제를 만들 만큼 상식 수준이 높다고 생각하기 때문이다.

사실 이 게임은 내가 만든 것이 아니고, 1977년에 스탠퍼드대학교 심리학과 교수 리 로스(Lee Ross)가 발표한 논문에 담겨 있는 실험 결과다. 이 실험 결과를 기초로 그는 '기본적 귀인 오류(fundamental attribution error)'라는 사회심리학에서 가장 빛나는 이론을 발표했다. 이 이론은 관찰자가 다른 사람들의 행동을 설명할 때는 상황적 요인들의 영향을 과소평가하는 반면, 행위자의 내적이고 기질적인 요인들의 영향은 과대평가하는 경향을 말한다. 청중들이 평가한 질문자와 답변자의 상식 수준은 합리적인 추론일까? 즉 질문자는 상식이 풍부한 똑똑한 사람이고, 답변자는 상식이 부족한 멍청한 사람일까?

당신 역시 한 문제밖에 정확하게 맞히지 못했으니 답변자는 상식이 부족하고, 그런 문제를 만들어낸 질문자는 상식이 풍부한 것 아니냐고 생각할지도 모른다. 하지만 당신의 추론은 완벽하게 틀렸다. 당신은 질문자와 답변자의 상식 수준에 대해 아무런 판단을 할 수 없으며, 누가 상식이 더 풍부한지도 전혀 알 수 없다. 답변자는 상식이 부족하고 질문자는 상식이 풍부하다고 판단한 이유는 답변자의 행동, 즉 열 개의 문제 중 하나밖에 못 맞힌 데 집중했기 때문이다. 답변자의 행동과 결과에만 집중했을 뿐, 왜 답변자가 한 문제밖에 맞힐 수 없었는지에 대해서는 전혀 생각하지 않았다.

기억할지 모르겠지만 내가 이 상식 게임을 시작하면서 모든 청중에게 세 번 이상 강조한 두 가지 주의 사항이 있었다. 첫째는 본인이 잘 아는 분야에서 문제를 만들라고 했고, 둘째는 최대한 맞히기 어려운 문제를 만들라고 했다. 그렇기 때문에 열 개의 문제들은 현실적으로 맞히기 어려운 것들이다. 본인만 잘 아는 특정한 분야에서, 그것도 최대한 어렵게 만들어낸 문제를 쉽게 맞힐 수 있겠는가? 지난 10년간 이 상식 게임을 수십 차례 진행했지만 답변자들은 평균 하나도 못 맞히거나 단 하나의 문제만을 맞혔다. 적어도 아홉 문제는 틀린다는 이야기다. 나 역시 질문자들이 낸 열 개의 문제 중 하나 이상을 맞힌 적이 단 한 번도 없다.

게임이 끝난 뒤 질문자와 답변자의 역할을 바꾸어 다시 한번 상식 게임을 진행했다. 어떤 결과가 나왔을까? 첫 게임에서 열 개의 어려운 문제를 만들었던 질문자는 두 번째 게임에서 몇 문제를 맞혔을까? 대부분의 경우 한 문제도 못 맞히거나 운 좋게 한 문제 정도 맞힌다. 이 상황에서는 어느 누구도 많은 문제를 풀 수 없다. 그래서 이 상식 게임을 통해 질문자와 답변자가 얼마나 상식이 풍부한지를 판단하는 것은 합리적인 일이 아니다.

내 진심을 다른 사람도 헤아릴까?

왜 청중들은 상식 게임을 설명하면서 세 번이나 강조한 게임의 상황적 특성을 고려하지 않았을까? 여기에 인간의 심오하고 안타까운 심리가 담겨 있다. 결론부터 말하자면 슬프게도 인간에게는 다른 사람의 환경과 상황을 고려할 수 있는 능력이 없다. 노력도 하고 시늉도 해보지만 사실은 그럴 수 없다. 다른 사람들이 나의 상황과 처지를 이해해주기를 바라지만 현실에서 이 희망은 희망으로 남을 수밖에 없다.

그럼 왜 인간에게는 다른 사람의 환경과 상황을 고려할 수 있는 능력이 없을까? 첫째 이유는 신기하게도 남의 상황을 인식조차 못하기 때문이다. 상식 게임에서 청중들은 답변자와 질문자가 어떤 게임 상황에 있는지에 대해 적어도 세 번이나 설명을 들었지만 안타깝게도 이 상황을 인지하지 못했다. 한 강연에서 이 두 개의 주의 사항을 여섯 번이나 설명한 적이 있다. 하지만 결과는 똑같았다. 질문자는 똑똑하고, 문제를 거의 맞히지 못한 답변자는 멍청하다고 평가했다. 사람들은 다른 사람을 평가할 때 행동과 결과에 집중하기 때문이다. 그래서 행동과 결과를 발생시킨 환경과 처지가 눈앞에 보여도 잘 인식하지 못한다. 많은 심리학 실험에서 밝혀진 것처럼 한곳에 집중하면 다른 것이 물리적으로는 보여도 시각적으로는 처리하지 않는 원리와 같다.

둘째 이유는 한 사람이 처해 있는 환경과 상황을 인식했더라도 그 환경과 상황이 그 사람의 행동과 결과에 지대한 영향을 끼쳤다고 생각하지 않기 때문이다. 환경과 상황의 영향력을 모르기도 하고, 알아도 무시해버리는 경향이 있다. "문제가 조금 어렵게 보이기는 하지만 한 문제밖에 못 푼 건 네가 상식이 부족하기 때문이야. 멍청해서 그런 거지." 또 좋은 대학에 가지 못한 사람들을 보고 "네가 가정 형편이 어려워서 열심히 공부할 기회가 없었구나" 하고 말하는 사람은 찾아보기 힘들다. 대놓고 말하지는 않지만 속으로 '네가 멍청해서 그렇지. 어려운 가정에서 자랐다고 다 공부 못하니? 어려운 가정에서 자랐지만 좋은 대학에 들어간 사람들이 얼마나 많은데'라고 생각할 것이다.

환경과 처지가 행동과 결과에 지대한 영향을 줄 수 있다고 생각하지 않는다. 만약 영향을 미친다면 아주 미약한 수준일 것이라고 생각한다. 사람들은 모든 결과와 행동을 개인의 특질로 설명하려고 한다.

사람들이 한 개인을 설명할 때 얼마나 상황과 처지를 무시한 채 결과와 행동만 보고 판단하는지를 더 잘 보여주는 실험이 있다. 1967년, 사회심리학자 에드워드 존스(Edward E. Jones)와 그의 동료들은 사람들에게 하나의 에세이를 읽게 했다. 에세이에는 한 정치가에 대한 평이 담겨 있었으며, 긍정적인 평을 한 에세이와 부정적인 평을 한 에세이 두 가지였다. 실험에 참가한 사람들은 둘 중 하나의 에세이를 읽고 그 글의 저자가 정치가에 대해 얼마나 호의적인 태도를 가졌는지 평가하는 아주 쉬운 과제였다. 에세이에서 정치가를 나쁘게 평했으면 그 저자가 정치가에 대해 부정적인 태도를 가졌다고 말하면 되고, 좋게 평했으면 그 저자가 정치가에 대해 긍정적인 태도를 가졌다고 말하면 되는 과제였다.

실험에 참가한 사람들은 두 가지 조건에 배정됐다. 첫 번째 조건에서는 에세이의 저자가 그 글을 쓸 때 정치가에 대해 소신 있게 평을 썼다는 정보를 주었고, 두 번째 조건에서는 에세이의 저자가 정치가에 대해 특정한 방향으로 평을 하도록 명령을 받았다는 정보를 주었다. 다시 말해 저자가 정치가에 대해 소신 있게 평을 한 것이 아니고, 명령에 따라 정치가를 나쁘게 평하기도 하고 좋게 평하기도 했다는 것이다.

각 조건에 배정된 사람들은 에세이를 읽은 뒤 그 글의 저자가
정치가에 대해 어떤 태도를 갖고 있다고 판단했을까? 첫 번째 조
건에서는 에세이의 내용에 따라 정치가에 대한 작가의 태도를 평
가했다. 정치가를 좋게 평한 경우 저자가 정치가에 대해 긍정적인
태도를 갖고 있다고 평했고, 나쁘게 평한 경우 저자가 정치가에
대해 부정적인 태도를 갖고 있다고 평했다. 당연한 결과다. 저자
가 소신 있게 평을 한 에세이를 읽었으니 그 내용을 보고 저자의
태도를 판단하는 것은 합리적인 추론이다.

그러면 두 번째 조건에서는 어떤 일이 발생했을까? 믿을 수 없
는 일이 일어났다. 두 번째 조건에 배정되었던 사람들도 첫 번째
조건에 배정되었던 사람들처럼 에세이의 내용을 통해 정치가에
대한 저자의 태도를 판단했던 것이다. 정치가에 대해 부정적인 평
을 한 글을 읽은 뒤에는 저자가 정치가에 대해 부정적인 태도를
갖고 있다고 판단했고, 긍정적인 평을 한 글을 읽은 뒤에는 저자
가 정치가에 대해 긍정적인 태도를 갖고 있다고 판단했다. 분명히
저자가 자신의 소신과 상관없이 명령을 받은 대로 정치가를 평했
다는 정보를 주었는데도 불구하고 사람들은 이 정보를 무시한 채
글의 내용을 통해 정치가에 대한 저자의 태도를 판단한 것이다.

사실 주어진 정보를 조금이라도 고려했다면 어떤 판단을 했어
야 할까? 이런 상황에서는 정치가에 대한 저자의 태도를 판단할
수 없다. 모른다고 하는 것이 가장 합리적인 추론이다. 만약 어떤

식으로라도 대답을 해야 한다면 긍정적인 태도도 아니고 부정적인 태도도 아닌 중립적인 태도를 가졌다고 판단하는 것이 그나마 정답일 것이다.

이 실험에서의 핵심은 이렇게 강하고 분명한 상황적 요인을 직접 설명하고 보여주어도 사람들은 상황을 인식하지 못할 뿐만 아니라, 설령 상황을 인식했을지라도 그것을 고려해 사람을 평가하지 않는다는 사실이다. 눈앞에 보이는 결과와 행동 그리고 성과에만 집착할 뿐 대개의 경우 상황적 요인은 아예 고려 대상이 되지 않는 것이다.

다른 사람이 나의 상황과 처지를 고려해 나를 평가하고 이해해주기를 기대하는 것은 꿈 같은 이야기다. 안타깝게도 사람들은 내가 보여주는 행동과 결과 그리고 성과만으로 나를 평가한다. 그런데 지금까지 논의했던 예시들은 한 개인의 상황이 확실하게 보이는 경우였다. 만약 한 개인의 상황이 정확하게 보이지 않는 경우라면 어떤 일이 발생할까? 당연히 상황과 처지가 보이지 않는다면 우리가 할 수 있는 것은 아무것도 없다.

출근하면서 차에서 즐겨 듣는 라디오 프로그램이 있다. 어느 날 진행자가 청취자와 사연을 나누다가 언제 결혼을 결심하게 되었느냐는 주제로 이야기를 시작했다. 남성 진행자는 본인의 경우부터 공개했다. 축구를 너무 좋아해서 주말마다 이른 아침에 축구를 했는데, 당시 사귀고 있던 여자 친구가 이른 시간부터 축구하는 곳을 찾아와 응원을 해주었다고 한다. 재미가 없을 텐데도 축구가 끝날 때까지 열심히 응원해주는 그 모습을 보고 '아, 바로 이 여자구나. 이런 정성과 관심이라면 결혼해서 평생 같이 살아도 좋겠다'는 생각을 했다고 한다.

문득 나는 지금의 아내와 언제 어떻게 결혼을 결심했는지 궁금해졌다. 기억해보니 아내를 몇 번 만나고 이야기를 나누면서 이전까지 한 번도 경험해보지 못한 어떤 감정이 들었던 것 같다. 그때 나는 '아, 이래서 사람이 결혼을 하게 되는구나' 하고 생각했다. 말로 설명할 수는 없지만 '나는 결국 이 여자와 결혼하게 되겠구나!' 하는 생각이 들었다. '소울메이트(soulmate)'라는 단어로 그 느낌을 온전히 설명하기는 어렵지만 우리는 생각하는 것, 가치관, 인생관, 가정환경 등이 놀라울 정도로 비슷했고 아주 쉽게 공감대를 형성하면서 결혼에 대한 확신이 들었다. 심지어는 너무 비슷해서 당황스럽기까지 했다.

한 여자가 남자 친구와 데이트 중이었다. 감기 기운이 있어서 혼잣말로 감기 기운이 있는 것 같다고 중얼거렸다. 영화를 보고 레스토랑에서 저녁을 먹는데 갑자기 남자 친구가 화장실을 갔다 오겠다면서 잠시 자리를 비웠다. 5분쯤 지나 남자 친구는 감기약과 따뜻한 쌍화탕을 들고 나타났다. 그러고는 약 봉지를 뜯고 쌍화탕 마개를 따서는 폼 나게 여자에게 건넸다. 고맙다는 말을 하고는 약과 함께 쌍화탕을 마시며 여자는 속으로 생각했다. 이렇게 세심하고 배려 깊은 남자라면 평생 의지하고 사랑하며 살 수 있을 것 같다고 말이다.

라디오 방송 진행자의 이야기로 다시 돌아가보자. 남성 진행자는 본인의 이야기 끝에 호탕하게 웃으면서 한마디 덧붙였다. 결혼한 이후로 아내는 단 한 번도 축구장을 찾지 않았다고 말이다. 아내를 처음 만나고 모든 것이 완벽하게 맞는 '소울메이트'라고 생각했던 나는 결혼 후 3개월이 채 지나지 않아 이런 말을 했다. "우리 둘은 서로 달라도 어떻게 이렇게 다를 수 있을까?" 여자 친구 몰래 약을 사와서는 멋지게 내밀던 배려 깊고 따뜻했던 남자 친구는 지금 아내를 어떻게 대하며 살고 있을까? 아마도 아내가 아플 때 역정을 내며 "왜 미련하게 병원을 안 가고 있어?"라고 할지도 모르겠다.

세상을 살면서 배우자를 고르는 것보다 더 신중한 일이 또 뭐가 있겠는가. 하지만 사람들은 배우자를 선택할 때 실제로 그렇게 신중하지 않다. 신중하게 많은 고민과 갈등 속에 위대한 결정을 하는 것처럼 보이지만 실상은 전혀 그렇지 않다. 상대방의 말과 행동 그리고 결과들을 보고 그가 어떤 사람인지에 대해 추론하고 판단한다. 하지만 그런 말과 행동들을 만들어낸 원인에 대해서는 고려하지 않는다. 더군다나 상황적 원인들이 눈에 보이지 않으면 더더욱 그렇다. 겉으로 드러나는 언행과 결과가 그 사람 자체라고 생각할 수밖에 없다.

하지만 연애는 아주 특수한 상황이다. 연애할 때의 행동과 말 그리고 결과들로 상대방이 어떤 사람인지 파악하는 것은 무리다. 서로를 알아가고, 아름다운 추억을 만들어가는 과정에서의 마음의 표시일 뿐, 말과 행동이 그 사람의 본모습이라고 생각하기에는 상황적 요인이 너무 많고 강하다. 수단과 방법을 가리지 않고 상대방의 마음을 얻으려는 마음이 강하기 때문이다.

이런 특수한 상황과 동기로 인해 사람들은 평소와 달리 매력적이고, 멋지고, 아름답고, 희생적인 말과 행동을 하게 된다. 그래서 연애할 때의 연인의 모습은 서로의 인생에서 가장 멋지고 아름다운 모습으로 기억된다.

하지만 결혼을 하고 나면 이런 동기와 환경은 차츰 온데간데없어지고 말과 행동들이 제 모습을 찾아간다. 결혼하고 나니 변한 것이 아니고 결혼 후가 그 사람의 진짜 모습이다. 결혼 전의 모습은 아름다운 거짓이었다. 결혼 전과 결혼 후가 같다면 이 세상에 이혼하는 사람은 단 한 명도 없을 것이다.

이렇게 우리는 남의 상황과 처지를 잘 인지하지도 못하고, 인지하더라도 그것들을 고려해 사람을 판단하지 않는다. 고로 다른 사람들이 나의 상황과 처지를 이해해줄 것이라는 믿음은 희망에 지나지 않는다. 당신을 이해 못하는 것은 그들이 이기적이어서가 아니라 현실적으로 당신의 상황과 처지를 인식하지 못하기 때문이다.

왜 항상 나만 힘들고 억울할까?

한 아내가 남편에게 불만을 토로한다. 아내는 부부가 모두 직장에 다니면 남편도 식사 준비에 적극 참여해야 한다고 생각했다. 하지만 남편이 식사 준비를 돕지 않자 화가 난 것이다. 아내는 "당신은 왜 손도 까딱 안 해? 음식도 내가 준비하고, 상도 내가 차리고, 설거지도 내가 하고, 처음부터 끝까지 다 나 혼자 하잖아! 똑같이 밖에 나가 일하는데, 왜 당신은 먹기만 하고 아무 것도 안 해? 당신 진짜 너무 하는 거 아냐? 내가 무슨 하인이야, 가정부야? 당신은 도대체 하는 게 뭐야?"라고 큰소리로 쏘아붙인다.

이 불만에 남편은 어떻게 대답할까? 남편은 정말 식사 준비에 아무런 기여도 안 했다고 생각할까? 아내의 이야기를 들어보면 아내의 식사 준비 기여도는 100퍼센트다. 그러면 남편의 기여도는 0퍼센트가 되어야 한다. 하지만 남편은 절대 그렇게 생각하지 않는다. 남편은 "내가 아무것도 안 했다고? 당신 해도 너무하는 거 아냐?"라고 대꾸한다. "그럼 당신이 한 게 뭐야? 도대체 뭘 했다는 거야? 당신이 몇 퍼센트나 했는데?" 하고 아내가 되묻는다. 남편은 "적어도 내가 25퍼센트는 했지!"라고 대꾸한다. "뭐라고? 당신 도대체 무슨 말을 하는 거야? 나 혼자 음식 준비하고 상 차리고 설거지까지 다했는데 당신이 무슨 25퍼센트를 했다는 거야? 당신, 양심이 없어도 너무 없는 거 아냐?"라며 아내가 쏘아붙이자 남편이 작정했다는 듯이 퍼붓기 시작한다. "당신 식사 준비하는 동안 내가 노는 줄 알아? 당신이 주방에서 일하는 동안 내가 항상 아이들 보고 있는 거 몰라? 아이들이 혼자 노냐고. 당신도 잘 알 거 아냐, 애 둘 보는 게 얼마나 힘든 일인지! 그리고 시간 맞춰 강아지 밥도 주는 거 몰라? 장도 같이 보고, 밥 먹은 뒤에 종종 설거지도 하잖아. 나도 나름대로 열심히 하는 거라고! 당신 하는 일만 중요하고, 내가 하는 일은 아예 보이지도 않냐고! 당신은 왜 항상 그런 식이야?"

위 예시는 1979년에 리 로스와 그의 동료들이 실제로 진행한 부부 연구 가운데 한 부부의 이야기를 각색한 것이다. 우리가 경험하는 인생의 많은 갈등과 다툼은 형태와 내용만 다를 뿐 주로 이런 구조 속에서 발생한다. 아내 입장에서는 무척이나 억울한 상황일 수 있다. 적반하장도 유분수지 남편이 어떻게 저런 말을 하느냐고 생각할 것이다. 남편이 기여했다고 주장하는 여러 가지 일들은 식사 준비와는 무관한 그냥 핑계를 위한 핑계처럼 보일 뿐이다.

하지만 남편도 억울하기는 아내 못지않다. 남편이 주장하는 25퍼센트의 기여도는 다소 과장된 것처럼 보일 수 있지만 남편 입장에서는 사실 틀린 말도 아니다. 아내가 식사를 준비하는 동안 TV나 보면서 빈둥거렸다면 할 말이 없겠지만 나름대로 할 일을 열심히 했고, 자신이 그런 일들을 도맡아 하지 않았다면 아내가 식사 준비를 못했을 수도 있기 때문이다. 대개의 다툼이 다 그렇듯이 이 경우 역시 둘 다 서로를 상대로 억울하고 분하다고 느끼기 때문에 서로 이해할 수 있는 여지가 없어 보인다.

아내가 화를 내는 이유는 무엇일까? 왜 아내는 본인의 기여도는 100퍼센트라고 생각하고, 남편의 기여도는 0퍼센트라고 생각할까? 아내가 이기적이어서일까? 아니다. 식사를 준비하는 동안 본인이 한 일들은 확연하게 보이지만 남편이 한 일들은 잘 보이지 않기 때문이다. 아내는 식사를 준비하며 본인이 한 일들은 아주 작은 것 하나도 모두 다 기억한다. 본인이 직접 한 일이니 당연하다.

대부분의 사람들은 본인이 한 일에 대해 잘 기억할 뿐만 아니라 그 일을 할 때의 개인적인 상황까지도 모두 기억한다. 예를 들어 직장 일로 스트레스를 받아 힘들었던 날이라거나 몸이 안 좋았던 날 또는 회사 일로 시간에 쫓기던 날에도 혼자 힘들게 식사 준비를 했던 상황들을 모두 기억한다. 매일 메뉴를 선택하고, 음식물 쓰레기를 버리고, 각종 쓰레기를 분리하는 것들이 얼마나 힘들고 어려운 일인지도 기억한다. 그래서 아내는 자기가 식사 준비에 기여한 부분에 대해서는 0.1퍼센트도 잊지 않고 정확하게 기억한다. 오히려 정확한 것을 넘어 더 과장해서 기여도를 판단할 확률이 높다. 본인이 기억하고 있는 작고 큰 증거들이 차고 넘치기 때문이다.

하지만 남편이 한 일들은 아내에게 잘 보이지 않는다. 자기가 한 일들이 아니기 때문이다. 남편이 한 일들은 잘 모르기도 하고,

특별한 일들이 아니고서는 알 수도 없으며, 자기 일이 아니기 때문에 사실 큰 관심도 없다. 남편이 한 일들을 조금이나마 알더라도 그 일들을 할 때 남편의 상황이 어땠는지에 대해서는 생각하지 않는다. 힘들게 아이를 보살폈는지, 아니면 좋아서 아이들과 즐겁게 놀았는지 전혀 알 수 없는 노릇이다.

남편은 TV를 보며 쉬고 싶었지만 아내가 식사를 준비할 수 있도록 책임지고 아이들을 보살폈고, 강아지에게 시간에 맞춰 밥을 주고, 같이 장을 보며 나름대로 집안일에 동참했다. 아이들을 보는 것은 정말 쉽지 않은 일이다. 하루 종일 유아원에서 지내다가 저녁에서야 엄마와 아빠를 만나서 그런지 칭얼대기 일쑤다. 그리고 가끔 식사 후에는 설거지도 했다. 하지만 안타깝게도 아내의 머릿속에는 남편이 이런 일들을 하는 모습을 본 기억이 거의 없다. 자기가 한 일들이 아니니 눈여겨보지도 않았고, 당연히 기억도 못하며, 남편이 이런 일들로 힘들어할 수 있다는 것은 아예 생각도 못한다. 그래서 아내는 남편의 기여도를 0퍼센트라고 과소평가할 수밖에 없다.

'누가 더 많이 기여했는가?'라는 문제는 인류의 역사 이래 지속되어 오는 분쟁이자 다툼의 중심이다. 사람들은 모두 본인이 더 기여를 많이 했다고 생각하고, 다른 사람들은 그들의 주장만큼 기여하지 않았다고 주장하며 너나없이 억울함을 호소한다. 자기가 다른 사람들보다 많은 기여는 하지 않았더라도 적어도 다른 사람들이 이야기하는 것보다는 더 많이 기여했다고 생각한다. 자기 자신이 한 행동과 상황에 대해서는 잘 기억하고, 잘 이해하고 있기 때문에 자신의 기여도는 크게 생각하는 반면, 남들의 행동과 상황에 대해서는 잘 알지도, 이해하지도 못하기 때문에 평가절하하는 것이다. 고로 '누가 더 많이 기여했는가?' 하는 문제는 영원히 풀리지 않는 다툼의 근원이다.

직장생활이 더 힘들까, 자영업이 더 힘들까? 싱글로 사는 것이 더 힘들까, 결혼생활이 더 힘들까? 정신노동이 더 힘들까, 육체노동이 더 힘들까? 새벽부터 일하는 것이 더 힘들까, 밤늦게까지 야근하는 것이 더 힘들까? 자녀가 있는 것이 더 행복할까, 자녀가 없는 것이 더 행복할까? 남자로 사는 것이 더 행복할까, 여자로 사는 것이 더 행복할까? 절대 풀리지 않는 질문들이다. 우리는 다른 환경에 사는 사람들을 이해할 수도 없고 이해하지도 못한다. 우리가 처한 환경과 상황이 가장 힘들고 아플 뿐이다.

유치원생 두 명을 키우며 집안일을 하는 주부가 더 힘들까, 아니면 직장생활을 하는 주부가 더 힘들까? 직장에 다니는 여성은 집에서 아이들 키우고 살림만 하는 것이 인생의 꿈이라며, 돈 걱정만 안 할 수 있다면 바로 일을 그만두고 싶다고 할 것이다. 그녀들은 아이 둘을 키우는 전업 주부의 불만을 이해하지 못한다. 복에 겨워서 그런다고 비난할지도 모른다. 이런 말을 들은 전업 주부들은, 하루 종일 열심히 일해도 티도 안 나고 누구 하나 알아주는 사람도 없는데 그게 무슨 소리냐고 할 것이다. 그러면 한번 바꿔서 살아보자고 말이다.

또 다른 예로 남편이 벌어다준 돈을 아껴 재투자에 성공해서 큰돈을 모은 아내가 있다고 하자. 이때 그 공은 누구에게 돌려야 할까? 돈이 없었으면 처음부터 아예 재투자를 생각할 수 없었을 테니 남편의 공이 클까? 아니면 아무리 돈을 벌어도 모으지 않으면 소용없으니 재투자에 성공한 아내의 공이 클까? 아내와 남편의 생각은 각각 다를 것이다. 자기가 한 행동과 상황들에 대해서는 아주 잘 인지하고 있어서 자신의 기여도를 높게 평가하지만 상대방의 행동과 상황은 잘 모르니 평가절하할 수밖에 없다. 남편은 자신이 온갖 어려움과 스트레스를 참아가며 힘들게 번 귀한 돈이라고 아내에게 불만을 드러낼 것이다. 하지만 아내가 한 일에 대해서는 잘 알지도 못할뿐더러 설령 안다고 해도 운이 좋아서 그런 것이라고 치부해버릴 것이다.

세 명이 동업을 했다고 하자. 사업 아이디어 컨설턴트로 오랫동안 현장에서 일했던 A씨는 사업 기획과 계획 그리고 사전 및 현장 검증을 책임졌고, 경제력이 있던 B씨는 사업 자금을 책임졌으며, 여러 사업을 성공적으로 운영한 경험이 있는 C씨는 운영을 맡았다. 사업이 성공해 이익을 나누어야 한다면 누가 가장 많이 갖는 것이 가장 합리적일까? 똑같이 3등분을 하면 모두 만족할까? 모두 불만족할 것이 뻔하다.

사업 아이디어를 기획한 A씨가 가장 적게 가져가는 것이 그래도 가장 합리적일까? 그렇다면 A씨도 그렇게 생각할까? 그는 사업의 승패는 100퍼센트 아이디어에 달려 있다고 주장할 것이다. B씨는 "도대체 무슨 말도 안 되는 소리를 하나!"라며 화를 낼 것이다. 자기 돈으로 투자해서 진행한 사업인데 3등분을 한다는 것은 지나가는 개도 웃을 소리라고 할 것이다. 그러면 C씨는 헛웃음을 웃으며 "하루 10시간씩 일주일에 6일 일해서 돈을 벌어놓았더니 이제 와서 3등분을 한다는 게 말이 되냐?"라며 화를 낼 것이다.

우리는 남들이 어떤 상황에서 얼마의 노력을 했는지 절대 알지 못한다. 얼마나 노력했는지 모든 상황과 처지를 직접 보더라도 그 노력을 평가절하한다. 직접 해보지 않고 눈으로만 보아서는 절대 제대로 평가할 수 없다. 그래서 남의 기여도에 대해서는 과소평가할 수밖에 없다.

유산 다툼하는 가족들은 이기적인가?

다시 이 장의 서두에서 이야기했던 3남매의 유산 다툼으로 돌아가보자. 막내딸은 생각할수록 억울했다. 지난 15년간 집안일을 제쳐두고 어머니를 부양한 자신의 모습이 생생했다. 특히 건강이 악화된 어머니가 병원에 입원하고부터 지난 2년 동안은 그야말로 간병인처럼 살았다. 처음에는 기꺼운 마음으로 시작했지만 시간이 흐를수록 지쳤다. 어머니를 돌보고 간병하는 데 많은 시간을 쓰다 보니 어쩔 수 없이 남편과도 문제가 생기기 시작했고, 아이들은 부모 없는 애들처럼 점점 엉망이 됐다. 아이들이 좀 커서 이제라도 일을 시작하려 했으나 어머니 간병으로 다시 발목이 잡혔던 것이다. 누가 이런 사정을 알기나 하겠는가. 모든 책임을 자신에게 떠안긴 채 행복하고 자유롭게 살던 두 아들들이 어머니가 돌아가시자 나타나서 그런 소리를 하자 어처구니가 없었다.

물론 두 아들들은 막내딸의 사정을 전혀 모른다. 아마도 그들은 막내딸이 한가한 전업주부이다 보니 시간 날 때마다 어머니를 돌보고 병원에도 모시고 다닌 정도로만 생각할 것이다. 그들은 만날 때마다 종종 "네가 수고가 많다. 힘들지?"라고 말했지만 진심으로 그녀의 고충을 공감하지는 못한다. 몇 달에 한 번씩 나타나서 제대로 못한다고 오히려 막내딸에게 화나 내지 않으면 다행이었다. 그런 두 아들들은 간병 좀 했다고 유산을 더 받겠다는 막내딸의 모습에 어이가 없을 것이다.

그러면 막내딸은 작은아들의 이야기를 이해할 수 있을까? 이해하지 못한다. 작은아들은 부모님의 도움으로 공부도 많이 했고 좋은 직장에도 들어갔다. 작은며느리도 좋은 직장에 다니고 있어서 셋 중 가정 형편이 제일 나았다. 막내딸은 '여유 있는 형제가 엄마 생활비랑 병원비 좀 많이 부담하는 게 뭐가 그렇게 큰일이라고! 가장 쉬운 효도 방법이 돈으로 하는 거라는데 치사하게 생색 낼 게 따로 있지! 바쁘단 핑계로 병간호 한번 해본 적도 없으면서 50퍼센트를 자기가 갖겠다는 게 말이 돼? 양심이 없어도 분수가 있지!'라고 생각할 것이다.

막내딸 입장에서는 큰아들 역시 이해되지 않기는 매한가지다. 막내딸은 '작은오빠는 그렇다 치고, 큰오빠는 도대체 자기가 뭘 했다고 인심 쓰듯 유산을 3등분하자고 해! 그게 할 소리야! 이미 결혼할 때 부모님 재산 일부를 가져간 데다 결혼한 뒤로는 집안 에 아무것도 한 게 없으면서 유산을 3분의 1이나 갖겠다는 게 말 이 되냐고! 무슨 근거로? 장남이라고 주장하는 거면 장남으로서 의 의무와 책임은 왜 안 했는데! 경제적으로 못하면 나처럼 몸으 로 때우든지 시간을 투자하든지 했어야지, 아무것도 책임지지 않 아놓고 이제 와서 재산은 챙기겠다는 게 말이 되냐고!'라고 생각 할 것이다. 이 3남매가 서로를 이해하기란 쉽지 않은 일이다. 이기 심의 문제가 아니라 인간에게는 다른 사람을 이해할 수 있는 능력 자체가 없기 때문이다.

당신이 오늘 지각을 했다고 하자. 지각의 상황적 요인은 매우 다양하다. 교통이 정체되었을 수도 있고, 몸이 좀 안 좋았을 수도 있고, 아침에 해결해야 할 급한 일이 있었을 수도 있고, 예기치 않 은 일이 발생했을 수도 있다. 상사에게 어떻게 말할까? 지각한 이 유를 설명할 수도 있고, 그냥 "죄송합니다!"라는 말만 할 수도 있다. 어떤 경우에 상사가 당신의 지각을 좀 더 잘 이해해줄까? "죄송합니다"라고 말하면 '저 친구가 오늘 아침에 무슨 일이 좀 있었나보네'라고 생각하며 이해해줄까? 상사는 그런 능력이 없다. 별말 안 할 수도 있지만 속으로는 '게으르고 자기조절이 안 되는 친구네'라고 생각할 것이다. 당신의 상황을 알 수 없으므로 상황을 고려해 당신을 판단하는 것은 애초부터 불가능하다.

그렇지 않고 당신이 교통체증을 이유로 댔으면 어땠을까? "아, 그런 일 때문에 오늘 지각을 했군요. 뭐 그럴 수도 있죠"라고 당신에게 답할지도 모른다. 하지만 속으로는 분명히 '출퇴근 시간에 차 막히는 게 어디 하루 이틀이야? 조금씩 일찍 출발하는 습관을 들여야지. 자기관리도 제대로 못하는 주제에 핑계는 무슨!' 하며 역시나 당신을 게으른 사람으로 생각할 것이다.

그렇다면 건강을 이유로 대면 좀 괜찮을까? 상사는 '평소 몸을 잘 관리해야지. 몸 관리하는 것도 능력인데 저 친구는 어떻게 아침마다 몸이 안 좋아. 어제는 엄청 신나게 놀더니!'라고 생각할 것이다. 아침에 급한 일이 있었다고 이야기해도 다를 바 없다. 상사는 '왜 갑자기 아침에 급한 일이 생겨? 그것도 출근할 시간에. 개인적인 일은 개인적인 시간에 처리해야 하는 거 아냐? 왜 사적인 일과 공적인 일을 구분 못하지? 여기가 집이야 직장이야?'라고 생각할 것이다. 핵심은 두 가지다. 상황을 알 수 없으니 보이는 행동만으로 판단할 것이고, 상황을 설명해도 그것이 행동에 미치는 영향력을 과소평가하기 때문에 역시나 보이는 행동만으로 판단할 것이다.

하지만 당신은 당신의 지각에 대해 그렇게 생각하지 않는다. 상사에게 "죄송합니다. 제가 근본적으로 게으르고 자기조절 능력이 낮아서 지각을 자주합니다. 아마 내일도 지각할 것 같습니다. 이해 부탁드립니다"라고 말하겠는가? 당신은 당신의 지각을 설명할 때 생각할 수 있는 모든 환경적 요인을 고려할 것이다. 물론 그런 환경들이 당신이 지각을 할 수밖에 없는 이유라고 강하게 믿게 된다. 당신은 그 이유와 상황들을 직접 경험해서 아주 자세히 알고 있기 때문이다. 그래서 이런 요인들이 어떻게 지각에 영향을 미쳤는지 이해받아야 마땅하다고 생각한다. 하지만 상사는 이해할 리 없고, 당신은 그저 서운하고 억울할 뿐이다.

누군가 바람을 피웠다고 하면 사람들은 곧 불륜과 연관 짓는다. 왈가왈부할 것도 없이 그냥 비윤리적이고 비도덕적인 불륜으로 치부한다. 다른 사람을 판단할 때는 상황을 고려하지 않기 때문이다. 상황적인 정보가 없어서이기도 하고, 정보가 주어지더라도 그 정보를 고려해 판단하지 않는다. 상황의 힘을 무시하고 믿지 않기 때문이다. 개인마다 처한 상황은 개인의 노력과 자질에 의해 충분히 극복될 수 있다고 믿는다. 사람들은 대개 "부부 사이가 좀 안 좋다고 바람피우면 세상에 바람 안 피울 사람이 어딨어?"라는 반응을 보인다.

하지만 내가 바람을 피우면 완전히 다른 논리를 펼친다. 내가 지금 배우자와 어떤 상태인지부터 시작한다. 법적으로만 부부지 실질적으로는 남보다 못한 관계로 지낸다면서 배우자가 가정생활에 얼마나 불성실한지는 말할 것도 없고, 같이 잠을 안 잔 지는 몇 년도 넘었으며, 아이들과 관련된 이야기 외에는 서로 대화도 하지 않는다고 말한다. 지금 만나고 있는 상대방에 대해서도 구체적으로 설명한다. 상대방에게 자기가 얼마나 필요한 존재인지 두 말 하면 잔소리일 만큼 서로 끔찍하게 의지하고 신뢰하는 사이라고 말한다. 곧 배우자와 이혼하고 그 사람과 결혼할 계획이라고 덧붙인다. 자기의 행동을 설명할 때는 모든 상황적 변인들을 이용하는 것이다. 불륜이 될 수밖에 없었던 자기의 모든 상황적 이유를 직접 경험해 잘 알고 있기 때문이다. 그리고 그 이유들의 힘을 믿는다. 그리하여 그럴 수밖에 없었노라고.

타인은 나의 사정을 이해하지 못한다. 물론 나도 타인을 이해하기 어렵다. 어쩌면 불가능한 일인지도 모르겠다. '당신이 당신의 일을 묵묵히 열심히 하면 언젠가는 남들이 당신을 이해해줄 것이다'라는 믿음은 당신을 철저히 배신할 것이다. 묵묵히 일하면 할수록 당신이 배신당할 확률은 더욱더 높아진다. 타인들이 이기적이어서만은 결코 아니다.

그 첫째 이유는 나에 대해 모르기 때문이다. 사람들은 타인에 대해 이렇다 할 관심이 없다. 자기 자신에게 집중할 뿐이다. 그렇기 때문에 묵묵히 일하는 사람에 대해서는 더더욱 알 길이 없다. 남들이 보지 않아도 묵묵히 일하면서 누군가 알아주기를 바라는 것은 로또에 당첨되기를 기대하는 것과 같다. 그런 경우는 드라마나 영화의 소재일 뿐이다. 정말로 현실에서 이런 일들이 자주 일어난다면 드라마나 영화의 소재로 쓰이지도 않을 것이다. 묵묵히 일하면 할수록 당신의 믿음이 배신당할 확률이 높은 이유다.

둘째 이유는 내가 열심히 노력하는 것을 부분적으로 안다고 해도 나의 노력을 과소평가할 수밖에 없기 때문이다. 직접 경험하지 않은 일들에 대해서는 그것이 얼마나 수고스럽고 힘든 일인지 알기 어렵다. 이기적이어서가 아니라 정보의 부족과 경험의 부족이 타인의 노력을 제대로 평가하지 못하게 하는 것이다.

마지막 이유는 타인의 상황을 고려하지도 않고 고려할 수도 없기 때문이다. 사람들은 행동과 결과만으로 판단하고 평가한다. 어쩌면 당연한 일일 수 있다. 보이지 않는 환경과 상황을 어떻게 고려해 평가하겠는가. 그렇기 때문에 아무리 열심히 노력했다 할지라도 결과가 나쁘면 그것은 실력이 없는 것으로 평가된다. 어느 누구도 나의 상황과 처지를 고려해 나를 이해하려고 하지 않는다. 사람들은 타인의 상황을 고려하지 않을뿐더러 그에 따른 모든 책임은 당사자에게 있다고 믿는다.

오해하지 않고,
오해받지 않는 법

인생의 많은 문제는 앞에서 언급한 '인지적 정보의 불균형'에 의해 이루어지는 경우가 대부분이다. 우리는 이것을 쉽게 말해 '오해'라고 부른다. 이런 오해의 아픔을 줄일 수 있는 방법이 몇 가지 있다.

첫째, 열심히 하면 언젠가는 타인이 이해해줄 것이라는 기대와 믿음을 갖지 않는 것이다. 더 솔직하게 이야기하면 그런 기대와 믿음이 깔려 있다면 아예 열심히 하지 마라. 전지전능한 신이 아니라면 누구도 타인을 온전히 이해할 수 없다. 가족도 마찬가지다. 그런 기대를 안고 열심히 한다면 어쩔 수 없이 배신의 쓴맛을 볼 수밖에 없다. 나의 마음과 타인의 마음은 절대 같을 수 없다. 다른 사람의 이해와 감사를 기대하며 일하지 마라. 상처받고 마음만 상할 것이다.

결혼을 안 하는 것도, 부부 사이가 안 좋은 것도, 취업에 실패한 것도, 재산을 모으지 못한 것도 타인은 결코 이해하지 못한다. 그저 겉으로 보이는 결과와 행동을 토대로 판단하고 평가할 뿐이다. 자기의 일만으로도 너무 바쁘고 분주한 세상이다. 기대할 수 없는 것을 기대하지 마라.

둘째, 그럼에도 불구하고 남들의 이해가 꼭 필요하다면 평소 내가 하고 있는 일들에 대해 대화를 나누고 정보를 제공해야 한다. 얼마나 열심히 하고 있는지, 지금 어떤 상황에 처해 있는지에 대해 자주 그리고 상세하게 이야기할 필요가 있다. 이야기하지 않는 것은 곧 이해받지 않아도 상관없다는 의미다. 시시콜콜, 구구절절 이야기하는 것을 치사하게 느낀다면 더 큰 배신과 상처로 아파할 수 있다.

특히 가까운 관계일수록 이런 일에 둔감하기 쉽다. 하지만 말을 하지 않으면 상대방은 알 수가 없기 때문에 내가 한 일에 대해 고마움을 느끼기 어렵다. 사랑하는 사이라면 어떤 방식을 통해서든 내가 어떤 일을 하고, 어떤 상황에 처해 있는지 생색내지 않고 표현할 수 있는 방법들이 많다.

만약 당신이 직장생활도 하고 육아와 가사도 책임진다고 하자. 그런데 남편은 육아에 아무런 도움도 주지 않고, 저녁마다 친구들과 가무를 즐기며 가정에 불성실하다고 하자. 당신이 이에 대해 아무런 표현도 하지 않으면 언젠가 남편이 당신의 수고와 노력을 이해하고 고마워하는 날이 올까?

아마도 그런 날은 오지 않을 것이다. 남편이 이기적이어서가 아니라 당신이 어떤 수고와 고생을 하는지 모르기 때문이다.

물론 타인의 이해가 필요하지 않다면 오른손이 하는 일을 왼손이 모르게 하는 것이 좋다고 생각한다. 하지만 꼭 기억해야 할 것은, 당신이 좋아서 사랑하는 마음으로 했다 할지라도 상대방이 그 수고를 당연한 것으로 여기고 고마워하지 않는다면 당신은 마음이 편치 않을 것이다. 인간은 원래 그렇다. 그래서 사랑하는 마음으로 하더라도 적정한 수준에서 당신이 하는 일과 상황에 대해 말해줄 필요가 있다. 그것이 함께 잘 살아갈 수 있는 현명한 방법이다.

셋째, 누군가와 같이 협업해야 한다면 시작하기 전에 반드시 각자의 역할을 정하는 것이 좋고, 일의 성과와 이익에 대해서도 어떻게 나눌지를 미리 정해놓는 것이 좋다. 친한 사이일수록 이런 내용의 대화를 나누는 것이 부담스러울 수 있지만 미리 정해놓지 않으면 시간이 갈수록 서로에 대한 불만이 쌓일 수 있다.

성과를 나눌 때도 마찬가지다. 처음에 정해놓지 않으면 이익을 배분할 때 둘 다 불만족하게 된다. 마찬가지로 서로 자기가 훨씬 더 많이 기여했다고 믿기 때문이다. 애초에 적정한 수준으로 합의해놓으면 각자 그 수준에 맞게 일을 할 테고, 서로에게도 그 수준에 합당한 기대를 하게 된다.

말을 하지 않고 참는 것이 미덕이던 시절이 있었다. 물론 지금도 침묵하고 인내해야 하는 경우는 있다. 하지만 참고 말하지 않는 것이 항상 유익한 것은 아니다. 때에 따라서는 문제를 더 악화시킬 수도 있다. 내가 무슨 일을 하는지, 어떤 상황인지, 어떻게 힘든지, 무엇이 불만인지에 대해 항상 진솔하게 대화를 나눌 필요가 있다. 이런 자세가 지금 당장은 관계적인 측면에서 불편하게 느껴질 수 있지만 장기적으로는 관계를 더욱 돈독하게 해준다. 그렇게 하지 않으면 쓸데없는 오해를 불러와 억울함을 느낄 수 있다.

12

집단의 배신

'아니오'라고 외쳐도 좋다

기괴한 풍습이 전해지는 이유

중국에서 10~20세기 초반까지 천 년 동안 유행했던 '전족'에 대해 들어본 적이 있을 것이다. 인위적으로 여자 아이의 발을 묶어 성장하지 못하게 하는 전통 풍습이다. 다섯 살 때부터 시작하는 이 풍습은 발의 형태를 기형적으로 변형시켜 때로는 걷는 것조차 불편하게 만든다. 성인이 되어서도 발의 길이는 10센티미터 정도밖에 되지 않는다. 전족을 시작할 때 발이 자라지 못하도록 천으로 싸매는데, 그 고통이 얼마나 심하면 전족을 한 후 1~2년 동안은 집에서 쉴 수밖에 없었다고 한다.

각 나라마다 이해하기 어려운 풍습이 있기는 하지만 이 풍습이 유독 불편하게 느껴지는 이유는 두 가지다. 첫째는 이 풍습으로 인해 신체에 영원한 변형과 기형을 불러오고, 시작할 때부터 엄청난 고통과 아픔을 동반할 뿐만 아니라 평생 동안 불편한 자세로 걸어야 한다는 사실이다. 뛰는 것은 사실상 불가능하다. 둘째는 이 풍습이 한두 세대에서 그친 것이 아니라 약 천 년 동안이나 중국 전역의 여성들에게 가해졌다는 점이다.

이런 풍습이 생겨난 이유에 대해서는 여러 가지 학설이 존재한다. 가장 대표적인 학설 중 하나는 중국 왕실의 상류층인 아름다운 궁녀(무희)들이 전족을 했기 때문이라고 한다. 그래서 전족을 했다는 것은, 즉 노동을 하지 않아도 되는 상류층이라는 것과 아름다운 미녀라는 것을 나타내는 중요한 상징이었다. 말하자면 중국 사람들에게는 작은 발이 미인의 기준이었다. 그 후로 천 년 동안 중국 사람들은 이 미인의 기준을 갖추기 위해 다섯 살 때부터 고통을 감내하며 평생 불편한 발로 살아야 했다. 우리가 보기에는 합리적이지도, 논리적이지도 않은 이런 미의 기준이 천 년 동안 중국에서 유지되었던 이유는 무엇일까?

정확한 출처는 찾을 수 없지만 문화심리학에서 종종 인용되는 원숭이 이야기가 있다. 원숭이 다섯 마리가 한 우리에 있다. 편의상 1번, 2번, 3번, 4번, 5번 원숭이라고 하자. 우리 안에는 사다리가 있고, 그 꼭대기에는 바나나가 걸려 있다. 1번 원숭이가 바나나를 먹기 위해 사다리에 올라서자 1번 원숭이를 포함해 모든 원숭이에게 차가운 물을 뿌린다. 잠시 뒤에 2번 원숭이가 바나나를 먹기 위해 사다리에 올라서자 또다시 모든 원숭이에게 차가운 물을 뿌린다. 그런 뒤 물을 뿌리던 스프레이의 작동을 멈춘다. 물론 원숭이들은 이 사실을 모른다.

잠시 뒤 3번 원숭이가 바나나를 먹기 위해 사다리에 올라서려고 하자 이때 신기한 일이 벌어진다. 지켜보던 네 마리의 원숭이들이 바나나를 먹기 위해 사다리에 오르려는 3번 원숭이를 막아선다. 물을 뿌리지도 않았는데 모든 원숭이들이 협력해서 3번 원숭이를 막는 것이다.

이때 1번 원숭이를 우리에서 꺼내고 새로운 원숭이 한 마리를 우리 안에 넣는다. 편의상 6번 원숭이라고 하자. 어떤 일이 벌어질까? 당연히 새로 들어온 6번 원숭이도 바나나를 먹기 위해 사다리에 오르려고 한다. 본능적인 행동이다. 그러자 네 마리의 다른 원숭이들이 6번 원숭이를 공격하며 사다리에 올라서지 못하게 한다. 6번 원숭이는 그 후에도 몇 번 사다리에 오르려고 시도하지만 다른 원숭이들의 강력한 공격과 저지로 결국 바나나 먹는 것을 포기한다.

이때 2번 원숭이를 우리 밖으로 꺼내고 대신 새로운 7번 원숭이를 우리 안에 넣는다. 예상대로 7번 원숭이도 바나나를 먹기 위해 사다리에 오르려고 한다. 그러자 다른 원숭이들이 7번 원숭이를 공격하며 사다리에 못 오르게 한다. 그런데 여기에는 6번 원숭이도 포함되어 있다. 신기한 것은 6번 원숭이는 한 번도 찬물을 뒤

집어쓴 경험이 없다는 점이다.

이제 우리 안에는 찬물을 경험한 3번, 4번, 5번 원숭이들과 찬물을 경험하지 않은 6번, 7번 원숭이가 있다. 이번에는 3번 원숭이를 빼고 새로운 8번 원숭이를 대신 우리에 넣는다. 역시나 8번 원숭이가 바나나를 먹기 위해 사다리에 오르려고 하자 다른 원숭이들이 강력하게 공격하며 저지한다. 6번과 7번 원숭이도 적극적으로 참여해 8번 원숭이를 저지한다. 하지만 6번과 7번 원숭이는 왜 자기들이 8번 원숭이를 저지하는지 모른다. 찬물을 경험해보지 못했기 때문이다.

이번에는 4번과 5번 원숭이도 새로운 9번 원숭이와 10번 원숭이로 교체한다. 9번과 10번 원숭이도 바나나를 먹기 위해 사다리에 올라서려 하지만 다른 원숭이들의 강력한 공격과 저지로 바나나 먹는 것을 포기한다.

이제 우리 안에는 찬물을 뒤집어쓴 경험을 한 원숭이가 한 마리도 없다. 그리고 어떤 원숭이도 바나나를 먹기 위해 사다리에 오르려 하지 않는다. 원숭이들 입장에서는 바나나를 먹기 위해 사다리를 오르는 것이 너무나도 자연스러운 일이지만 적어도 이 우리 안에서는 그런 자연스러운 일이 일어나지 않는다.

특별한 일이 생기지 않는 한 이 우리 안에 있는 원숭이들은 수백 년이 흘러도 누구 하나 사다리 꼭대기에 매달려 있는 바나나를 먹으려 하지 않을 것이다.

타인의 행동을 따라하는 것은
사회적 동물의 필연일까?

이 원숭이 이야기는 인간이 어떻게 문화를 만들고 유지해나가는 지에 대한 몇 가지 중요한 단서를 제공한다. 첫째는 '사람들은 다른 사람들의 행동을 참고해 상황을 판단하고 행동을 결정한다는 것'이고, 둘째는 '많은 사람들이 취하는 행동에는 합당한 이유가 있다고 판단해 적극적으로 동조한다는 것'이다. 이런 인간의 특성은 상당히 효율적이고, 환경 변화에 쉽게 적응하도록 한다. 그래서 이런 특성이 발달한 사람은 사회생활을 잘하기도 하고, 눈치 빠른 사람이라는 평을 받기도 한다. 반대로 이런 특성이 부족한 사람은 눈치가 없거나 사회성이 떨어지는 사람으로 낙인찍히기도 한다.

낯선 상황에 처했을 때 남들이 어떻게 행동하는지를 유심이 관찰하는 것은 아주 중요하다. 맞닥뜨린 상황을 파악해 적절하게 대처할 수 있기 때문이다. 이런 능력이 없는 개인은 험한 세상에서 살아남기 어려울 수도 있다.

당신이 출근을 하기 위해 전철을 탔다고 가정하자. 그런데 전철에서 내리자 먼저 내린 사람들이 갑자기 출구 쪽으로 빠르게 뛰어간다면 당신은 어떻게 하겠는가? 나는 당신이 100퍼센트 쏜살같이 뛰어갈 것이라고 확신한다. 어쩌면 다른 사람보다 더 빨리 뛸지도 모른다. 왜 출구 쪽으로 빨리 뛰어가는지도 모른 채 말이다. 우리 속의 원숭이들과 다르지 않다. 다른 사람들이 모두 뛰면 일단 같이 뛰는 것이 가장 지능적이고 현명한 판단이다. 다른 사람들이 모두 뛰는 데는 합리적인 이유가 있기 때문이다. 한두 사람도 아니고 많은 사람이 특별한 이유도 없이 괜히 뛸 리는 없지 않겠는가. 만약 이 상황에서 당신이 뛰지 않는다면 당신은 죽을지도 모른다.

하지만 이런 판단과 행동이 때에 따라서는 당신과 우리 사회를 병들게 할 수도 있다. 천 년간 모든 여성들이 전족을 하며 살 수도 있고, 우리 안의 원숭이들처럼 평생 바나나를 먹지 않고 지낼 수도 있다. 남들 다 뛰는데 나만 안 뛸 수도 없지만 무조건 다 같이 달리다 보면 낭떠러지로 내몰릴 수도 있다. 모든 사람이 하는 행동이라고 해서 항상 우리에게 유익한 것은 아닐 수 있다는 뜻이다. 어쩔 수 없이 달렸더라도 잠시 멈추고 왜 달리는지를 생각해 볼 필요가 있다.

또 다른 예로 당신이 대학 졸업 후 첫 출근을 했다고 해보자. 같이 입사한 또 한 명의 동기와 함께 출근해서 뭘 해야 할지 몰라 안절부절 못하고 있는데 세 명의 직원이 눈에 들어왔다. 얼핏 보아 당신보다 몇 주 먼저 입사한 것처럼 보이는 세 명의 직원들이 30잔 정도 되는 커피를 타느라 분주했다. 그러고는 직원들에게 그 커피를 나누어주기 위해 움직였다. 그때 당신의 입사 동기가 급히 뛰어가 세 명의 직원들을 도우려 한다면 이 상황을 목격한 당신은 어떻게 하겠는가?

당신이 일반적인 사람이라면 당신 역시 바로 달려갈 것이고, 그 세 명의 직원들을 도와 일을 마무리했을 것이다. 당신의 입사 동기나 세 명의 직원들보다 더 상냥한 얼굴로 커피를 나누어주었을지도 모른다. 그러나 당신은 평소 이런 일이 바람직하지 않다고 믿어왔을지도 모른다. '커피 타려고 회사에 취직하는 게 아니다! 그런 직장 문화는 없어져야 한다!'고 대학 시절 소리 높여 토론했을지도 모른다. 하지만 결과적으로 당신은 이 일을 성공적으로 수행했다. 왜일까?

답은 의외로 간단하다. 커피를 열심히 타던 세 명의 직원들과 그 직원들을 도우려 황급히 뛰어가는 입사 동기를 보며 당신은 몇 가지 중요한 추론을 했기 때문이다. 모든 신입사원들이 하는 행동이라면 그 행동에는 합리적인 이유가 있을 수밖에 없다. 만약 합리적인 이유가 없다면 대다수의 사람들이 그런 행동을 하지 않을 것이다. 첫째 추론은, 당신은 개인적으로는 탐탁지 않게 생각하는 일이지만 당신의 동기를 포함한 세 명의 직원들은 '출근하자마자 커피를 타서 다른 직원들에게 나누어주는 일'이 바람직하다고 생각할지 모른다는 것이다. 둘째 추론은, 만약 이 일에 동참하지 않으면 당신은 다른 신입사원들이나 부서의 직원들로부터 불이익을 받을 수 있다는 것이다.

왜 질문하기가 힘들까?
'집단적 무지'의 오류

강의 때마다 나는 "혹시 질문 있는 사람 있나요?"라고 물으며 수업을 끝낸다. 특별한 경우를 제외하고는 질문을 던지는 학생은 거의 없다. 신기한 것은 수업의 내용이 어려우면 어려울수록 질문하는 학생이 없다. 더 신기한 것은 학생 수가 많으면 많을수록 질문하는 학생은 더더욱 없다. 수업 내용이 어려우면 어려울수록 질문이 더 많아져야 하고, 학생 수가 많으면 많을수록 질문 수가 많아져야 하는 것이 당연하다. 하지만 현실은 항상 반대다. 왜일까?

학생들은 수업을 듣다가 모르는 부분이 있으면 당연히 질문하고 싶어진다. 그런데 질문을 하기 전에 일단 다른 학생들의 반응을 살핀다. 위에서 이야기했던 것처럼 어떤 행동을 하기 전에 다른 사람들의 행동을 살피는 것은 매우 지능적이고 현명한 생존 전략이다. 주위를 살펴보자 아무도 손을 들지 않았다면 이때 질문을 하려던 학생은 두 가지 추론을 한다. 여기서 아무도 손을 들지 않았다는 것에는 매우 중요한 의미가 있다.

첫째는 다른 학생들은 수업 내용을 다 이해해서 질문이 없고, 나만 이해하지 못해서 질문이 있는 것이다. 둘째는 이 상황에서 질문을 하면 나만 수업 내용을 이해하지 못한 것을 널리 알리는 꼴이 될 수 있다는 것이다. 그래서 질문을 하려던 학생은 다른 학생들처럼 질문을 하지 않기로 결정한다.

그럼 왜 모든 사람이 손을 들지 않을까? 이 질문이 이번 장의 핵심이다. 이유는 다른 학생들 역시 주위를 살피고, 추론하고, 결정하는 과정을 '똑같이' 그리고 '동시에' 하고 있기 때문이다. 질문을 하려던 학생이 주위를 살필 때 다른 학생들도 마찬가지로 주위를 살폈던 것이다. 그리고 다른 학생들이 손을 들지 않은 것을 보고 똑같은 추론을 한 것이다.

심리학자 대니엘 카츠(Daniel Katz)와 플로이드 올포트(Floyd H. Allport)는 이런 현상을 '집단적 무지(Pluralistic Ignorance)'라고 정의했다. 사람들이 집단적으로 어리석은 생각과 추론을 바탕으로 올바르지 않은 결정을 한다는 것이다. 실제적으로는 모든 학생들이 질문이 있었다. 하지만 그들 모두는 서로 손을 들지 않는 모습을 보고 자기를 제외한 모든 학생들이 질문이 없다고 이해했다. 그래서 손을 들면 창피를 당할 것이라고 생각했다. 서로가 서로를 바보스럽게 만들고 있었던 것이다. 내가 손을 들지 않음으로써 다른 학생들로 하여금 질문을 하지 못하게 만들고, 다른 학생들이 손을 들지 않음으로써 나로 하여금 질문을 하지 못하게 만든 것이다. 그래서 결국에는 아무도 질문을 하지 않았다.

집단적으로 바보짓을 하고 있는 것이다. 본인의 의사를 표현하기 전에 다른 사람들이 어떤 행동을 하는지 혹은 어떤 의사를 표현하는지를 먼저 살피면 이 같은 오류에 빠지기 쉽다. 강의를 하는 입장의 나로서는 모든 학생들이 수업 내용을 잘 이해했다고 생각하는 더 큰 오류를 범할 수 있다. '질문'은 교육에서 가장 중요한 부분이다. 적절한 질문을 기초로 하는 토론과 논쟁이 없으면 교육이 온전히 이루어질 수 없다. 더군다나 심화 내용을 이해하기란 불가능하다. 그럼에도 이 '집단적 무지'가 아무도 질문하지 않는 현실을 만들어낸다.

이 현상을 주목해야 하는 이유는 우리가 경험하는 많은 개인적 그리고 사회적 불행과 비극들이 이로부터 발생하기 때문이다. 한 사회의 구성원들이 특정한 관습에 대해 개인적으로는 반대하지만 다른 사람들이 그 관습을 따르는 것을 보면서 그들 모두가 그 관습에 찬성한다고 생각할 수 있다. 물론 다른 사람들도 관습을 따르는 나의 행동을 보면서 내가 그 관습에 찬성한다고 생각한다. 각 사회 구성원들은 자기만 이 관습에 동의하지 않는다고 생각한다. 이런 상황에서 나만 관습에 동조하지 않으면 다른 사람들이나 사회로부터 처벌받을 수 있다고 추론한다. 그래서 모든 사람들이 관습이나 다른 사람의 행동에 동조하게 되는 것이다. 모든 사람이 개인적으로 반대하는 행동을 다른 모든 사람들이 찬성한다고 생각해서 동조한다니, 이 얼마나 우스꽝스러운 일인가.

이 현상을 바탕으로 앞에서 예로 들었던 문제들을 설명해보자. 당신과 입사 동기 그리고 세 명의 직원들, 이 다섯 명 중 누구도 커피 타는 일을 바람직하게 여기지 않았을 것이다. 커피를 타야 하는 이유를 알 수 없었고, 이해할 수도 없었다. 하지만 당신은 다른 네 명의 직원들이 열심히 커피 타는 모습을 보면서 그들은 커피 타는 일을 바람직하게 생각한다고 추론했고, 다른 직원들은 또 다른 직원들을 보면서 그렇게 추론했다. 자신들만 커피 타는 일을 바람직하지 않게 여긴다고 생각한 것이다. 이런 상황에서는 모두가 나만 커피 타는 일에 동조하지 않으면 다른 동료나 선임 직원들로부터 불이익을 당할지도 모른다는 추론을 하게 되어 결국 동조할 수밖에 없다. 서로가 서로에게 바람직하지 않은 일을 바람직한 일처럼 보이게 행동했기 때문이다.

원숭이의 경우도 마찬가지다. 우리 안에 남은 원숭이 6번, 7번, 8번, 9번, 10번은 모두 본능적으로 사다리 꼭대기에 있는 바나나를 먹고 싶어 한다. 이 원숭이들은 찬물을 뒤집어쓴 경험을 한 적이 없어서 왜 바나나를 먹으면 안 되는지에 대해 전혀 알지 못한다. 하지만 이 원숭이들은 다른 네 마리의 원숭이들이 바나나를 먹지 않는 것을 보고 그 원숭이들은 바나나를 먹으면 안 된다고 생각한다고 추론한다. 자기만 바나나를 먹어도 된다는 생각을 하는 줄 아는 것이다. 하지만 이런 상황에서 바나나를 먹으면 다른 원숭이들로부터 처벌받을 수 있다고 생각해 동조할 수밖에 없다. 원숭이들은 모두 바나나를 먹고 싶어 하면서도 서로가 서로에게 바나나를 먹으면 안 되는 것으로 행동했다. 특별한 일이 없는 한 이 우리 안의 원숭이들은 평생토록 바나나를 먹지 않을 것이다.

중국에서 천 년간 지속되었던 전족도 같은 이유다. 1세대가 지나고 2세대가 지나면서 대부분의 사람들은 전족을 하는 이유를 알지 못했다. 왜 작은 발이 미인의 기준이 되는지 알 수 없었다. 그리고 전족을 하는 대부분의 다섯 살 여자 아이들과 그 부모들은 전족을 개인적으로 반대했을 것이다. 발에 엄청난 고통을 가하고 평생을 불편하게 살아야 하는데 전족을 좋게 생각할 사람이 어디 있겠는가.

하지만 대부분의 사람들이 전족을 하는 것을 보면서 다른 사람들은 전족에 대해 좋게 생각한다고 추론했을 것이다. 자기만 전족을 좋지 않게 생각한다고 믿었던 것이다. 이 상황에서 전족을 하지 않으면 전족을 하는 대부분의 사람들로부터, 그리고 사회로부터 처벌받을 것이라는 생각을 했다. 그래서 동조하게 된 것이다. 개개인은 전족을 싫어했지만 서로가 서로에게 전족이 바람직한 것처럼 보이게 행동했고, 이로써 전족이 천 년 이상 유지되었던 것이다.

다른 사람의 행동을 관찰하며 우리는 자율적으로 특정한 전통에 동조하기도 하지만 사회 구성원들에 의해 동조하도록 압박을 받기도 한다. 이 압박을 통해 전통이 강화되는 것이다. 어떤 전통이 유지될 때는 그 전통으로 항상 이익을 보는 집단이 있다. 아무도 이익을 보지 않는다면 전통이 유지되기 힘들다. 또한 이런 이익은 주로 나이 많은 사람, 권력을 가진 사람, 지위가 높은 사람이 취하기 때문에 더욱 쉽게 유지되고 강화된다.

신입사원들의 경우에도 채찍과 당근을 통해 커피 타기는 유지되고 강화된다. 당신이 이 전통에 적극적으로 동조하지 않는다면 다른 신입사원들과 부서의 직원들은 의도적으로 당신과 거리를 둘 것이다. 동조하지 않으면 동료들이나 선임들이 당신을 처벌할지도 모른다던 당신의 우려가 실제로 이루어지는 것이다. 대놓고 당신을 부정적으로 평가하며 직장생활을 힘들게 할 수 있다. "이 친구 왜 이렇게 사회성이 없어?" "신입사원이 왜 그래?" "너무 예의가 없는 거 아냐?" "요즘 애들은 다들 저래?" "저 친구 싸가지가 없네."

물론 당근을 이용하기도 한다. 전통에 적극적으로 동참하면 "그 친구 아주 싹싹하네!" "신입이 너무 잘하는 거 아냐?" "이 친구 참 예의바르고 성격 좋네!" 전통을 잘 따르지 않으면 채찍을, 전통을 잘 따르면 당근을 사용해 전통을 유지하고 강화하며 계승하는 것이다. 이런 사회적 평판과 평가를 무시하기란 거의 불가능하다. 평판과 소문들은 사람들의 행동을 통제할 수 있는 가장 효율적인 방법이다. 괜찮은 사람이 되고 싶은 사람의 동기를 약점 삼아 공략하는 것이다. 회사를 그만둘 작정이 아니라면 이런 평판에서 자유롭기는 어렵다.

중국 전족의 경우에는 좀 더 조직적이고 정치적인 압박이 가해졌다. 발이 큰 사람을 추녀로 취급하기도 하고, 전족을 하지 않은 사람을 천민으로 여겨 사람의 가치를 떨어트리기도 했으며, 정기적으로 전족 대회를 열어 발이 가장 작고 아름다운 여자를 미인으로 선정하기도 했다. 이런 대회나 상은 상징적인 의미를 수반해 전통이 문화적으로 깊이 뿌리내리게 한다. 전 국민적 차원에서 전족을 지지한다면 한 개인이 이런 전통으로부터 자유롭기는 불가능하다. 오히려 더 적극적으로 전통을 따라 훌륭한 사회 구성원이 되려는 것이 사람의 기본적인 심리다.

우리도 여전히 전족을 하고 있다?

우리도 우리 안의 원숭이들처럼 바나나를 먹어도 되는데 여전히 먹지 않고 있는 것은 아닐까? 전족을 하지 않아도 되는데 하고 있는 것은 아닐까? 커피를 타지 않아도 되는데 아직도 타고 있는 것은 아닐까? 생각 없이 다른 사람들이 하는 행동을 무조건 따라하는 것은 언제든지 우리에게 전족이 될 수 있다.

아직도 상상조차 할 수 없는 관습과 행동이 전통과 문화라는 이름으로 버젓이 우리 사회에 존재한다. 이런 관습과 전통들은 우리 사회를 좀먹고 각 개인들의 삶까지 처절하게 파괴한다. 각 개인들은 이런 문화와 전통의 한계와 비합리성을 잘 알고 있지만 안타깝게도 이런 문화들은 위에서 설명했던 두 가지 이유로 쉽게 사라지지 않는다.

대부분의 사람들이 하는 일은 다 정당하고 합리적인 이유가 있을까? 절대 그렇지 않다. 그 사람들도 다른 사람들의 행동을 따라 하는 것뿐이다. 다른 사람들이 모두 하니까 의미 있는 행동이라고 생각한 것이고, 모든 사람들이 하는 행동을 따라하지 않으면 처벌받을지 모른다고 우려하기 때문이다. 그리고 그 우려가 진짜 현실이 되는 경우도 많이 목격했기 때문이다.

결혼식 때 내는 부조금은 합리적인 전통일까? 아니면 우리의 전족일까? 많은 전통들이 처음 생길 당시에는 대부분 합리적인 이유가 있었다. 그렇지 않으면 애초 생기지 않았을 것이다.

우리 안의 원숭이들에게도 처음에는 바나나를 먹지 않는 것이 합리적이었다. 찬물을 뒤집어썼기 때문이다. 부조 문화도 마찬가지다. 부조는 우리나라가 먹고 살기 힘든 시대에 상부상조의 정신을 바탕으로 만들어진 훌륭한 미풍양속으로 두레와 품앗이 같은 관습에서 유래됐다. 한 집에 큰일이 생기면 동네 사람들, 친척 그리고 지인들이 일손을 도와 큰일을 함께 헤쳐 나갔다. 그리고 또 다른 집에 큰일이 생기면 되갚아 주는 형식이었다.

농업 시대에 이런 상부상조의 정신과 관습 등이 없었다면 한 집안과 사회가 생존하기 어려웠을지도 모른다. 하지만 산업화를 거치면서 그 현실적인 기능들은 의미를 잃었고, 노동력을 교환하던 관습들은 돈을 교환하는 문화로 대체됐다. 이때부터 부조라는 관습이 문제되기 시작했다.

　인터넷 검색창에 '부조금'을 치면 가장 많이 등장하는 이슈가 결혼식에 참석할 때 부조금을 얼마나 내야 하느냐에 관한 것이다. 보통 3만 원, 5만 원, 10만 원이 대표적인 선택지인데, 셈이 생각보다 복잡하다. 예전에는 노동력을 교환하며 상부상조하는 것이 중요한 의미였지만 돈으로 대체된 지금은 결혼식 참석과 부조금의 의미가 더 이상 교환에 그치지 않는다. 더 중요한 의미가 많이 생겨버렸기 때문이다.

　첫째는 결혼식에 참석하는 사람들의 수가 당사자의 사회적 위치를 대변한다. 둘째는 참석 여부와 부조금의 액수가 서로의 관계가 얼마나 깊은지를 대변한다. 상황이 이렇다 보니 부조금을 내는 입장에서는 생각해야 할 것들이 아주 많다. 상대방이 내가 낸 부조금을 보고 나를 어떻게 판단할지 신경 쓰는 것이다. 부조금은 더 이상 상부상조가 기초인 노동력 교환의 의미가 아니라 사회적 체면을 대변하는 도구로 바뀌었다. 체면치레가 강조되는 관습으로 바뀐 것이다.

　체면치레의 의미가 확장되자 일대일 노동력 교환이던 시절에는 생각지도 않았던 두 가지 문제가 생겼다. 경제적 부담과 개인 시간에 관한 것이다. 이 둘은 항상 함께한다. 경제적으로 그리고 시간적으로 부담이 될 만한 이유는 여러 가지다. 첫째, 나와 상대방의 체면을 생각하면 원치 않아도 부조금을 내야 하거나 평균치보다 더 많은 액수의 부조금을 내야 할 때다. 둘째, 부조금을 돌려받지 못할 수 있는 사람들의 경조사에도 참석해 부조금을 내야 할 때다. 셋째, 개인적으로 친하지도, 잘 알지도 못하는 사람의 경조사까지 챙겨야 할 때다. 그렇다 보니 경조사의 당사자를 본 적도, 그에 대해 아는 바도 없이 참석하거나 부조금을 내는 경우가 허다해서 경제적으로는 말할 것도 없고, 시간적으로도 큰 부담이 될 수밖에 없다.

나로부터 부조금을 받은 당사자들이 나의 결혼식에도 부조금을 낸다면 적어도 경제적으로는 손해는 아니라고 말할 수 있다. 반은 맞고 반은 틀리다. 쉽게 계산해서 내가 지난 10년간 300명의 결혼식에 참석했고, 10만 원씩 부조했다고 하자. 총 3000만 원을 부조금으로 쓴 것이다. 나의 결혼식에 그 300명이 참석해 10만 원씩 부조해 3000만 원을 다시 받았다고 하자. 지출과 수입이 같으니 여기까지는 이익도 없고 손해도 없다.

하지만 현실은 조금 다르다. 300명 하객의 식사와 결혼식장을 준비하느라 추가로 3000만 원을 지불할 수밖에 없게 된다. 그렇다면 지난 10년간 다른 사람들의 결혼식에 낸 부조금 3000만 원과 결혼식 진행에 사용된 비용 3000만 원만 따져도 6000만 원이다. 하지만 부조금으로 들어온 돈은 3000만 원뿐이니 총 결산하면 3000만 원의 손해가 발생한다.

다른 경우를 생각해보자. 지난 10년간 30명의 결혼식에 참석해 10만 원씩 부조했고, 그 30명은 나의 결혼식에 참석해 10만 원씩 부조했다고 하자. 지난 10년간 나는 300만 원을 부조금으로 사용했고, 나의 결혼식에서 300만 원의 부조금을 받았으니 본전이다. 하지만 30명의 식사와 결혼식 비용으로 300만 원을 썼으니 총 결산하면 300만 원의 손해가 발생한다.

현실적으로 정확히 내가 낸 부조금만큼 손해를 보게 된다. 왜냐하면 하객으로부터 받은 부조금은 모두 결혼식 비용으로 지출해야 하기 때문이다. 많은 결혼식에 참석해 부조금을 많이 내면 낼수록 경제적으로 손해다.

내가 손해 보는 만큼 다른 사람이 이익을 보게 되니 좋은 일이 아니냐고 반문할 수도 있다. 하지만 실제로는 그렇지 않다. 많은 하객들이 부조금을 들고 찾아오면 그만큼 많은 식사를 준비해야 하고 더 큰 결혼식장을 빌려야 하기 때문에 받은 부조금은 모두 결혼식 비용으로 지출된다. 결국 우리는 서로가 서로에게 계속해서 엄청난 부담감을 안겨주는 것이다. 완벽하게 '집단적 무지'의 덫에 걸린 셈이다.

그럼에도 불구하고 하객이 많으면 행복한 일이지 않느냐고 생각할 수 있다. 그러나 잘 생각해보면 진정한 축하인지 의심스러울 때가 많다. 요즘 결혼식장에서 흔히 볼 수 있는 풍경 중에 예식에는 참여하지 않고 눈도장만 찍고 식당으로 직행하는 사람들이 있다. 그래서 정작 식장에는 친인척과 친구들 그리고 소수의 사람들만 앉아 있다. 시간대 별로 진행되는 예식장에 가면 이런 현상은 더욱 두드러진다. 또 어떤 사람들은 일찍 식장에 도착해 부조금을 낸 뒤 체면치레를 해야 하는 사람에게 인사만 하고 곧 바로 식장을 떠난다. 많은 하객들이 참석의 목적이 사회적 체면과 관계 때문이다 보니 생겨나는 진풍경이다.

설령 많은 사람들이 진정한 하객으로 예식에 참석한다 하더라도 그것이 얼마나 큰 의미가 있는지 모르겠다. 어차피 결혼 당사자는 친척과 친구 그리고 소수의 사람들 외에는 대부분의 하객을 모른다. 많은 하객 수가 당신과 당신 가족의 체면을 살릴 수는 있겠지만 1시간 안에 끝나버리는 체면치레를 위해 당신이 치러야 하는 대가는 매우 크다. 300명의 하객을 위해 300번의 결혼식에 참석해 300번의 부조금을 내야 하니 말이다. 한 달에도 몇 차례씩 황금 같은 주말에 결혼식장을 쫓아다니는 일이 어디 말처럼 쉬운가. 더군다나 체면치레와 관계 유지를 위해 참석해야 하는 경우라면 고역도 그런 고역이 없을 것이다. 토요일, 교통체증으로 꼬이고 꼬인 시내를 오가다 보면 하루가 다 소비된다.

이렇게 서로 힘들어하면서 허세와 체면치레를 하기보다 서로를 아끼고 사랑하는 소수의 사람들만 초대해 결혼식을 치르는 것이 누가 보아도 훨씬 합리적인 선택이다. 허세와 체면치레로 서로가 서로를 힘들게 하는 전통을 지속할 이유는 결코 없다.

왜 악습은 여전히 지속될까?

집단적 무지의 관점에서 한번 살펴보자. 우리나라에 개인적으로 부조 문화를 긍정적으로 생각하는 사람이 얼마나 될까? 경제적인 측면에서 부담스러울 뿐만 아니라 시간적인 측면에서도 엄청난 손실이다. 1시간 동안 유지되는 체면 말고는 특별히 얻는 것도 없다. 하지만 99퍼센트의 사람들이 이 부조 문화에 동참한다. 문제는 바로 여기에 있다. 각 개인들은 부조 문화에 대해 부정적으로 생각하지만 거의 대부분의 사람들이 이 문화에 동참하는 것을 보면서 의미 있고 중요한 관습이라고 추론한다. 그렇지 않고서는 어떻게 99퍼센트의 사람들이 그 오랜 세월 동안 이 전통에 동참할 수 있겠는가.

다른 사람들이 모두 참여하는 것을 보면서 그들은 나와 다르게 부조 문화를 긍정적으로 생각하고 있다고 믿을 것이다. 설득력도 있다. 결혼식을 하려면 많은 비용이 필요하니 서로 조금씩 돕고 함께 축하해주는 것이 얼마나 좋은 일인가. 그래서 더더욱 부정적인 의견을 주장하기가 어렵다. 나만 혼자 삐딱하게 구는 사람처럼 느껴지기 때문이다. 또한 이 전통을 잘 지키는 사람에게는 당근이, 그렇지 않은 사람에게는 채찍이 준비되어 있다. 99퍼센트의 사람들이 이 관습에 참여하고 있으니 채찍과 당근의 힘을 발휘하기도 아주 수월하다. "그 친구 상당히 이기적이야!" "사회성이 없어."

"얌체 같아." 혹은 "그 친구 많이 바쁠 텐데 이번에도 찾아 왔더라!" "그 사람은 항상 그런 일 잘 챙기더라. 사람이 참 괜찮아." 이런 말들을 주고받으면서 이 오래된 부조 문화는 성공적으로 유지되어 왔다.

싱가포르 난양기술대학교의 심리학 교수 칭 웬(Ching Wan)은 2007년 논문을 통해 중국에서 전족이 사라져가는 과정을 묘사했다. 소개하면 다음과 같다. 중국 허베이성 바오딩에 있는 도시 딩저우에는 1889년까지만 해도 99퍼센트의 여성들이 전족을 했지만, 30년 후인 1920년에는 아무도 전족을 하지 않았다. 천 년간 지속되어온 전족이 30년 만에 없어진 것이다. 1900년 초까지만 하더라도 중국 전역에 전족이 유행하고 있었으며, 실질적으로 없어지기 시작한 때가 1947년 이후인 것을 고려하면 신기한 현상이다.

사정은 이렇다. 전족에 반대하는 사회 운동가들이 진보적인 성향을 가진 몇몇 가구를 골라 그들로 하여금 딸에게 전족을 하지 않도록 설득했고, 그 가족들은 공개적으로 전족을 하지 않았다. 동네 사람들은 이들이 전족을 하지 않는 것을 목격하게 되었고, 이후 진보적이지 않은 사람들까지 전족을 그만두기 시작했다. 그 후 좀 더 많은 사람들이 전족을 그만두자 이에 대한 관습이 급속도로 힘을 잃기 시작하면서 급기야 이 도시에서 전족이 완전히 사라지게 됐다.

이 이야기의 핵심은 무엇일까? 전통이 만들어지는 과정을 이해하면 그 답이 보인다. 새로운 구성원들은 대부분의 사람들이 전족을 행하는 것을 관찰하면서 그 행위에는 합리적인 의미와 이유가 있다고 믿어 이에 동조했다. 이런 상황 속에서 새로운 구성원들은 "왜?"라는 질문조차 하지 않았다. 하지만 몇몇 사람들이 전족을 하지 않는 것을 목격하면서 사람들은 전족을 왜 해야만 하는지에 대해 생각하게 되었고, 전통에 서서히 균열이 생겨났다. 대부분의 사람들이 개인적으로는 전족에 대해 긍정적이지 않았기 때문에 소수이긴 해도 그들에 의해 자행된 '공개적 반대 행위'가 쉽게 동조를 이끌어낸 것이다.

하지만 모든 사람이 전족을 하는 상황에서 한 사람이 이 관습에 반대하는 것은 거의 불가능한 일이다. 하지만 한 사람이라도 '공개적으로' 반대하면 천 년의 관습이 무색할 만큼 순식간에 균열이 생긴다. 그것이 바람직하지 않다는 것을 공개적으로 이야기할 누군가가 필요하다. 이 용기 있는 한 사람이 없다면 전족이라는 관습은 수천 년을 이어나갈 것이다.

'질문'도 마찬가지다. 보통의 경우에는 아무도 질문하지 않지만 한 사람이 질문을 하면 상황은 완전히 바뀐다. 눈치만 살피던 많은 학생들이 질문을 쏟아내기 시작한다. 모든 학생들이 속으로는 질문을 하고 싶었기 때문이다. 다른 사람들이 질문이 없는 것처럼 행동했기 때문에 서로 질문을 하지 못한 것뿐이다.

우리 안의 원숭이들의 경우도 다르지 않다. 6번, 7번, 8번, 9번, 10번 원숭이들은 아무 생각 없이 바나나를 먹지 않았다. 새로운 11번 원숭이가 들어와서 바나나를 먹으려고 한다면 이때도 이 다섯 마리는 이유 없이 11번 원숭이를 공격하며 저지할 것이다. 그럼에도 불구하고 11번 원숭이가 미친 척하고 공격에 반복적으로 대항하며 바나나 먹기에 성공하면 그 순간 모든 것은 바뀔 것이다. 얼마나 오랫동안 바나나를 먹지 않았느냐는 중요하지 않다. 이 관습은 한순간에 무너지고 모든 원숭이들이 바나나를 먹을 것이다.

그렇다면 우리의 부조 문화도 언젠가는 없어질까? 가까운 사람들만 부르고 부조금을 받지 않는 결혼식의 문화가 머지않아 생길 수 있을까? 물론 쉽지 않을 것이다. 하지만 나는 시간문제라고 믿는다. 소수의 사람들이 공개적으로 부조 문화를 반대하고 사회적 압박을 감수한다면 머지않은 시간에 이 문화는 자취를 감출 것이고, 대다수의 사람들이 부조 문화를 따르지 않게 될 것이다.

사실 기성세대는 이 관습을 반대하기 어려운 또 하나의 이유가 있다. 지금까지 이 문화에 동조하며 수십 년 동안 이웃들에게 뿌려놓은 부조금이 있기 때문이다. 그 엄청난 액수를 포기하기가 쉽지 않을 것이다. 하지만 그럼에도 불구하고 이런 운동이 사회 각층에서 조금씩 일어나고 있다. 내가 몸담고 있는 학과에서 은퇴하신 한 교수님은 딸을 결혼시키며 아예 청첩장에 부조금은 절대 사양한다는 글귀를 넣었다. 혹시 몰라서 준비해갔으나 역시 받지 않았다. 손해가 컸을 텐데, 그 용기가 존경스럽다.

우리는 별 생각 없이 대다수의 사람들이 하는 행동을 따라 한다. 대다수의 사람들이 하는 행동은 합리적인 의미와 이유가 있다고 생각하기 때문이다. 하지만 대다수의 사람들이 하는 행동에 합리적인 이유와 의미가 없다면 어떤 일이 벌어질까? 아무도 왜 그런 행동을 하는지 모른다면 어떤 일이 벌어질까? 궁금한 것이 있어도 질문하지 못하고, 맛있게 먹을 수 있는 바나나도 못 먹고, 하지 않아도 되는 전족을 한 채 고통에 시달릴 것이다. 용기 있는 누군가가 사회적 부담을 감수하며 자신의 의견을 이야기하고 행동으로 옮길 때까지 우리 모두는 고통에서 벗어나지 못할 것이다.

한마디 말로
세상을 바꾸는 법

신기하게도 세상은 "아니오"라고 외치며 희생을 감수한 소수의 사람들에 의해 좋아졌다. 그리고 앞으로도 그럴 것이다. 대다수의 사람들이 나와 다른 생각을 갖고 있다고 느껴도 나만의 의견을 말한다면 세상은 바뀌기 시작할 것이다.

아직도 세상 곳곳에는 구성원들의 침묵과 무조건적인 동조로 유지되는 비합리적인 관행과 관습이 많이 존재한다. 이런 것들은 대대손손 우리와 우리 자손들을 괴롭힐 것이다. 언제까지? 당신이 당신의 의견을 말할 때까지.

하지만 희망이 없는 것은 아니다. 가장 큰 희망은 어떤 관행과 관습이 비합리적이라고 생각하는 이가 당신뿐만이 아니라는 사실이다. 이런 생각은 당신의 착각이고 오해다. 당신뿐만 아니라 대부분의 사람들도 당신과 뜻을 함께할 확률이 아주 높다. 다른 사람들은 나와 달리 특정한 관행과 관습을 좋게 생각한다는 착각과 오해는 좋은 사람으로 남고 싶은 당신의 이기심과 귀찮음에서 비롯한 생각일 뿐이다. 속으로 어느 사회성 없는(?) 혹은 좋은 사람이 되기를 포기한, 멍청하리만치 용감무쌍한(?) 자가 당신을 대신해서 말해주기를 바라는 당신의 간절한 마음이 이것을 증명한다.

어찌 보면 이런 사회성 없고 멍청하다고 손가락질 받는 자들의 내부 고발, 불만 제기, 화 그리고 비동조에 의해 우리 사회는 점점 좋은 세상으로 발전하고 진화해왔다. 기득권자들은 이런 이들을 집단의 문화와 전통을 와해시키는 불순분자(?)라고 폄하하지만 사실 이로 인한 가장 큰 혜택을 받을 사람은 당신과 당신의 자손이다. 역사는 진화하기 때문에 비합리적이고 비윤리적인 관습과 관행들은 시간이 지남에 따라 하나씩 자취를 감출 수밖에 없다.

하지만 문제는 얼마의 시간 동안 우리가 이런 비합리적인 전통과 관습에 신음해야 하느냐는 것이다. 하루가 다르게 급변하는 세상이지만 이런 비합리적인 전통과 관습이 사라지는 데는 생각보다 많은 시간이 소요된다. 당신이 말을 하지 않으면 않을수록, 다른 사람들은 그런 전통을 동의하고 지지한다고 생각하면 생각할수록, 당신이 사회의 좋은 구성원으로서 인정받고 싶은 동기가 높으면 높을수록 시간은 더 지체될 것이다.

목숨을 희생하거나 퇴사를 불사하며 (남들과 다른 것처럼 느껴졌던) 본인의 생각을 외친 사람들도 많았지만 우리 모두가 그런 선택을 할 수 있는 것은 아니다. 하지만 한 사람인 당신이 (대부분의 사람들이 동의할 것처럼 느껴지는) 비합리적인 전통과 관습에 "아니오"라고 작게나마 의견을 표명할 때 당신은 두 가지의 놀라운 경험을 하게 될 것이다.

첫째는 당신의 의견에 동의하는 사람들이 천천만만이라는 것을 알게 될 것이고, 둘째는 당신으로 인해 세상이 조금씩 변해가는 것을 보게 될 것이다. 엄청난 희생과 용기가 필요한 것이 아니다. 동의하지 않는다는 표현 하나면 충분하다. 이 작은 표현이 많은 사람들의 오해와 착각을 일깨울 것이다.

참고문헌

Bargh, J. A. & Pietromonaco, P. (1982). Automatic information processing and social perception: The influence of trait information presented outside of conscious awareness on impression formation. Journal of Personality and Social Psychology, 43, 437-449.

Dion, K., Berscheid, E. & Walster, E. (1972). What is beautiful is good. Journal of Personality and Social Psychology, 24(3), 285-290.

Dronkers, J. & Harkonen, J. (2008). The intergenerational transmission of divorce in cross-national perspective: results from the Fertility and Family Surveys. Population Studies, 62, 273-288.

Frieze, Irene & Olson, Josephine & Russell, June. (1991). Attractiveness and Income for Men and Women in Management. Journal of Applied Social Psychology. 21, 1039-1057.

Greene, D., Sternberg, B. & Lepper, M. R. (1976). Overjustification in a token economy. Journal of Personality and Social Psychology, 34, 1219-1234.

Heine, S. J., Kitayama, S., Lehman, D. R., Takata, T., Ide, E., Leung, C. & Matsumoto, H. (2001). Divergent consequences of success and failure in Japan and North America: An investigation of self-improving motivations and malleable selves. Journal of Personality and Social Psychology, 81, 599-615.

Jones, E. E. & Harris, V. A. (1967). The attribution of attitudes. Journal of Experimental Social Psychology, 3, 1-24

Muise, A., Schimmack, U. & Impett, E. A. (2016). Sexual Frequency Predicts Greater Well-Being, But More is Not Always Better. Social Psychological and Personality Science, 7, 295 - 302.

Kim, Y-H., Chiu, C-y. & Zou, Z. (2010a). Know thyself: Misperceptions of actual performance undermine subjective well-being, future performance, and achievement motivation. Journal of Personality and Social Psychology, 99, 395-409.

Kim, Y-H. & Chiu, C-y. (2011). Emotional costs of inaccurate self-assessments: Both self-effacement and self-enhancement can lead to dejection. Emotion, 11, 1096-1104.

Kim, Y-H. & Cohen, D. (2010c). Information, perspective, and judgments about the self in Face and Dignity cultures. Personality and Social Psychology Bulletin, 36, 537-550.

Kim, Y-H., Cohen, D. & Au, W-T. (2010b). The jury and abjury of my peers: The self in Face and Dignity cultures. Journal of Personality and Social Psychology, 98, 904-916.

Kim, Y-H., Seo, M. & Na, J. (2019). Moral in whose eyes? Cross-cultural differences in moral decision making and behavior. Yonsei University, Unpublished Manuscript.

Landy, D. & Sigall, H. (1974). Beauty is talent: Task evaluation as a function of the performer's physical attractiveness. Journal of Personality and Social Psychology, 29, 299-304.

Langer, E. J. & Rodin, J. (1976). The effects of choice and enhanced personal responsibility for the aged: A field experiment in an institutional setting. Journal of Personality and Social Psychology, 34, 191-198.

Lee, A. Y., Aaker, J. L. & Gardner, W. L. (2000). The Pleasures and Pains of Distinct Self-Construals: The Role of Interdependence in Regulatory Focus. Journal of Personality and Social Psychology, 78, 1122-1134.

Lee, H. I., Kim, Y. H., Kesebir, P. & Han, D. E. (2017). Understanding when parental praise leads to optimal child outcomes: Role of perceived praise accuracy. Social Psychological and Personality Science, 8, 679-688.

Lepper, R. M., Greene. D., Nisbett. E. R., (1973). Personality and Social Psychology, 28, 129-137.

Lepper, Mark & Sagotsky, Gerald & L. Dafoe, Janet & Greene, David. (1982). Consequences of superfluous social constraints: Effects on young children's social inferences and subsequent intrinsic interest. Journal of Personality and Social Psychology. 42. 51-65.

Pennebaker, J. W. & Sanders, D. Y. (1976). American graffiti: Effects of authority and reactance arousal. Personality and Social Psychology Bulletin, 2, 264-267.

Ross, M. & Sicoly, F. (1979). Egocentric biases in availability and attribution. Journal of Personality and Social Psychology, 37(3), 322-336.

Ross, L., Amabile, T. M. & Steinmetz, J. L. (1977). Social roles, social control, and biases in social-perception processes. Journal of Personality and Social Psychology, 35, 485-494.

Salvatore, J. E., Lönn, S. L., Sundquist, J., Sundquist, K. & Kendler, K. S. (2018). Genetics, the Rearing Environment, and the Intergenerational

Transmission of Divorce: A Swedish National Adoption Study. Psychological Science, 29(3), 370-378.

Snyder, M., Tanke, E. D. & Berscheid, E. (1977). Social perception and interpersonal behavior: On the self-fulfilling nature of social stereotypes. Journal of Personality and Social Psychology, 35(9), 656-666.

Taylor, S. E.; Brown, J. (1988). "Illusion and well-being: A social psychological perspective on mental health". Psychological Bulletin. 103, 193-210.

Wan, C., Chiu, C.-y., Tam, K.-P., Lee, S.-l., Lau, I. Y.-m. & Peng, S. (2007). Perceived cultural importance and actual self-importance of values in cultural identification. Journal of Personality and Social Psychology, 92(2), 337-354.

Word, C. O., Zanna, M. P. & Cooper, J. (1974). The nonverbal mediation of self-fulfilling prophecies in interracial interaction. Journal of Experimental Social Psychology, 10(2), 109-120.

Wu, H-Y., Kung, F. Y., Chen, H-C. & Kim, Y. H. (2017). Academic success of "tiger cubs": Self-control (not IQ) predicts academic growth and explain girls' edge in Taiwan, Social Psychological and Personality Science, 8, 698-705

Zhong, C.-B. & Liljenquist, K. (2006). Washing away your sins: Threatened morality and physical cleansing. Science, 313, 1451-1452.

말콤 글래드웰,『아웃라이어』, 노정태 역, 김영사, 2009, 250-251쪽.

KI신서 8102

차라리 이기적으로 살걸 그랬습니다

1판 1쇄 발행 2019년 4월 15일
1판 3쇄 발행 2019년 5월 20일

지은이 김영훈
펴낸이 김영곤 박선영 **펴낸곳** (주)북이십일 21세기북스
출판사업본부장 정지은 **인문기획팀장** 장보라 **책임편집** 윤홍
인문기획팀 양으녕 이정인 강지은 김다미 **디자인** [★]규
마케팅1팀 왕인정 나은경 박화인 한경화 김보희 정유진
마케팅2팀 배상현 김윤희 이현진
출판사업부문영업팀 한충희 김수현 최명열 윤승환
홍보기획팀 이혜연 최수아 박혜림 문소라 전효은 염진아 김선아 양다솔
제작팀 이영민 권경민

출판등록 2000년 5월 6일 제10-1965호
주소 (10881) 경기도 파주시 회동길 201 (문발동)
대표전화 031-955-2100 **팩스** 031-955-2151 **이메일** book21@book21.co.kr

ⓒ 김영훈, 2019
ISBN 978-89-509-8059-7 03180

(주)북이십일 경계를 허무는 콘텐츠 리더

21세기북스 채널에서 도서 정보와 다양한 영상자료, 이벤트를 만나세요!
페이스북 facebook.com/jiinpill21　포스트 post.naver.com/21c_editors
인스타그램 instagram.com/jiinpill21　홈페이지 www.book21.com
서울대 가지 않아도 들을 수 있는 명강의! 〈서가명강〉
네이버 오디오클립, 팟빵, 팟캐스트에서 '서가명강'을 검색해보세요!